伶《れい》倫《りん》楽《がく》遊《ゆう》

芝祐靖と雅楽の現代

寺内直子 編著

ARTES

伶倫楽遊——芝祐靖と雅楽の現代

はじめに　芝祐靖《しばすけやす》というできごと

「伶楽舎《れいがくしや》」。これが、現代日本におけるもっとも優れた雅楽の演奏団体の名称である。「伶楽」とは、「伶倫《れいりん》」と「楽遊《がくゆう》」という二つの単語をもとに作られた名称で、「伶倫」は、中国の『呂氏春秋《りよししゆんじゆう》』に登場する黄帝《こうてい》に仕えた伝説の音楽家の名、「楽遊」は「楽を学び楽しむ」の意である。伝説によると、伶倫は一対の鳳凰《ほうおう》の鳴き声を聴き、鳳（雄）の高低六つの音と、凰（雌）の六つの音を合わせ、十二律を整えた。

この悠久壮大な中国の故事に由来する名称を冠した雅楽団体は、雅楽の伝統的なレパートリーの演奏に常に高い完成度を示すと同時に、武満徹、一柳慧《とし》、石井眞木《まき》、細川俊夫など現代作曲家の新作にも果敢に挑み、雅楽のさまざまな魅力と可能性を世に問うてきた。伶楽舎は、現在、自主公演のほか、しばしば依頼、招待による演奏を行い、国内のみならず国際的にももっとも活躍している。

この団体をつくった人物の名を、芝祐靖《しばすけやす》という。八〇〇年以上続く雅楽の家系に生まれ、幼少から雅楽を学び、宮内庁楽部に奉職した。しかし、四九歳の時に退職。以後、フリーの音楽家として雅楽の発展に尽くし、二〇〇三年からは日本藝術院会員となっている。

芝の肩書きを単に「雅楽演奏家」とするのは正確ではない。なぜなら、雅楽演奏のほかに、廃絶曲の復元研究と論文の執筆、廃絶曲を実際に音として甦らせる復曲、新作雅楽の作曲、若手演奏家の指導、さらに、あまり知られていないが、西洋楽器のための作曲（オーケストラ作品を含む）など、きわめて多方面に才能を発揮しているからである。芝は、戦後の雅楽の歩みのほとんどすべてに、大なり小なり関わっており、その軌跡は、そのまま現代の雅楽の歴史と重なる。換言すれば、芝の活動はすでに個人の域を越え、時代を画するひとつの「できごと」の様相を呈しており、その出現以前と以後では、雅楽の様態や社会におけるあり方自体が変わったのである。もちろん、現在も皇室や寺社には雅楽を用いる伝統的な儀礼が存続し、そこでの演目、演奏様式は脈々と維持、継承されている。しかし、芝の活動は、さまざまな点でその「伝統的雅楽」を相対化し、多様化することにより、雅楽全体に豊かさを加えたのである。

　雅楽は、一三〇〇年を超える歴史を持つ日本の宮廷芸能であり、天皇のための宮中の諸行事や、寺院や神社の儀式などで用いられてきた。そのもっとも重要な役割は、儀式の場を荘厳《しょうごん》（厳かに美しく飾る）することにある。たとえば、貴人の入退場に伴奏として演奏され、あるいは、神や仏への供養の捧げものとして演じられる。音響と視覚の両面から、儀式を華麗に彩る重要な要素なのである。

　現在、このような儀式における雅楽を古代さながらに継承しつづけているのは、皇室の諸行事や、春日大社《かすがたいしゃ》、四天王寺《してんのうじ》、賀茂《かも》（鴨）神社、石清水八幡宮《いわしみずはちまんぐう》など、全国のさまざまな寺社の法《ほう》会《え》や祭礼である。とりわけ、関西の寺社では大規模な雅楽をともなう年中行事を多く目にする。

しかし、現代の雅楽は、この「儀式音楽」という脈絡に加え、純粋に鑑賞されるための「芸術音楽」としての脈絡を強めた。特に一九六〇年代後半から、劇場やコンサートホールで雅楽演奏会が増加し、雅楽は儀式の場、あるいは特定の季節以外でも聴くことができる音楽になった。このことは、雅楽に質の向上と様式の発展を促した。また、一九八〇年代以降は、CDやDVDなどのソフトの充実によって、さらに気軽に（劇場に行かずとも）雅楽を楽しむ機会が格段に増加しているのである。

このような鑑賞機会の増加は、東京の国立劇場の開場がひとつの画期になっている。一九六六年に開場した国立劇場は、日本の伝統芸能の保存と振興を目指し、さまざまなジャンルの日本の芸能の上演を行ってきた。当初から雅楽公演は年に二回あり、この方針は基本的に現在も継承されている。開場初期の雅楽公演は、まだ一般的でなかった雅楽の伝統的演目を紹介する意味合いが強かった。それまで宮中の奥深くで行われていた秘技や、寺社の行事で年に一回しか見ることができなかった演目を、特別に舞台の上で再現し、公開したのである。

雅楽公演は当初は盛況だった。ところが一〇回を過ぎたころから観客数が伸び悩み、劇場は新たなレパートリーの開拓をせまられた。そこで取り組んだのが、奈良時代、平安時代には存在したが、現在は廃絶している楽曲の復興である。

平安時代の雅楽の楽曲は、たとえば、当時の楽譜『仁智要録《じんちようろく》』（藤原師長《ふじわらのもろなが》撰、一二世紀末）などを見ると、現在の宮内庁楽部の標準楽譜『明治撰定譜』に撰ばれている楽曲の二倍以上にものぼる。周知の通り、雅楽の唐楽《とうがく》、高麗楽《こまがく》、催馬楽《さいばら》、朗詠の楽曲の多くと東遊《あずまあそび》などの演目は、中世の応仁の乱以降、衰退、消滅した。いくつかは江戸時代に復興されたが、いまだ「幻の楽曲」のままのものも多い。そうした「幻の楽曲」の復興は、当初は、「もし現在まで伝承されていたらこのようになっただろう」、という現行雅楽の様式での復元であったが、次第に、奈良、平安朝の音階を用いた復元と、正倉院楽器を復元し、それを用いた復元曲演奏の道を拓《ひら》いていった。つまり、奈良や平安の往時の姿の再現に挑むという方向性を展開したのである。

さらに、復元楽器は、復元された廃絶曲だけでなく、新作雅楽作品あるいは現代音楽の作品など、新たな活躍の場も開拓していった。

芝は、国立劇場のこのような多様な試みのほぼすべてに関わってきた。その関わり方には二つある。まず第一は、龍笛《りゅうてき》奏者としての出演である。すなわち、古典の楽曲、復元楽曲、新作雅楽において、龍笛の主奏者として名演奏を披露してきた。芝は、複雑で多様な音色と、難しいフレーズも完璧にコントロールできる卓越した技巧によって、それまでなかった独自のスタイルを創出した。特に、旋律の冒頭などによく現れる、倍音をわざと残した深く豊かな音色に惹かれるファンも多い。現在龍笛演奏を志す多くの若者は、多かれ少なかれ、この音色を目指して、稽古に励んでいる。

第二の関わり方は、廃絶曲の復元作業である。国立劇場での復元は、ごく初期のものを除いて、ほとんどすべて芝が行っている。復元とは、古楽譜の記号を解読し、旋律を復元し、各楽器のパートを編曲していくという作業であるが、芝にとっては、過去の姿の完全な復元ではなく、古譜から読み取れる情報に、みずからの経験と感性によって解釈を加え、構成していく作業である。そのため、同一曲に対しても芝の復元は、固定した唯《ただ》ひとつの結果ではなく、いくつかの異なる様式の音楽として現れる。

一方、一九七〇年前後からは、国立劇場以外の場でも、さまざまな「新しい雅楽」への試みが進行していた。その主体は、小野雅楽会[1]や十二音会[2]のような民間の雅楽団体、あるいはマスコミ関係の組織である。当時、民間雅楽団体も積極的に公開演奏会を催し、新作雅楽を舞台に乗せていた。芝はそれらの団体のために雅楽器を用いた新曲を提供した。たとえば、雅楽器のための〈招韻《しょういん》〉（小野雅楽会委嘱、一九七七）や、〈招杜羅紫苑《しょうとらしおん》〉（十二音会委嘱、一九八〇）などは、このような時期に生まれた。

芝はNHKとの関わりも深い。NHKは一九六〇年代から〈飛鳥《あすか》物語〉〈春日《かすが》二題〉など、雅楽器や雅楽以外の邦楽器、西洋楽器も含む音楽の作曲をたびたび芝に委嘱している。また、一九八〇年の東大寺大仏殿昭和大修理落慶法要《らっけいほうよう》で上演された古代のパントマイム劇・伎楽《ぎがく》の音楽の復元もNHKが芝に委嘱したものである。

芝の新作は復元作品と異なり、自らの創意にもとづき、自由に創作しており、西洋音楽や日本の民謡風の節回しなど、雅楽以外の音楽との「接近」がしばしば見られる[3]。西洋音楽の要素を取り入れる場合は、いくぶん調性的な特徴を持つフレーズがある一方、まったく無調的でいわゆる「現代音楽風」の様相を持つフレーズもある。雅楽、日本伝統音楽全般、西洋古典音楽、西洋現代音楽のさまざまな様式の接合や融合、あるいはそこから生まれる新たな味わいは、境界を超え、それらの領域を自在に逍遥《しょうよう》する芝ならではの「楽遊」の趣を呈している。

一方、一九五〇年代からは、西洋音楽の作曲家たちも雅楽に注目し、雅楽に取材した作品を書き始めた。当初は、松平頼則《よりつね》の〈盤渉調越天楽《ばんしきちょうえてんらく》の主題によるピアノと管弦楽のための主題と変奏〉（一九五一）や、黛《まゆずみ》敏郎のオーケストラ作品〈舞楽《ぶがく》〉（一九六二）のように、雅楽の旋律や音の雰囲気を西洋楽器で表現するという方法だったが、一九七〇年代以降には、雅楽器を使用した作品も作られはじめる（たとえば、黛敏郎〈昭和天平楽《しょうわてんぴょうらく》〉〔一九七〇年〕、武満徹〈秋庭歌《しゅうていが》〉〔一九七三年〕など）。芝の新作雅楽（たとえば〈招杜羅紫苑〉など）は、こうした西洋音楽の立場からの雅楽（雅楽器）の解釈に対し、雅楽界の側からの、現代の音楽界全体に向けた、新しい雅楽のあり方の提示と位置づけられよう。

芝の演奏家、復元家、作曲家としての功績に加え、さらに特筆すべきは伶楽舎の創設である。雅楽の楽器をソリストとして演奏する優れた演奏家はすでに何人かいた（たとえば龍笛の赤尾三千子《みちこ》、笙《しょう》の宮田まゆみなど）。しかし、合奏として高い質を有するプロの演奏団体は、当時、宮内庁楽部以外には存在しなかった。(4) 実は、国立劇場の初めての委嘱新作雅楽、黛敏郎の〈昭和天平楽〉は宮内庁楽部によって演奏されたが、その出演の諾否について宮内庁楽部の中で意見が分かれ、当時の楽長の英断で辛うじて出演が決まったという経緯がある（第二章参照）。もし否決されていたら、〈昭和天平楽〉が国立劇場に響くことはなかっただろう。

しかし、その状況は、伶楽舎の出現とともに変わった。現在、私たちは、宮内庁楽部以外に選択肢を持つ時代を生きている。もちろん、伶楽舎が一朝一夕にこのような高いレヴェルの演奏団体になったわけではない。そこには芝の、優秀な若手を集め、積極的に演奏機会を与えながら育てる、粘り強い戦略があった。現在の伶楽舎は、古典、新作ともに、常によく練られ、研ぎすまされた演奏を聴かせてくれる。宮内庁楽部より演奏の質が高い、という評もあり、楽部に代わって積極的に新作に取り組む団体として、伶楽舎は国内外から注目されている。

伶楽舎はまた、コンサートで自ら作曲家に委嘱した新作を演奏することがしばしばある。これは、多様な新作雅楽を世に出すことが自分たちの使命のひとつであると認識していることをよく表している。新しい作品も、演奏家がいなければ、この世に響かない。難しい作品ほど、優れた演奏家を必要とする。これは、芝が一人の演奏家としてさまざまな新作と出会う過程で、認識を深くした真実である。そしてこの認識は、伶楽舎の若手に確実に引き継がれている。

以上、ここまで、芝の歩んで来た軌跡をごく簡略に示した。本書では、本人の言説（エッセイ、プログラム・ノート、論文、インタヴュー）も交えた多彩な資料から、八〇〇年以上続く宮廷楽人の家系に生まれた一人のアーティストが、いかに伝統を継承しつつ、新しい創造へと挑み、現代雅楽を牽引《けんいん》してきたかを、解き明かしていく。

注

1　東京都台東区下谷の小野照崎神社の宮司によって一八八七年に創設された雅楽団体。宮内庁の楽師を講師として指導を仰いでいる。

2　一九七七年、当時の若手の宮内庁楽師が中心となり、その生徒として雅楽を学ぶ民間人を加えて発足した雅楽団体。定期的に演奏会を開催している。

3　芝の作品は、雅楽器だけでなく、雅楽器と邦楽器、邦楽器と西洋楽器、西洋楽器のみ、などさまざまな形態がある。詳しくは巻末の作品目録を参照のこと。

4　雅楽紫絃会（一九五七年発足。一九七八年に東京楽所《がくそ》となる）や、十二音会（一九七七年発足）などは質が高い民間の任意団体ではあるが、主要メンバーは実質的には宮内庁楽部の楽師である。

伶倫楽遊——芝祐靖と雅楽の現代　目次

第一章◉楽家に生まれて

◉南都の楽人

芝祐靖《しばすけやす》は、一九三五年、宮内省の楽人、芝祐泰《すけひろ》の三男として生まれた。芝家は代々雅楽を家業として宮廷や寺社に勤仕してきた楽人の家柄である。

このような世襲的な楽人の家柄のことを「楽家《がっけ》」と言う。楽家は、京都、南都（奈良）、天王寺（大坂）に大きな集団を作り、それぞれの地域で雅楽を演じてきた。芝家はこのうち、南都方に属する楽家である。

芝家は鎌倉時代に「芝」を名乗ってからすでに八〇〇年を経たが、さらにさかのぼると、「狛《こま》」一族にたどり着く。これから「芝祐靖伝」を始めるにあたり、父祖伝来の芝家の「家の芸」が一体どのようなものであったのか、そして、どのように継承されてきたのかをすこし見ておきたい。(1)

「狛」は、その名からも推測できるように渡来系の家柄で、始祖を「滋井因叶《しせいいんきよう》（しげのいいんきょうとも）」という高麗国《こうらい》（高句麗《こうくり》）の人とし、一一世紀頃に、嫡流の上《うえ》家、庶流の辻《つじ》家、西《にし》家に分かれた。

この嫡流の流れには、我が国初の大規模な楽書（雅楽に関する理論書）として知られる『教訓《きようくん》抄《しょう》』（一二三三）を執筆した狛近真《こまのちかざね》（一一七七〜一二四三）がいる。近真は、もとは庶流である辻家の生まれだったが、兄の光真《みつざね》（一一六五〜一二四〇）が嫡流を継ぎ、兄の死後、近真が兄の養子として嫡流を継いだ。

芝家は辻家から出た近氏《ちかうじ》（一二〇六〜一二七八）を祖とする。芝家はその後、中世、近世と発展し、江戸時代末には以下の四流が存在していた（それぞれ分家の時期が異なる）。

① 芝本家
② 本家から一八世紀に分かれた葛清《かずきよ》家
③ 江戸初期一七世紀に本家から分かれた葛福《かずとみ》（後に但葛《ただかず》と改名）家
④ 葛福家からさらに一八世紀に分かれた寛葛《ひろかず》家

＊詳細は次頁「芝家系図」参照

芝祐靖は、この③葛福（但葛）家の子孫にあたる。芝家は江戸時代までは代々「葛」を通字に用いてきたが、明治維新後、葛福家では「祐」を通字とした。祖父である祐夏《すけなつ》（一八五九〜一九二八）の時に南都から東上し、父・祐泰、兄・祐久《すけひさ》（一九五二年退官）、祐靖本人と、東京では三世代にわたり宮内省・宮内庁で雅楽に携わってきた。

なお、芝家は、江戸時代初期の芝直葛《なおかず》（一五八五〜一六五六）の時に、「狛姓」から「藤原姓」

芝家系図　実線は実子、二重線は養子を示す

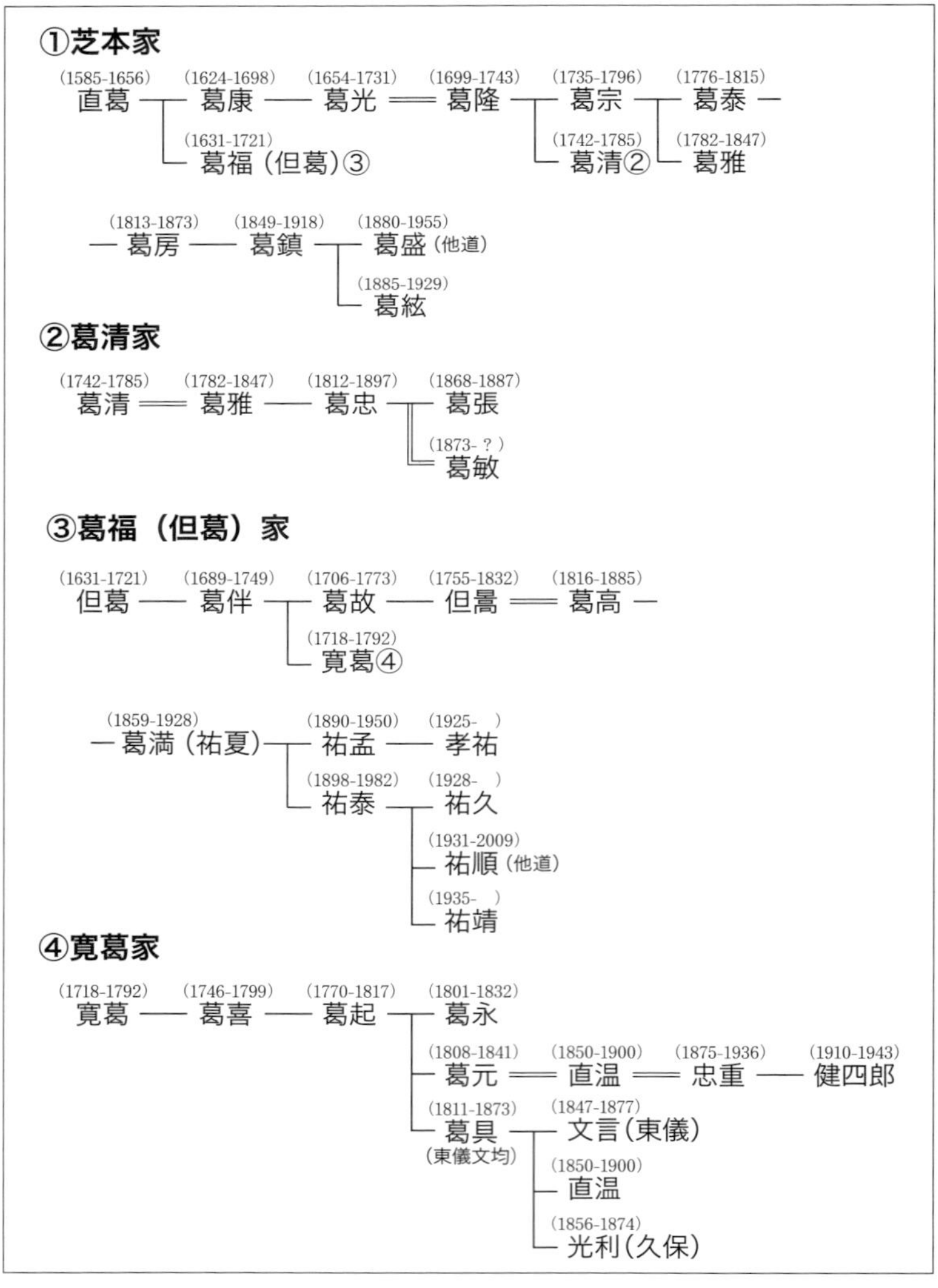

に改めた。このため、南都に残る江戸時代の芝家の墓所を訪ねると、墓石には「狛△△」ではなく、「藤原△△」と刻まれている[2]。

　狛氏から派生した家々には、前述の上家、辻家、西家、そして辻家の分かれの芝家の他に、奥《おく》家、東《ひがし》家、窪《くぼ》（久保）家があり、鎌倉期に途絶えた西家をのぞき、いずれの家も明治期に近代の雅楽制度が創成された後まで楽道を継承した。しかし、第二次大戦前後に、さらに雅楽から離れた家がいくつかあり、結果として、現在の宮内庁楽部で家名を保っているのは、南都方楽家では上家の一家となっている。

図 1-1　春日大社林檎の庭

　これら、狛氏の家々は、それぞれ楽器や舞を分担して、南都の春日大社《かすがたいしゃ》、興福寺《こうふくじ》、氷室《ひむろ》神社、東大寺、法隆寺その他の諸寺社の行事に勤仕していた。狛氏は、原則として全家、左《さ》舞《まい》や東遊《あずまあそび》の舞を習得するが、楽器としては、上、奥、芝は笛を辻、東は笙《しょう》、窪（久保）は篳篥《ひちりき》を担当した。南都の楽人は、平安時代から京都で行われる宮廷の関連行事にも招集され、主として東遊や左舞の舞人を勤めたが、管方（伴奏）としても頻繁に演奏している（図1－1）。

　南都の楽人は、狛氏だけではない。この他、大神《おおが》氏と玉手《たまて》氏があった。大神氏は、狛氏の氏神である氷室《ひむろ》神社の神主の

図 1-2　京都御所紫宸殿

図 1-3　四天王寺聖霊会

家柄であり、嫡流は中《なか》といい、分家に喜多《きた》、乾《いぬい》がある。喜多家にはさらに西京《にしのきょう》と井上《いのうえ》という分家があり、乾には新《しん》という分家がある。彼らは主業を右舞《うまい》とする「南都《なんと》右《う》方人《ほうにん》」という格で、左舞や楽器を主業とし、御所にも出入りする狛氏より一段低い身分であった。玉手氏は、ふだんは配膳や使徒の役をする後藤と藤井という家があった。「寺侍《てらざむらい》」という身分で、雅楽演奏時は打物《うちもの》と右舞を担当した。

南都では、これらすべての家が協力して雅楽を上演していた。

なお、すでに述べたように、南都の他、京都と大坂にも大きな楽人集団があった。京都には、多《おおの》、豊原《とよはら》（豊《ぶんの》）、安倍、大神（山井《やまのい》）の四氏があり、多氏は神楽歌、和琴《わごん》と右舞、豊氏は笙、安倍氏は篳篥、大神氏は笛、と専門を分担した。ただし、多氏は、江戸時代に子孫が非常に繁栄し、笙、篳篥、笛などの楽器演奏にも進出した（図1－2）。

大坂には秦《はた》（太秦《うずまさ》とも）姓を名乗る大きな氏族があり、平安時代からその存在は知られていたが、詳しい系図は、中世末からしかわからない。江戸時代には、薗《その》（笙）、林《はやし》（笙）、岡《おか》（笛）、東儀《とうぎ》（篳篥）という四家で専門を分担し、活動した。四天王寺の行事を中心に、住吉大社や天満宮の行事に勤仕した（図1－3）。

◉江戸時代の楽家

この、京都、南都、大坂の三地域の楽壇を「三方楽所《さんぽうがくそ》」と呼ぶ。三方楽所は、中世末までは、原則としてそれぞれの地域を拠点に雅楽を演奏、伝承してきた。ただし、南都の楽人は、平安時代から京都の行事にも参加したことは前述の通りである。ところが、中世末に、南都と天王寺の楽人の一部は、京都に住居を定めて活動するよう、勅命を受けた。これは、応仁の乱後、廃れた京都の楽壇を立て直すために取られた措置である。

この時、南都から辻近弘《つじちかひろ》（笙）、窪近定《くぼちかさだ》（篳篥）、上近直《うえちかなお》（笛）が召された。これらの楽人は、京都の御所の周辺に住み、京都の楽人とともに活動した。なお、南都方では奥家もいずれかの時期に京都在住となったようである（寺内二〇一〇b）。

このことにより、奈良と大坂の楽人は、本拠地で活動する家と、京都で活動する家に分かれ、また、寛永年間以降は、徳川家の東照宮祭祀のために江戸に下向した家にさらに分かれた。それぞれ「在京」「在南」「在天」「紅葉山《もみじ》」などと呼ばれた。芝家は京都に行かず、幕末まで南都を本拠に活動した（寺内二〇一五）。

なお、従来、三方の楽所は、それぞれの拠点で活動し、各地域内の楽家も他家の伝承を浸食せず、自分の家の伝承を、一子相伝で守り伝えてきた、というイメージがある。しかし、江戸初期以降は、三方の楽家が一緒に演奏する機会が格段に増え、また、養子縁組みも家や地域を超えて頻繁に行われるようになった。中には、技芸の伝承を伴わないまったく形式的な養子縁組による家の継承もある。ここで詳述する余裕はないが、江戸時代の楽家は、基本的に養子縁組によって、なんとか家名を保って来た事例が非常に多いということを頭に置いておきたい。

◉幕末の芝家の人々

以上のように、幕末期において南都方の楽家のうち、上、奥、辻、窪家（の一部）などは京都に基盤を移した。しかし、芝、東、窪（久保）は京都に行かず、幕末まで奈良に留まった。京都の禁裏《きんり》の正月の節会《せちえ》や舞御覧《まいごらん》、賀茂社、北野社、祇園《ぎおん》社などの祭礼の節は在南家も上京し、在京の辻、上、奥などの家に止宿して行事に臨んだ。逆に、南都で行われた春日祭、氷室祭、春日若宮おん祭の時などは、在京の楽人が南都に下向した。

楽人たちは、雅楽の伝承や家の存続のために日記をつけていた。現存する日記はだいたい一八世紀以降のものが多いが、南都方の日記で現存しているのは、辻家、芝家、東家の記録、日記類で、辻家の記録「楽所録」は国会図書館蔵、芝家の日記は天理図書館蔵となっており、閲覧が可能である。また、東家の文書類はＰＤＦ化され、販売もされている。

辻家の日記が、京都の動向に詳しいのに対し、芝家の日記からは、奈良における諸行事の様子がうかがわれる。ここですこし、芝家の日記から、芝家の人々の幕末の様子を見てみよう。

幕末の芝家がおよそ四つの系統に分かれることはすでに述べた。そのうち、藤原姓を賜った直葛から、葛康《かずやす》―葛光《かずみつ》―葛隆《かずたか》―葛宗《かずむね》―葛泰《かずやす》―葛房《かずふさ》―葛鎮《ふじつね》―葛絃《ふじお》と連なる流れ（芝家系図①）が本家を維持してきた。芝家の日記は、この本家で代々書き継がれて来た日記集だが、本家の楽道断絶の後、文書類は分家に託された。その結果、現在、日記は天理図書館に、その他の楽書、楽譜史料は芝祐靖家で保管されている。

まずは幕末に芝本家の当主であった芝葛房（一八一三～一八七三）の日記をひもといてみよう。葛房が日記を書き始めたのは、文政一〇（一八二七）年、一五歳の時であった（江戸時代の年齢はすべて数え）。当時、父の葛泰《かずやす》（一七七六～一八一五）はすでに亡く、後見として何かと世話を見てくれたのは、父の弟・葛雅《かずまさ》（一七八二～一八四七）であった。

葛雅は、葛雅の叔父にあたる葛清《かずきよ》の養子として本家の傍流・葛清家を継いでいたが、当時、芝家の中では年長で、中心的な存在であった（前掲、系図参照）。葛房の日記には、非常に頻繁に「葛雅公」「葛雅君」が登場し、行動を共にすることが多い。また、葛雅の息子・葛忠《かずただ》（一八一二～一八九七）とは年も近く、ともに幕末から明治の芝家を支えた。

一方、祐靖の曾祖父にあたる葛高《かずたか》（一八一六～一八八五）は、もとは在京南都方の辻家の出身

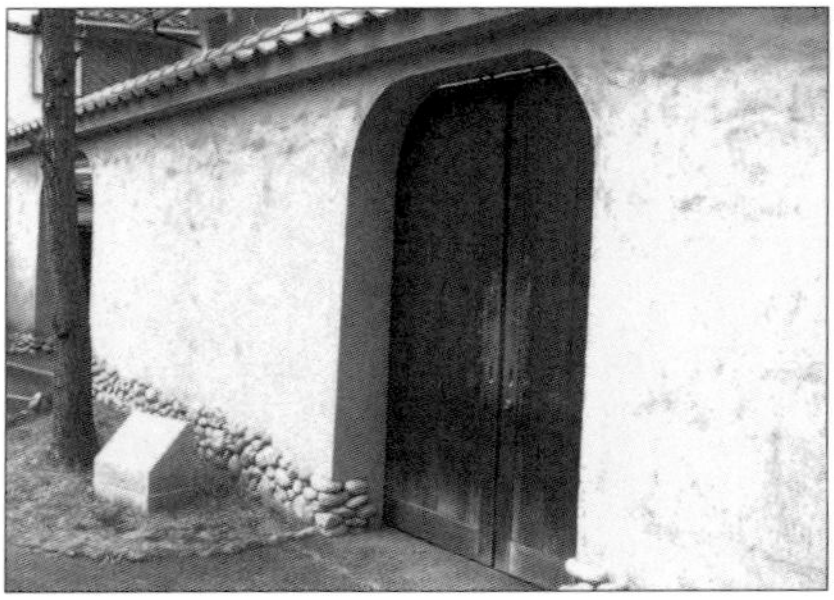

図 1-4　大乗院横の長屋塀（復元）

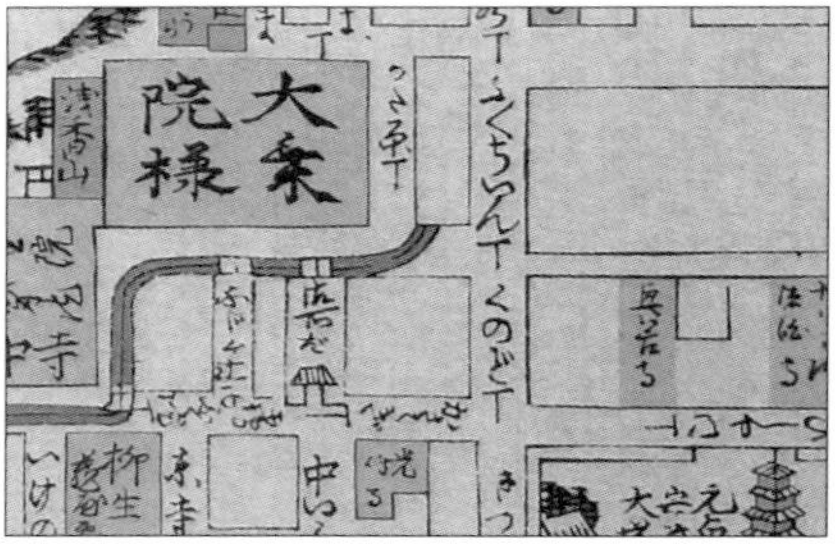

図 1-5　『和州奈良之絵圖』（部分）（上が東）

である。『地下家傳』などによると、葛高は辻近敦《ちかあつ》の三男に生まれ、芝葛福（但葛）家の但鬲《ただたか》の養子となり、南都に住んだ。葛房日記によると、葛高は一人暮らしが長く続き、自己管理があまり得意ではなかったらしい。実父の辻近敦がこのままでは楽道継承の行く末が心配で、しばらく光亭《みつとき》方に同居させることにした、という書状を葛房に書き送っている（一八四四年一月二九日条）。光亭とは葛高の実兄・久保光亭（辻近敦の二男）のことで、南都の久保家に養子に行っていた。しかし葛高は数ヶ月後には、自宅にもどり、一人前の楽人として楽道に励み、一八四六年五月に、めでたく親戚の窪近繁《くぼちかかず》の長女を嫁に迎えた。それから数人女子が生まれた後、一八五四年に長男・葛尋《かずひろ》、一八五九年に二男・葛満《かずみつ》を授かった。長男は早世したので、葛満が楽道を継ぐことになった。これが、後の芝祐夏《すけなつ》である。

　ちなみに、芝家の人々は御所馬場町《ごしょのばばちょう》、またはその隣の不審ヶ辻子町《ふしんがづしちょう》付近に居を構えていた。興福寺、春日大社にも近く、楽人が多く住んでいた地域である。葛雅は南西にすこし離れた袋《ふくろ》町《ちょう》に住んでいた。御所馬場町、不審ケ辻子町は、現在の奈良ホテルが建つ浅香山の西の麓、復元された大乗院庭園の西隣の町である。このあたりは昭和五〇年代まで、分厚い塀に出入り口をくりぬいた独特の造作の楽人長屋が存在していた（大乗院庭園の一角に、復元された塀がある）（図1－4）。また、『和州奈良之絵図《わしゆうならのえず》』（一八六四）には、御所馬場町の西端に門が描かれている（図1－5）。残念ながら、道路の拡幅工事で、御所馬場町は消滅したが、不審ケ辻子町は現在のホテルサンルート奈良をすこし南に行き、東に入ったところの路地にひっそりと残っている。

芝葛房の日記、天保五（一八三四）年四月一三日条には、

不審辻子町南側　此当時後宅中程半分西より也　芝葛元《かずもと》（④寛葛家）
御所馬場北側西ノ端当家（①葛房＝本家）
御所馬場北側東より二軒目芝葛高（③葛福家、芝祐靖家の先祖）

とあり、一〇〇メートル四方の中に、芝家の三つの家が固まって住んでいたことがわかる。とくに、不審ケ辻子町南側西寄りの葛元と、その南の御所馬場町北側の本家の葛房家は実際には裏庭を接していたことが次の記事からわかる。葛元が急死した時の生々しい様子が記されている。原文は漢文で、読解がすこし難しいが、紹介しておこう。

右留主中、予壱人宅ニ居候所、申刻過、葛元殿方妻裏ゟ頻ニ予ヲ被呼候故、何事ニヤト存、壱人ニ候へ共、表〆候而参り候所、葛元殿急病発起、危急ニ而、最早養生難叶ニ付、予ハ即刻章遠方へ参り、右之様申、即刻参り被呉候様頼候。夫ゟ袋町へ参り、葛雅君御同伴ニ而参り候所、最早候故命終候。兼而過酒故、先吐血て相見候へ共、出不申、其儘ニ而、被致死去候。死後余程出申候。昨年来所労之所、病気直、段々快方ニ相成、此節別而宜敷儀ニ相見候所、急変ニ而、俄ニ驚入候。予ハ夫ゟ二月堂へ参り、近兄宿爾参詣被致居故、内々申置、葛高へ申入、同道ニ而帰ル。半剋頃、母妻帰宅致由。入夜同家打寄、程々相談ス。縁者等舊地ニハ無之候故、用入ノ嗣子も無之。妾斗ニ而皆々同家之世話也。戌刻ゟ継飛脚ニ而、實弟東儀文均呼ニ遣ス。何角相仕舞、子刻夜伽等申付置　帰宅ス。葛元当三十四歳。至而正直実情之人柄ニ而、同家之便ニ相成候所、不存寄卒去ニ而、段々同家人少ニ相成、歎入候事。

（天保一一年三月一二日条）

右の場面の要点は次のようになる。

予（＝葛房）が昼間一人で留守番をしていると、申刻過ぎ（午後五時頃）、葛元の妻が裏からしきりに呼ぶので、表の戸締まりをして行ってみると、葛元が急病で危篤になっており、もはや治療もかなわない状態だった。すぐに楽人仲間や叔父の葛雅に知らせ、一緒に葛元邸に戻った時には亡くなっていた。夜になって、不審ケ辻子の葛元邸にみんな集まり、相談した。葛元は縁者が当地におらず、跡継ぎの子どももいなかった。妻だけだったので、みんなで同家の世話をした。（京都にいる）葛元実弟の東儀文均《ふみなり》にも知らせを出した。いろいろと片付け、子の刻（午前〇時頃）夜伽《よとぎ》をするよう（葛元の妻に）申し置いて、帰宅した。

葛元は、同じ年の二月に、葛房が在京南都方の奥好古《よしふる》の娘を嫁に迎えた時、世話を焼いてくれた恩人である。ここでは、葛房邸と葛元邸が裏庭を接していたこと、何かことが起きると、すぐに親戚一同が駆けつけ、助け合っている様子がよく表されている。(3)

◉幕末の奈良の風景

南都で行われる雅楽は、寺社の年中行事での唐楽《とうがく》の奏楽《そうがく》や、唐・高麗の舞楽が中心であるが、珍しいところでは伎楽《ぎがく》がある。大きな行事には楽人が総出で、小さい行事には数人が交代で出仕した。

唐楽は神饌《しんせん》を捧げたり下げたりするときに伴奏音楽として演奏され、奏楽例としてはいちばん多いが、数人で演奏するので、交代で出仕する。出仕は正月元日から始まり、三日まで、楽人たちは、氷室社、春日社、手向山《たむけやま》八幡などに社参し、神供《じんく》奏楽を行う。また、七日に東大寺の修正会《しゅじょうえ》にも出勤し、奏楽することもある。楽人と特に関係が深い氷室社、春日社には、一の

図 1-6　氷室神社舞殿

つく日、すなわち各月の一日、一一日、二一日と、三回も社参し、神供奏楽を行う。その他、興福寺の大乗院、一乗院など塔頭《たっちゅう》での楽会や法会、法花寺《ほっけじ》、山村御殿（円照寺）など門跡尼《もんぜきに》寺《じ》での附楽《つけがく》[4]、その他、常徳寺、蓮長寺《れんちょうじ》など市内の小寺院での奏楽、また、すこし遠出して郡山《こおりやま》のいくつかの寺や、法隆寺、木津天神社など、周辺の寺社での奏楽もしばしば行っていた。

南都で盛大な舞楽を伴う行事は、九月一日の氷室祭と一一月二七日の春日若宮おん祭である。これらには、在京南都方も下向して、行事に参加する。

氷室社は、現在は全国の製氷業者の守護神としての信仰が有名だが、江戸時代までは南都楽所の氏神の神社として、盛大な舞楽会を行っていた（図1-6）。この神社の蔵で楽器や装束なども保管しており、一臈所《いちろうしょ》という機関が置かれて南都楽壇の管理一般を行っていた。その氷室社のいちばん大きな年中行事が氷室祭である。

氷室祭は二日間にわたって行われ、初日はまず、神主の奉幣《ほうへい》、献饌《けんせん》、走馬《はしりむま》がある。次に、日本固有の歌舞の東遊に続いて、外来系の唐楽と高麗楽《こまがく》の舞楽が三番（計六曲）演じられる。二日目は、奉幣、走馬、東遊は行われず、代わりに振鉾《えんぶ》という浄めの舞楽の後、舞楽が五番（計一〇曲）行われた。氷室祭は残念ながら明治時代に途絶えた。

氷室祭よりさらに盛大なのが、春日若宮おん祭である。若宮おん祭は、平安時代、一一三六年に創始されてから今日まで続いており、南都の冬を彩る風物詩として格別の存在感を放っている。この祭は宵宮祭《よいみやまつり》や深夜のご遷幸《せんこう》、お渡り式、松の下式、走馬、御旅所祭《おたびしょさい》、還幸《かんこう》の儀、奉納相撲など、さまざまなスペクタクルから成り立っており、芸能史ではつとに名高い祭である。御旅所祭の部分で、前掲の氷室祭一日目と似た構成で、奉幣、伝供、御馬走、東遊があった後、舞楽が五番（計一〇曲）演じられる（図1－7）。

図 1-7　御旅所の鼉太鼓

さて、雅楽の奏楽や舞楽に加え、南都では珍しい伝承も保たれていた。伎楽（古記録ではしばしば「妓楽」とも記される）は、七世紀に百済《くだら》の味摩之《みまし》という人が大和の桜井で少年たちに教習したのが始まりとされる仮面パントマイム劇である。奈良時代、平安時代には諸寺の法会で盛んに行われ、仮面や楽器が東大寺正倉院、法隆寺などに伝わって来た。前出『教訓抄』巻第四の「妓楽」の項には詳しい記述がある。それによれば、獅子、大孤父《たいこふ》、大孤児《たいこじ》、呉公《ごこう》、呉女《ごじょ》、迦楼羅《かるら》、婆羅《ばら》門《もん》、金剛・力士、崑崙《こんろん》、酔胡王《すいこおう》、酔胡従《すいこじゅう》など多数のキャラクターが登場し、音楽の伴奏で無言劇を演じる（図1－8）。伴奏には、笛、鉦《しょう》、呉鼓《くれつづみ》が用いられた。

図 1-8　復元された伎楽（2014年、薬師寺にて）

伎楽は『教訓抄』が著された頃、つまり鎌倉時代の始めまでは伝承が保たれていたが、その後の歴史はよくわからない。南都ではかろうじて幕末まで東大寺や興福寺の仏生会《ぶっしょうえ》で行われていたようである。葛房日記には、四月八日の東大寺仏生会の伎楽の様子が記されている。

それを見ると、多数のキャラクターが登場する奈良、平安時代の面影はなく、笛の伴奏で舞人が道行《みちゆき》をする簡素なものだったことがわかる。残念ながら、伎楽も明治時代に途絶えたが、一九八〇年の東大寺大仏殿昭和大修理落慶法要《らっけいほうよう》で、復活する。その復活に携わったのが、他でもない芝祐靖である。これについては第三章で詳しく述べよう。

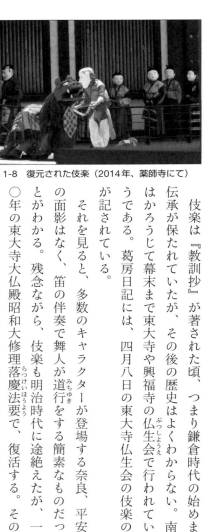

このように、南都の楽人たちはさまざまな寺社の行事で奏楽、奏舞をしたが、さらに、素人弟子への雅楽の教授も行っていた。弟子には市内の商家、武家、院家や武家の家司《けいし》、寺侍と思われる者達がいる。また、東大寺北林《ほくりん》院、龍松《りゅうしょう》院、吉祥《きつしょう》院、興福寺唐院、山村御殿宮（尼門跡寺院）などでも雅楽の稽古をしている。

これらの行事、あるいは楽人の日常は、おおよそ明治二年頃までは通常通りであった。しかし、明治三年以降は、国家全体の体制の変化が徐々に地方にも浸透して来る。楽人たちも宮中の賢所《かしこどころ》で行われる御神楽の奉奏に関わるものが最初に東上し、南都の芝家も次第にその大きなうねりの中に飲み込まれていく。

◉東上《とうじょう》

明治二（一八六九）年三月、京都を発った明治天皇は、東京に二度目の行幸《ぎょうこう》を行い、そのまま京都に還ることはなかった。これによって、東京が事実上の「みやこ」となった。新しい東京という「みやこ」に上京すること、それが「東上《とうじょう》」である。さまざまな皇室行事が東京を舞台に行われることになり、それを掌《つかさど》る楽人が関西から聘《よ》ばれた。

近代の雅楽制度に詳しい塚原康子によると、明治二年一一月、新政府の命により京都の御所にあった官庫装束が東京に向け送り出された（塚原 二〇〇九、四八～四九頁）。楽人でまずはじめに東上を命じられたのは、皇室の祭祀でとりわけ重要視された国風歌舞《くにぶりのうたまい》、すなわち神楽歌《かぐらうた》や、鎮魂祭の大直日《おおなおひ》歌《うた》・倭舞《やまとまい》などを演奏する人員である。

明治二年一一月一九日に、多久顕《おおのひさあき》、多忠寿《ただのぶ》、辻近陳《ちかつら》、山井景順《やまのいかげあや》、安倍季員《すえかず》、多久幸《ひさゆき》（以上は原文資料順。およそ年長順もしくは家格順となっている）の六名が京都から東京に向かった。すべて京都在住の楽人であった。多氏が多いのは、彼らが和琴、神楽歌を専門とするからであるが、神楽歌は、篳篥、神楽笛の伴奏も必要なので、安倍氏（篳篥）や山井氏（笛）も含まれている。

東京には、それ以前から、江戸城紅葉山の東照宮の祭祀などに奉仕する紅葉山楽人がおり、明治天皇の最初の東京行幸の折の諸行事には、これらの楽人が唐楽を演奏していた。しかし彼らは国風歌舞の伝承を許されていなかったため、明治以降、京都から専門の楽人が呼び寄せられたのである。

明治二年一二月一七日に東京で初めて鎮魂祭が、同一九日には賢所御神楽が、東上した楽人によって行われた（塚原前掲書、四六～五一頁）。国立公文書館に保管されている、太政官《だいじょうかん》、式《しき》部寮《ぶりょう》関係の布告などの文書によれば、今日の宮内庁楽部の祖である雅楽局が太政官下に創設されるのは、その約一年後の明治三年一一月七日である。関西在住の楽人は、その後、段々と東上して行くが、東上した楽人がそのまま東京に居続けるかというと必ずしもそうでなく、特に、年配の楽人には、慣れ親しんだ旧地に戻る者も多かった。関西の御陵《ごりょう》などでの奏楽も必要だったため、明治四年三月一四日に京都に雅楽局出張所が置かれ（明治一〇年一〇月三一日に廃止）、東西に楽人が配置された。

なお、雅楽局は、明治四年八月一〇日より、「式部寮雅楽課」となり、その後何度か組織や名称が変わったが、明治四〇年一〇月から「宮内省式部職楽部」となり、これが終戦まで続いた。雅楽局の設立に伴い、それまで家ごとに固定されていた伝承は廃止され、世襲的な楽家以外の者も楽師に応募できるようになった。これに伴い師弟関係も父から子への稽古を避け、なるべく他家の師匠に就くような工夫もされた。明治九年と二一年には、標準的演目を撰定し、統一楽譜で著す『明治撰定譜』が成立した。また、明治七年からは雅楽だけでなく、欧州楽の

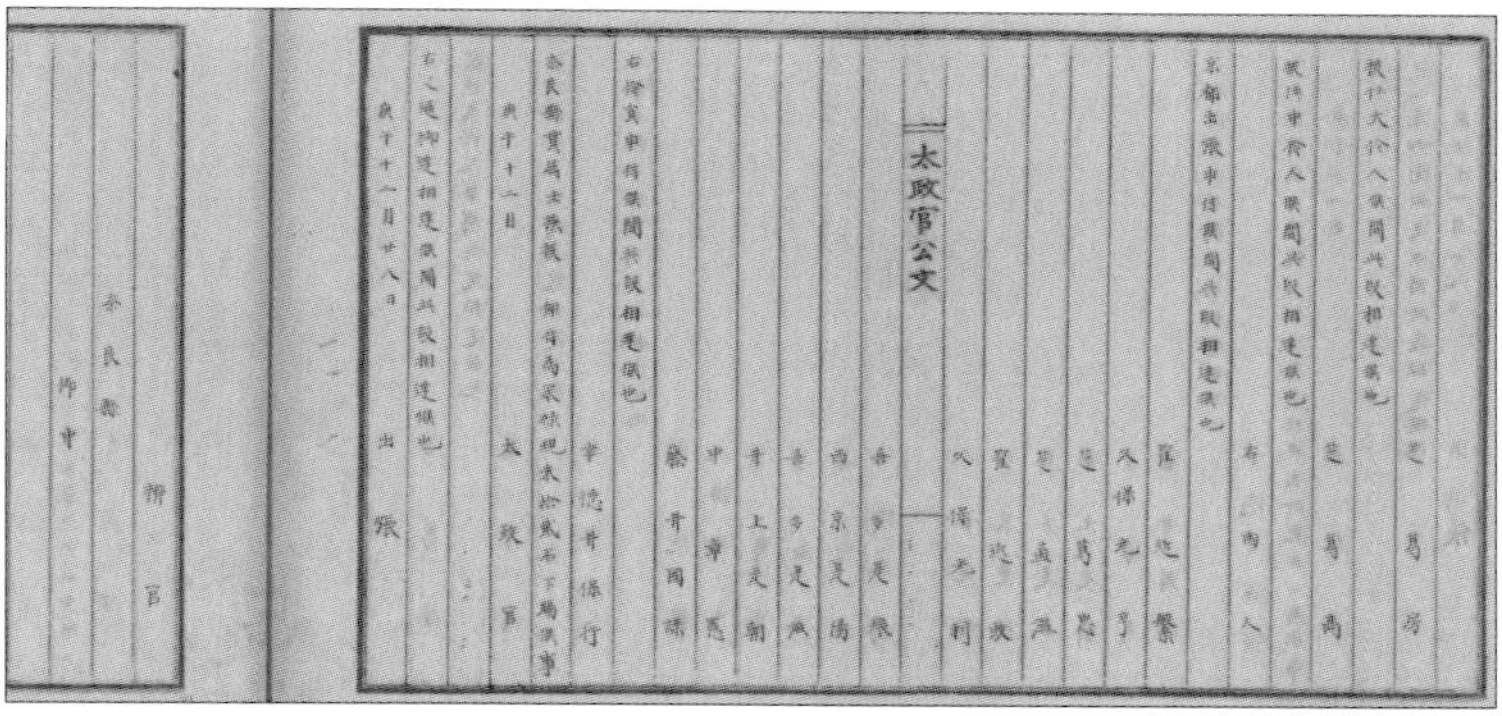

図1-9　太政官通達「京都出張申付」と「伶員申付」（明治3年12月）（国立公文書館蔵(6)）

伝習も始まった。日本で最初のオーケストラは、宮内省楽部だったのである。戦後の宮内庁の雅楽の教習や公務については、次章で詳述することにしよう。

さて、芝家をはじめ、南都に拠点を置く楽家は、明治三年一二月二八日の太政官の通達により、芝葛房が「大伶《れい》人《じん》」、芝葛高が「中伶人」として京都出張を命じられた。「伶人」とは、雅楽の楽人をさす古くからの一般呼称である。[5] 雅楽局伶人には「大伶人」「中伶人」「少伶人」の別があり、さらにその下に「伶員」があった。窪近繁、久保光亨、芝葛忠、芝直温《なおあつ》、窪近政《ちかまさ》、久保光利《みつとし》、喜多是羚《これよし》、西京是陽《これてる》、喜多是滋《これしげ》、井上是朝《これとも》、中章憲《ふみのり》、藤井国謀《くにさだ》らは伶員に任じられた（図1-9）。ただし、狛氏以外の喜多是羚以下の南都右方人は、明治四年三月一九日に免官された（塚原前掲書、五七頁）。免官の理由は公文書にははっきりとは書かれていないが、歴史的に「南都右方人」が左舞の狛氏よりも一段低い扱いだったからであると考えられる。

明治維新当時を生きた芝家の楽人は、①本家の葛房《かずふさ》とその長男・葛鎮《ふじつね》（一八四九〜一九一八）、②本家の分かれの葛忠《かずただ》（葛雅男、一八一二〜一八九七）、③葛福（但葛）家の葛高《かずたか》（一八一六〜一八八五）、④寛葛家の直温《なおあつ》（一八五〇〜一九〇〇）であった。このうち、①の葛房は右に示した通り、明治三年一二月に京都出張を命じられた。南都の芝家墓所に残る葛房の墓碑によれば、そのまま雅楽局京都出張所に勤めたが、老いと病のため明治五年六月に辞職、南都に帰還の後、明治六年五月四日に亡くなった（図1-10）。

図 1-10　芝葛房墓

一方、葛房の長男・葛鎮は明治三年に東上（塚原、前掲書、付表一六頁）、洋楽も習得し、その後の楽部を率いる重要な人物として活躍していく（コラム⑦参照）。葛鎮の嗣は二男の葛紘《ふじお》が継いだ。葛鎮の長男・葛盛《かずもり》は楽道を継承しなかったが、宮内省図書寮（今日の宮内庁書陵部の前身）に勤務し、皇室制度や日本史に関連する業績を多数残した。一九四〇年、紀元二千六百年の祭典のために創られた新作舞楽〈悠久〉は、従来にない、歌謡を伴う創作舞楽だったが、この歌詞の撰定にあたり、葛盛が古典から候補を挙げている（寺内二〇一〇、一〇〇〜一〇一頁）。

②の本家の分かれの葛忠は明治三年一一月に雅楽局の伶員と

なったが、京都出張所の勤務で東上することはなかったようである。南都に残る墓碑によれば、明治八年まで勤務、明治八年一一月に退職した後、弟子二百余人に雅楽を伝授し、その中には、久邇宮《くにのみや》親王（久邇宮朝彦親王《あさひこしんのう》か）も含まれていた、と刻まれている。亡くなったのは明治三〇（一八九七）年と言うから、退官後、二〇年以上にわたって、民間に雅楽を広めたことになる。多くの楽人が東京に移った後、南都の行事で雅楽の伝承を保つために、窪近政、芝葛忠らが連名で明治一六（一八八三）年、式部寮に雅楽練習所新設の伺書《うかがいしょ》を出し、許可された（塚原前掲書、六一頁）。このことからも、葛忠が関西に留まり、郷里の雅楽の伝統継承に心を砕いていたことが分かる。

④にあたる寛葛家・直温の実父は在京天王寺方の東儀文均《ふみなり》である。文均はもともと南都の芝葛起《かずおき》の三男で、二人の兄（葛永《かずとう》、葛元《かずもと》）が亡くなったため、三男の直温に実家を相続させていた（葛元の死については前述）。

直温は、弟の光利（久保家の養子）と明治四年に東上するが（芝葛鎮日記、明治四年一〇月一〇日条）、南谷美保の研究によれば、父の文均が明治六（一八七三）年に亡くなった翌年、明治七年五月に、兄の東儀文言《ふみとき》とともに依願退職している（南谷 二〇〇九、二六四頁）。直温の嗣《し》は、多忠廉の三男・忠重《ただしげ》を養子に迎えて継いだ。忠重の子・健四郎《けんしろう》まで楽人として勤仕した。

③の祐靖の祖父・祐夏は一八五九年生まれで、雅楽局設立（明治三年、一八七〇）当時は未だ一一歳だったが、塚原によれば、設立の翌年、明治四年に伶員に任官されている（塚原前掲書、

図1-11　芝 祐夏（芝祐靖提供）

付表一六頁）（図1－11）。

　葛高、祐夏親子が東上したのは、明治五年に日本を訪れたロシア皇太子（後のニコライ二世）に童舞《どうぶ》を見せるためである。この時は、式部寮から少伶人・芝葛高、少伶人・多忠功、少伶人・東儀季貞《すえさだ》、少伶人・東真茂《ひがしさねしげ》（一二歳）、伶員・芝祐夏（一三歳）、伶員・東儀俊慰《としやす》に、東京に罷《まか》り出るようにという命が下っている。

　前掲、南谷論文によれば、このほかにも、童舞要員として薗廣元《ひろもと》、東儀俊龍《としたつ》、東儀俊義《としまさ》、多忠守《ただもり》も上京し、一〇月一八日に東京の延遼館で童舞が催された。終了後、芝葛高、多忠功《ただいさ》はそのまま東京勤務が言い渡され、一方、東儀季貞、東儀俊慰らは関西に戻ったという（二六八～二七一頁）。その後、祐夏は、雅楽局（雅楽課／楽部）の要員として、明治天皇大喪の誄歌《るいか》の創作、大正天皇大嘗祭《だいじょうさい》の稲舂歌《いねつきうた》、国栖《くず》、悠紀《ゆき》・主基風俗《すきふぞく》の創作などに関わった（塚原前掲書、一〇一～一〇二、二〇六頁）。

　ここまで、幕末、維新期の芝家の様子について概観してきた。明治維新の大規模な社会変化は、伝承すべき音楽内容、伝承のシステム、生活環境などの点で、楽人社会にも多大な変革をもたらした。時代の大きなうねりの中で、芝家の人々も、関西に残った者、東上はしたもののほどなく雅楽局を去った者、雅楽局（雅楽課／楽部）の中心的存在として活躍していく者など、さまざまであったことがわかる。結果として、芝四家のうち、①本家と③葛福家の人々が明治以降の東京の雅楽活動に参画していったのである。

◉近代以降の芝祐靖家三代

さて、芝祐夏の東上とその後の活躍については右に示した通りだが、祐夏には四人の男子がいた。長男祐孟《すけもと》（一八九〇～一九五〇）とその子孝祐《たかすけ》（一九二五～）が楽人になった。また、四男祐泰《すけひろ》（一八九八～一九八二）も楽人となった。この祐泰が、祐靖の父である（図1－12）。

図1-12　芝 祐泰（芝祐靖提供）

祐泰は、一九一四年、宮内省楽部の楽生となり、一九二一年に楽師となった。持ち管（担当楽器）は龍笛、洋楽器はヴァイオリンである。戦後の宮内庁楽部の重鎮として活躍し、一九五〇年に楽部楽長となると同時に日本藝術院会員となった。退官後は、国立音楽大学で教鞭をとっている。

雅楽の伝承、楽部の発展という大きな貢献の他に、祐泰には大きな業績がある。それは、雅楽の研究、著書・論文執筆と、雅楽の楽曲の五線譜訳である。代表的著作に『雅楽通解』(一九六七)、雅楽の五線譜訳に『五線譜による雅楽総譜』シリーズ(カワイ楽譜、一九六八～七二)がある。後者は長らく絶版だったが、近年同社から復刊された。『楽家類聚《がっけるいじゅ》』(二〇〇六)に祐靖が書いている「祖父、そして父のこと」という文章によると、祐泰は、幼少の頃から学業成績優秀で、ヴァイオリンも上手であったという。東京音楽学校の予科に合格したが、雅楽稽古所の楽生の道を選んだ。祐泰は、毎日楽部からまっすぐ帰宅し、机に向っていろいろ書き物をしていたという。その成果が、数々の論文や五線譜なのだろう。

ただし、家族の立場からすると、こわいお父さんが夕方五時にいつも帰宅しているのはなかなか大変だったらしい。また、他の楽師が一般的に行っていた、退庁後の神社や寺での雅楽教授のアルバイトを祐泰は一切行わなかったため、妻の乙女《おとめ》(つまり祐靖兄弟の母)が近所の子どもにピアノを教えて家計を助けていたという。ちなみに、彼女はクリスチャンで、亡くなった時の葬儀もキリスト教の教会で行われた。

祐泰は三人の男子に恵まれた。長男の祐久《すけひさ》(一九二八～)も雅楽と洋楽を勉強し、楽部に入ったが、作曲家としての道を選び、一九五二年に楽部を依願退職した後、長らく東邦音楽大学の教授を勤めた。二男の祐順《すけより》(一九三一～二〇〇九)は楽道を継がなかったが、東京大学に進んで心理学を修め、東京大学教育学部の教授となった。三男が祐靖（一九三五〜）である。祐靖の少年時代はちょうど太平洋戦争で、一九四四年、小学校三年の時に長野県に集団疎開した。疎開中は食料不足で、友達の一人が空腹のあまり赤トンボを食べてしまったことを、悲しい思い出として文章に綴っている。

疎開から帰った祐靖少年は、（本人によると）勉強ぎらいなダメガキになっていた。そして勉強ぎらいだったがゆえに、父は楽部の予科に入学させたのではないか、と回想している。つまり、先輩について型通りに修行すれば、なんとか楽師になれると考えた親心、なのである。

また、祐靖の「本なんか読むな！」という文章によると、二〇歳頃になるまで、祐泰からしばしば「本なんか読むな！　そんな暇があったら笛をふけ！」と言われていたという（コラム⑬参照）。この場合の「本」とは、古楽譜や古楽書のことだが、過去の伝承を掘り返す前に、まず笛奏者としての実技をしっかり習得しろという叱咤激励の意、と祐靖は長らく捉えてきた。しかし二〇〇三年頃、その真意は実は、古楽譜や古楽書を見ることによって、現行の雅楽に疑問を持つことを恐れたのではないか、と思い至ったという。

「現行の雅楽に疑問を持つ」とはどういうことか、説明が必要だろう。

雅楽は、一三〇〇年以上にわたる長い伝承の過程で、基本となる音階やリズムが変化した。奈良時代には唐から中国の音階理論が伝わり、初期にはそれに則った音階で演奏されていたと思われるが、次第に変化した。なかんずく、江戸時代以降は、龍笛や篳篥の旋律は、近世の俗

図 1-13　3歳頃の祐靖と母（芝祐靖提供）

楽、すなわち三味線や箏曲の音楽に多用される都節《みやこぶし》音階に似た音階へと変容した（コラム⑩、⑪参照）。また、雅楽の中の歌もののジャンル・催馬楽の拍節構造や笏拍子《しゃくびょうし》のリズムパターンは、平安時代と大きく異なっている（林 一九五九）。

古楽書、古楽譜を見ると、このような現行伝承との「相違」に突き当たる。実は、前述の祐泰の『五線譜による雅楽総譜』で、たとえば平調《ひょうぢょう》〈越《え》天楽《てんらく》〉の楽譜を見ると、箏の調絃は現行と異なり、平安末の箏譜『仁智《じんち》要録《ようろく》』に近い。つまり、「祐泰譜」は、現行雅楽の忠実な採譜ではなく、自身の研究の成果を活かした、平安時代の伝承を一部復活させた楽譜なのである。

同様に、祐泰よりやや年長で京都方楽家出身の山井基清《やまのいもときよ》（一八八五〜一九七〇）は、催馬楽の現行伝承の混乱に気づいて研究を行い、あるべき姿の催馬楽を五線譜『催馬楽訳譜』（一九六六）に著している。

先述の「本なんか読むな！」の話にもどると、つまり、祐泰は、雅楽伝承の歴史的変容を十分承知の上、若い祐靖青年には、まず現行雅楽を完全に会得するよう促したのである。現行伝承を十分理解しつつ、それを相対化する思考は、後に、数々の復元や作曲を行う上で、芝に重要な基盤を提供しているように思える。

いずれにしても、一家の中に、皇室に仕え神楽を重んじる父、クリスチャンでオルガン、ピアノを弾く母、洋楽の作曲家の長兄、心理学を学ぶ次兄がいる、すばらしく多士済済《たしせいせい》な環境で、芝は育ったのである。しかし、意外なことに、家の中では雅楽が響くことはほとんどなく、むしろ、母と長兄の祐久が演奏するベートーヴェンやモーツァルトが耳に残っているという。後に、洋楽のオーケストラ曲を少なからず作曲することになるのも、こうした環境に由来するのだろう（図1－13）。

したがって雅楽の修行は、もっぱら皇居内の楽部庁舎で行われたわけだが、次章では、その修行の日々をたどってみよう。

注

1　楽人の系図については、江戸時代末までの各家の系図をまとめた『地下家傳《じげかでん》』や、平出久雄が、諸氏に伝わる膨大な古史料をもとに編纂した「日本雅楽相承系譜」（『日本音楽大事典』一九五九／一九八九）、東儀信太郎代表執筆『雅楽事典』（一九八九）、塚原康子『明治国家と雅楽』（二〇〇九、巻末付表）、芝祐泰『雅楽通解』の中の系図（『楽家類聚』に再録）などが参考となる。

2　興福寺維摩会《ゆいまえ》の勅使を勤めた功によるとも、また、芝家の祖・近氏は、楽人・辻則近の娘が藤原師家に侍して生んだ子であるのでこの縁にちなみ、藤原姓を賜《たまわ》ったとも伝わる。

3 余談であるが、この後、葛元家の家屋、財産をめぐって、すでに楽人をやめて商家に入った親類が乗り込んで来て、騒動を引き起こす。楽家に生まれても途中で転職するものがいたことがわかる興味深いエピソードだが、ここでは話がそれるので、またの機会に論じたい。

4 附楽《つけがく》とは、声明《しょうみょう》（仏教の経典の読誦《どくじゅ》）の伴奏をしたり、雅楽合奏に助演すること。

5 大阪の四天王寺の西側に、かつてそこに楽人が住んでいたことを示す「伶人町」という地名が残っている。

6 資料番号：公00044100　デジタル公開

第二章◉宮内庁の日々

◉修行の日々

明治初期に近代の雅楽伝承制度が始まって以降、楽師《がくし》は笙《しょう》、篳篥《ひちりき》、笛からひとつ、さらに琵琶または箏《そう》に加えて、すべての打楽器と、神楽歌《かぐらうた》などの歌ものすべて、さらにオーケストラで用いられる洋楽器ひとつを習得しなければならないことになった。

これらを身につけるため、楽師は数年間の訓練を受けなければならない。その訓練期間の身分を「楽生《がくせい》」という。楽生は通常、義務教育修了後、本科で七年間修行するが、中学の時から通える予科という制度もある。

図 2-1　楽師になりたての頃（芝祐靖提供）

芝祐靖の場合、実は本格的な修行を始める以前に、すでに「童舞《どうぶ》」で雅楽界へのデビューを飾っている。芝のメモ（私家版）によると、疎開から戻った小学六年生の時（一九四七）、進駐軍の家族に童舞〈迦陵頻《かりょうびん》〉を披露することになった。また、「走舞《はしりまい》雑感」（伶楽舎第九回公演パンフレット、二〇〇九）という文章によると、そのとき舞を教えたのは、比較的近所に住んでいた楽師・薗廣茂《そのひろしげ》（一九〇一〜二〇〇〇）であった。

薗廣茂は、芝の父・祐泰《すけひろ》と同期で、舞の名手として知られた楽師である。祐靖少年は、小学校卒業後、楽部の予科に入り、中学校に通いながら週一日宮内庁楽部に通った。楽部の稽古はいつも水曜日にあったため、水曜日に開講する中学校の工作の授業を受けられなかったという。中学卒業後は本科生となってさらに修行した（図2-1・2）。本科生になって先生の顔をやっと覚えた。薗廣茂には、予科、本科でも指導をうけ、さらに楽師となった後も、〈打毬楽《たぎゅうらく》〉〈太平楽《たいへいらく》〉〈輪台《りんだい》・青海波《せいがいは》〉〈萬秋《まんじゅう》楽《らく》〉〈春鶯囀《しゅんのうでん》〉などを習ったという（コラム③参照）。

図2-2　宮内庁楽部の舞台で（打毬楽）（芝祐靖提供）

芝の専門は、管楽器・笛（龍笛《りゅうてき》、高麗笛《こまぶえ》、神楽笛《かぐらぶえ》）、絃楽器・琵琶、舞・左舞《さまい》である。芝が師事したのは、『楽家類聚《がっけるいじゅ》』によれば、古代歌謡・薗廣進《ひろゆき》、豊雄秋《ぶんのかつあき》、笛・上近正《うえちかまさ》、芝孝祐《たかすけ》、左舞・薗廣茂、琵琶・東儀博《とうぎひろし》、打物・東儀兼泰《かねやす》であった。[1] いずれの楽師も、当時、それぞれの分野で定評のある楽師たちだった。

このうち、薗廣茂、東儀兼泰（一八九九〜一九七二）、薗廣進（一九〇四〜一九七七）に、安倍季厳《あべすえよし》（一九〇四〜一九八六）、芝祐泰を加えた五人は楽部の同期生で、昭和三〇〜四〇年代の宮内庁楽部の黄金期を築いた。これらの雅師たちはいずれも明治生まれだが、芝によれば、戦争で多くの人材を失ったこと、制度的にも楽師の人数が戦前の半分に削減されたことなど数々の困難を経験しつつも、なんとか戦後の雅楽をもり立てようとする気概にあふれていたという。

一般にはあまり知られていないが、戦中は宮内省楽部からも多くの楽師が徴兵された。筆者が学生時代、左舞を師事した東儀信太郎《しんたろう》（一九一二～一九九二）も徴兵された一人で、中国内陸部で終戦を迎えた話をよくしていた。東儀信太郎代表執筆『雅楽事典』、塚原康子『明治国家と雅楽』の巻末付表や、東儀俊美《としはる》の回想によると（『楽家類聚』二三二～二三三頁）、徴兵されたうち八名の楽師が戦争で亡くなっている。

雅楽の稽古は、師と弟子が一対一で向かい合い、楽譜を使わず口頭で行われる。神楽歌など、歌ものであれば、そのまま師の歌った通りを覚えていく。管楽器の稽古では、唱歌《しょうが》と呼ばれる、意味のない音節を連ねた歌を習い、これを完全に覚えて初めて、楽器を持つことを許される。

予科の三年間は、だいたい唱歌を歌うだけで終わる。この唱歌には、音の上り下がりだけでなく、息継ぎの位置やフレーズの長さ、音量の加減、アクセントの付け方など、さまざまな情報が含まれている。これを、楽譜を見ず、直接耳を通して習得することにより、音楽を、楽器に触れる以前から身体に深く刻み込むのである。

芝も、「唱歌と演奏」という文章の中で、次のように述べる。

> 唱歌には、楽曲の暗譜はもとより、音楽の「間」、拍節の微妙な揺れ、音律の変化、音色の彩り、合奏楽器の動きなど、文字では表現しにくい音楽性を、身体で覚えるためのもっとも良く、そして効果ある手段が盛り込まれています。
>
> （『雅楽だより』第二二号、二〇一〇年、六頁）

また、唱歌が役に立つのは、管楽器を演奏する場合だけではない。絃楽器の演奏時や舞楽を舞う時にも、管楽器の唱歌を頭の中で歌いながら、弾いたり、舞ったりする。そうでないと、楽に乗れないのである。雅楽の絃楽器、すなわち琵琶と箏は、決まったパターンを繰り返す単純な技法しかないが、合奏の中で管楽器の旋律や打楽器のリズムに合わせながら弾くのは、意外に難しい。また、琵琶、箏の技法は単純ではあるが、琵琶や箏が刻むリズムが合奏をリードする場面もある。いずれの場合も、絃楽器奏者は管楽器の旋律の唱歌がわかっていないとうまく演奏できない。舞も唱歌を歌いながら動作を覚える（ただし、高麗楽《こまがく》伴奏の右舞は、「テン・テーン」のように、三鼓《さんこ》や太鼓のリズムを唱える）。

口頭伝承で唱歌が重要視されてきたことは以上の通りだが、備忘録として楽譜も古くから著されてきた。しかし、中世までは、笛や篳篥譜では、指孔《ゆびあな》（指遣い）の記号（「手付《てづ》け」という）

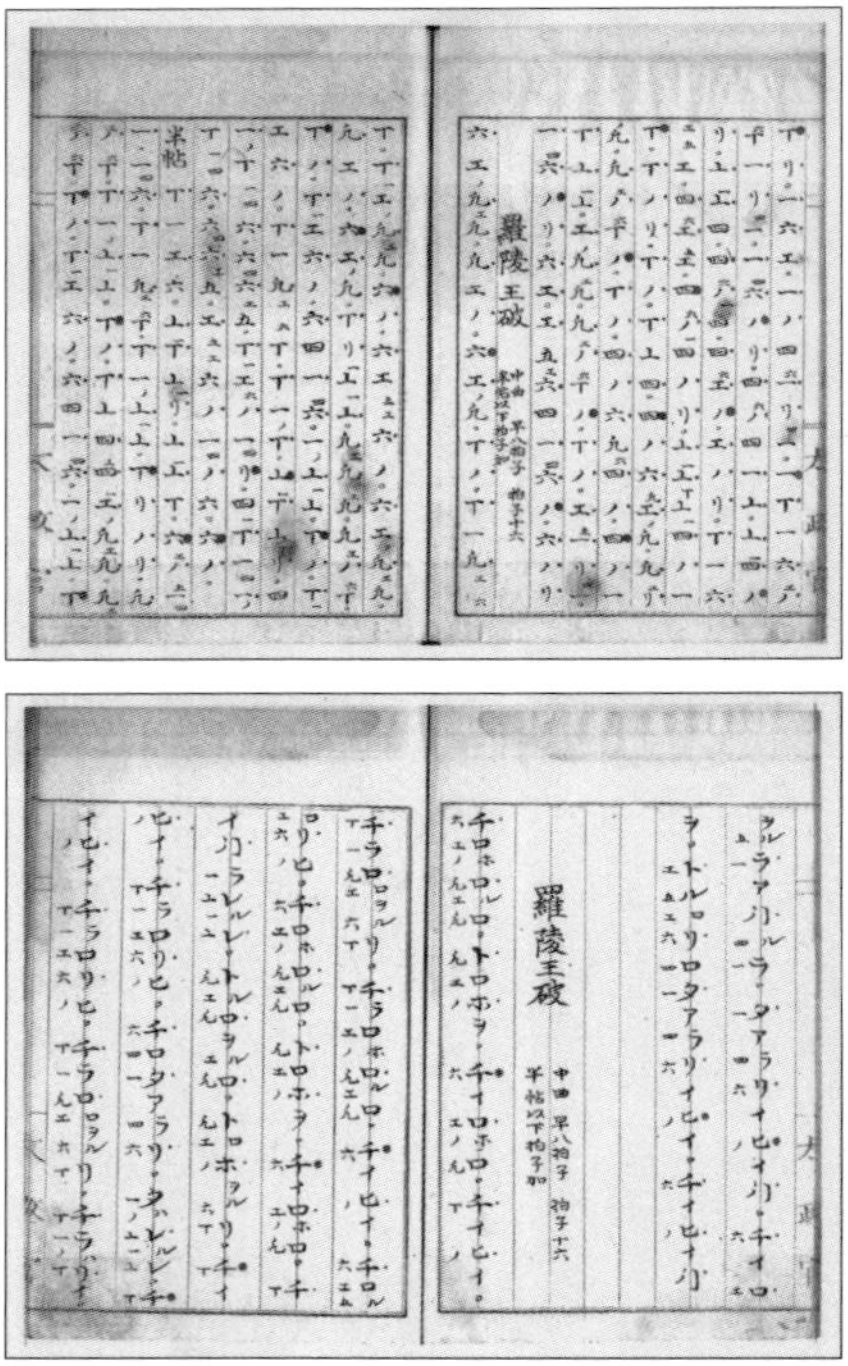

図 2-3　『雅楽全譜』より篳篥本譜（上）と仮名譜（下）

を連ねたものが主流であった。これを「本譜《ほんぷ》」という。

鎌倉時代の『教訓抄《きょうくんしょう》』にも、「チヤリ」「タア」などの音節が断片的に記されているが（巻第三）、唱歌が楽譜に体系的に記されるようになるのは、江戸時代以降である。たとえば、一七世紀後半に、伏見宮《ふしみのみや》貞致《さだゆき》親王（一六三二～一六九四）が著した和琴《わごん》譜には、和琴の音を表す記号と、笛の唱歌の音節が記されている。唱歌の音節＝仮名を記した譜を「仮名譜《かなふ》」という。ただし、唱歌だけ記しても、音程がわからず、リズムもわかりづらい。そこで、唱歌と手付けを併記する形も江戸時代後半に現れた。ただし、江戸時代までは、全体で統一した伝承や楽譜があったわけではないので、それぞれの家や個人で独自に工夫したものを用いていた。江戸時代までの龍笛や篳篥の楽譜には、多様な唱歌の系統が見られる（寺内二〇一〇c）。

それを統一したのが、『明治撰定譜』（一八七六、八八）である。[2] 興味深いことに、『明治撰定譜』のもととなった、『明治三年御撰定　雅楽全譜《ががくぜんぷ》』という草稿楽譜集には、まだ本譜と仮名譜が別々にある（図2－3）。仮名譜には手付けが添えられていて『明治撰定譜』は最終的には、手付けと唱歌（仮名《かな》）を合体した今日のような楽譜となった。また、小節の一拍目と三拍目の唱歌の文字を大きくして、リズムをわかりやすくしている。

◉楽部は大きな家族

雅楽の世界は、他の伝統芸能と同様に、完全な「体育会系」のノリである。師弟や先輩、後輩の上下関係は厳しい。稽古の折に、先生に怒鳴られた、殴られた、などのエピソードも漏れ聞く。もちろん、唱歌が覚えられない、習ったことを練習してから稽古に行かなかった……など、「怒鳴られる」何らかの原因が楽生側にあるのだが。しかし、楽生が師匠にひどく叱られて落ち込んでいる時には、別の先生や先輩から何気ないフォローがあるという。厳しくしつつも、全体としていつも誰かが気を配っているという絶妙なシステムが構築されているのである。

楽部には実際の親子、兄弟、親戚もたくさんいるため、そこにはあたかもひとつの大きな家族のような趣がある。弟子は、師匠から見ると、いつまでたっても子どもで、いつぞや、退官された元楽師の方が、五〇代で活躍盛りの現役楽師のことを「あの子」と呼んでおられたのが印象的だった。

また、楽師相互の呼び方も、「東儀さん」「芝さん」などと姓で呼び合うことはなく、だいたい名前、もしくは、名前の最後の文字で呼ぶ。そもそも、同じ姓の人がたくさんいるので、姓で呼んでも意味がないのである。祐靖ならば「やっちゃん」である。筆者はかつて学生時代に、「芝祐　」という空白のあるゴム印を目撃したこともある。恐らく、家族で共用されたのだろう。最後の一文字だけ、各々が記入するのである。一方で、名前を音読みする習慣もあり、「ゆうしょうさん（豊雄秋《ぶんのかつあき》）」「こうかんさん（奥好寛《おくよしひろ》）」「きがん先生（安倍季厳《あべすえよし》）」「きんせい先生（上近正《うえちかまさ》）」などと呼ぶこともある。

さて、幼少のダメガキ時代に父の祐泰から「ゲンコツをくらった」ものの、楽部での祐靖青年はもっぱら修行に励み、幸い師匠から殴られることもなく、一九五五年一二月、無事に楽生の課程を修了し、技術補佐員となった。一九五七年には晴れて正式の楽師（総理府技官）となった。楽師になると宮内庁内に個室が与えられる。芝の部屋は楽部庁舎の二階南側で、隣は上明彦《うえあきひこ》（一九四一〜）だった。

図 2-4　本丸天守台

図 2-5　牛込御門の石垣（右手前）と曲渕邸跡に建つ教会（左奥）

上はもともと楽家の出身ではないが、その笛の才能を見込まれて、上近正の後継として上家に入った人である。芝と上、二人の笛の名手は、隣り合った部屋で、互いに刺激し合いながら、毎日何時間も練習したという。

◉楽師の公務

現在の宮内庁楽部の庁舎は、皇居内、旧江戸城本丸跡に建つ。ここは旧江戸城の中では最も高い位置にあり、北の高台に天守台、南の広い平面の南半分に「表」、それに続く北側の区域に「奥」があった（図2－4）。楽部庁舎は天守台の見事な石垣の東隣にある。庁舎の東は急峻な下り坂（汐見《しおみ》坂《ざか》）になっていて、昔はここから海が見えた。ただし、楽部は、雅楽局の時代からここにあったわけではない。

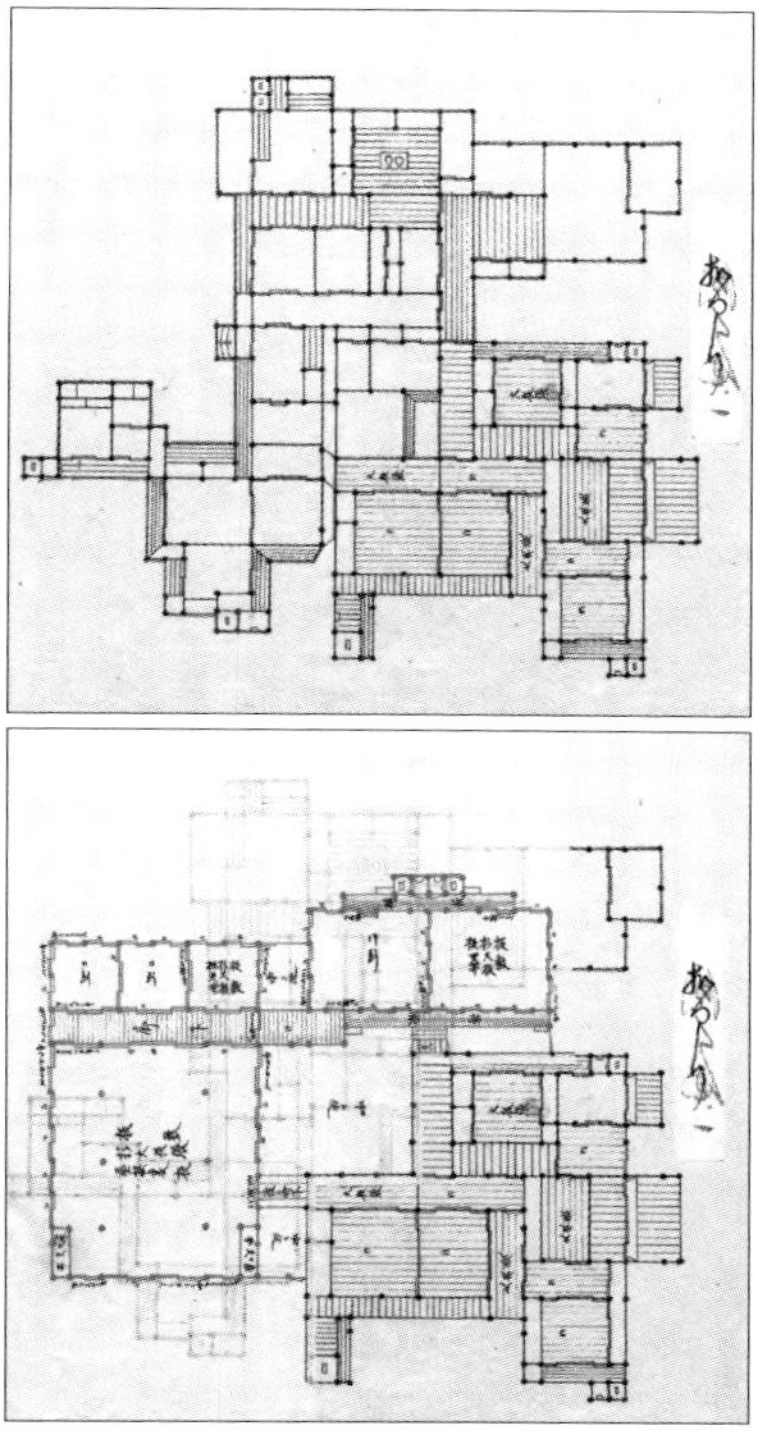

図2-6　雅楽稽古所改修前（上）と改修後（下）の図面(3)

　塚原康子によれば、一八七一年の初頭には、東上した楽人の宿舎の、表

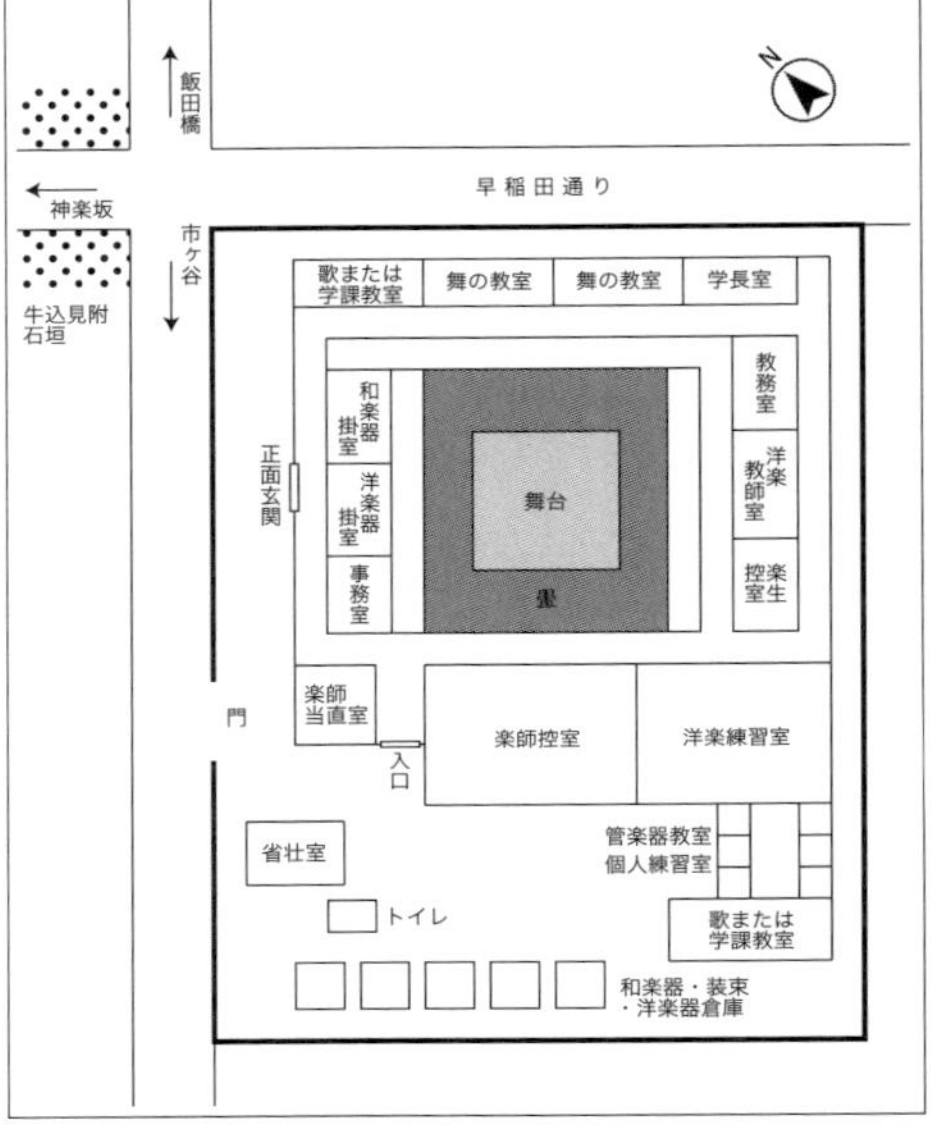

図 2-7　雅楽稽古所の見取り図（蒲生1986をもとに筆者が作成）

二番町の旧筒井武左衛門邸がそのまま稽古所として使われていた。同年五月からは、牛込見附内側の旧旗本・曲淵《まがりぶち》乙次郎邸を官有とし、稽古所に当てた（塚原 二〇〇九、五九頁）。曲淵邸は、現在のＪＲ飯田橋駅西口前、富士見町のキリスト教会の敷地にあたる（図2-5）。一八七五年五月一八日に、雅楽局所管の式部寮から稽古所の改修願いが、図面を添えて政府あてに出されている（図2-6）。これによって旧曲淵邸の間取りがわかる。この年の修繕の計画は、小部屋の多い間取りを板張りの大広間を含む間取りに変更するものだった。しかし、蒲生美津子が紹介する稽古所の見取り図によると（楽師からの聞き取りによる大正末期の間取り、蒲生 一九八六、二三三頁）、大部屋の廻りを小部屋がぐるりと取り囲む間取りで、現在の皇居内の楽部庁舎の間取りと近く、しかも洋館であった（図2-7）。塚原によれば、新しい雅楽稽古所の開業式が一八八六年一二月一〇日に行われたという（前掲書 一五〇頁）。したがって、一八七五年の図面の計画は根本的に改められて、全面的に新築されたのが、蒲生が紹介する稽古所の間取りなのだろう。この牛込見附の雅楽稽古所は、一九二三年の関東大震災で焼失するまで使用された（蒲生 一九八六、二三二頁）。震災直後、楽部は一時、虎ノ門の旧東伏見宮邸に移転し、大正一三年末から旧本丸の木造庁舎に移った。現在の楽部の庁舎は、一九三八年一月に完成した鉄筋コンクリートのものである（図2−8）（安倍 一九九八、二四四頁）。

図 2-8　楽部庁舎

図 2-9　楽部の舞台（宮内庁ホームページより(4)）

それ以来、現在までの楽部の内部は、一階中央に吹き抜けの舞台があり、舞台後方に京都の二条城にあった左右の鼉《だ》太鼓《だいこ》が置かれている（図2−9）。江戸、天明《てんめい》期の秀作である。舞台の脇の三方には、玉砂利が敷かれているが、これは、舞楽が野外で演じられて来た名残である。一階舞台裏側には大きな合奏室があり、演奏会の時は、装束を着付ける楽屋となる。舞台を取り囲む三方には、事務室や楽師の個室、練習室が並ぶ。二階も個室が並んでいて、前述の通り、芝の個室も二階にあった。

この庁舎では、現在、一般の観客を対象とした公開演奏会が春と秋に催されている。三日間、毎日、午前と午後に演奏されるので、合計六回舞台があることになる。一回の演目は、前半で唐楽管絃《とうがくかんげん》二曲程度と催馬楽《さいばら》もしくは朗詠一曲、後半で唐と高麗《こま》の舞楽を一曲ずつ組むことが多い。六回ともすべて同じプログラムだが、三日目の終わりに近づくと、（終了後のビールが目の前にちらつき？）どうしてもテンポが早くなる、という話を聞いたことがある。重たい装束を着けた走舞《はしりまい》や武舞《ぶのまい》などを舞うと汗だくになり、この期間だけで体重が数キロ落ちると聞く。

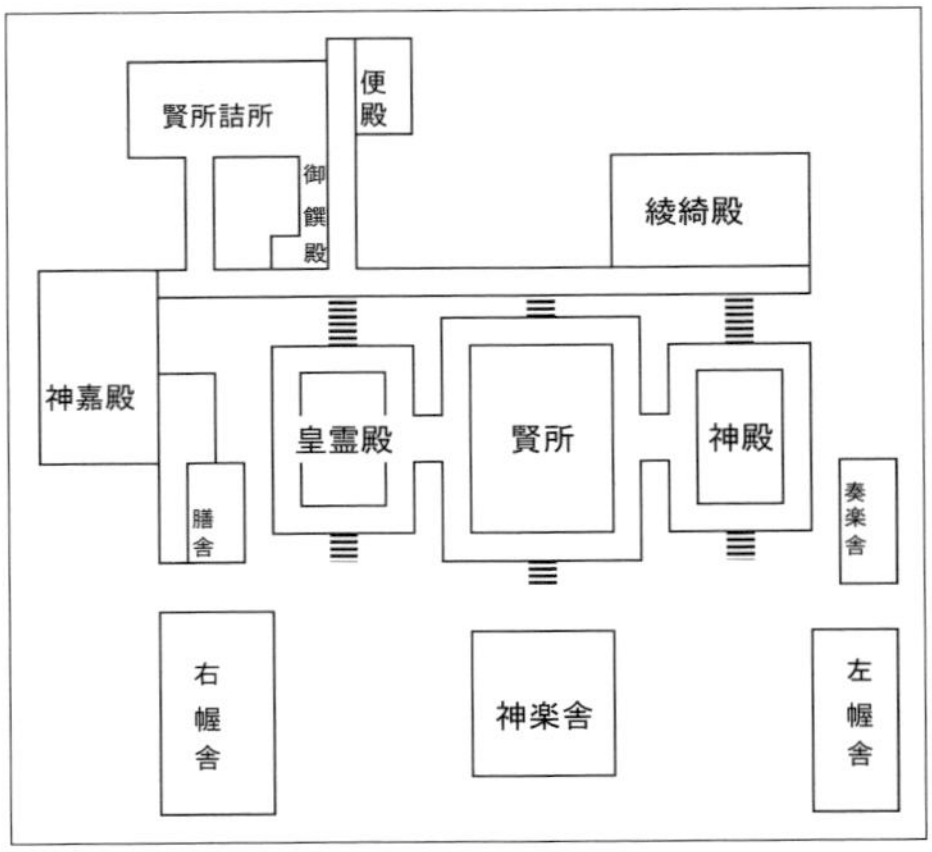

図 2-10　宮中三殿

楽部庁舎で行われる一般公開の演奏会はこの春と秋の演奏会くらいで、楽師が雅楽を演奏するその他の行事は基本的に非公開である。特に祭祀に関わるものは、皇居の奥深くにある祭祀施設・宮中三殿《きゅうちゅうさんでん》と、その隣に建つ神嘉殿《しんかでん》で行われる。宮中三殿は、現在、新宮殿がある場所（旧江戸城西の丸）の西側、道灌堀《どうかんぼり》を渡ったところにあり、中央に賢所《かしこどころ》、右（東）に神殿《しんでん》、左（西）に皇霊殿《こうれいでん》が並び、三つの施設が連結されている。神嘉殿は皇霊殿の西隣にある。賢所は天照大神《あまてらすおおみかみ》、皇霊殿は歴代天皇の霊、神殿は天神地祇《てんじんちぎ》を祀る（図2‐10）。

現在、皇居で行われる主要な祭儀として宮内庁ホームページでは二四種類を載せているが、その多くは、この宮中三殿を舞台に行われる。このうち、雅楽の国風歌舞《くにぶりのうたまい》が奏されるのは、次のような行事である。

一月七日　昭和天皇祭　昭和天皇の崩御日に皇霊殿で行われる祭典（陵所でも祭典）。夜は御神楽がある。
春分の日　春季皇霊祭　皇霊殿で行われる皇室の先祖祭。東遊《あずまあそび》がある。
四月三日　皇霊殿御神楽　神武天皇祭の夜に皇霊殿で御神楽を奏す。
秋分の日　秋季皇霊祭　皇霊殿で行われる皇室の先祖祭。東遊がある。
一一月二二日　鎮魂祭　新嘗祭《にいなめさい》の前日、天皇霊の活力を高めるために綾綺殿《りょうきでん》（三殿の後にある殿舎）で行われる祭典。大直日《おおなおひ》歌《うた》、倭歌《やまとうた》がある。
一一月二三日　新嘗祭　神嘉殿で天皇が新穀《しんこく》を皇祖はじめ神々に供え、神恩を感謝し、自らも食す祭典。神楽歌がある。
一二月中旬　賢所御神楽　夕刻から御神楽を奏して神霊をなごめる祭典。

春季と秋季の皇霊祭では東遊が演じられる。東遊は複数の歌曲と舞からなる組曲で、「駿河《するが》

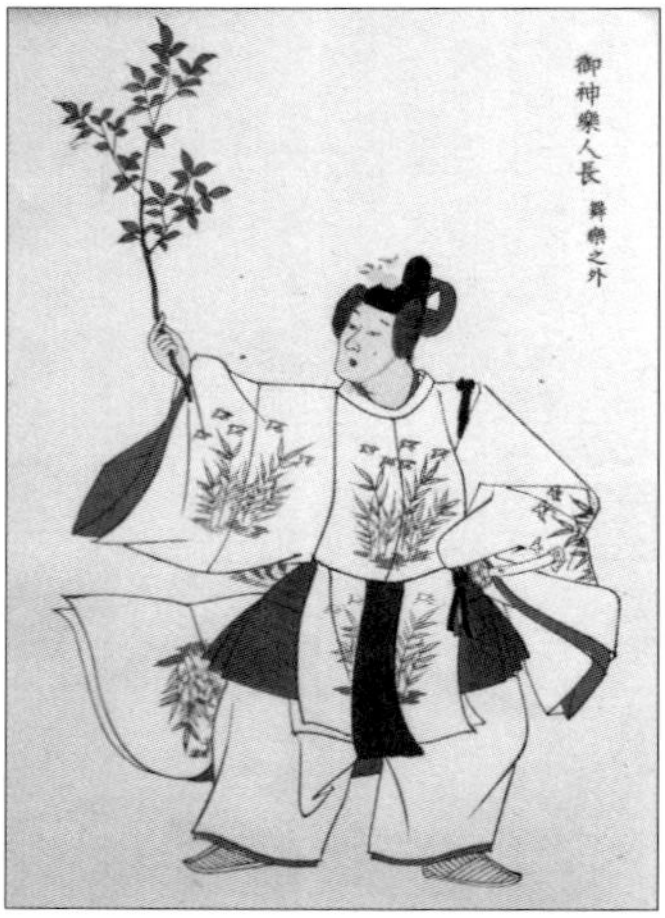

図 2-11『舞楽図』より御神楽人長舞

舞《まい》」など東国の地名を冠した歌舞を含むことから、古代の東海地方付近が発祥とされる芸能である。一一月の鎮魂祭とは、冬至の前後に弱まると考えられる天皇霊を活性化する「魂《たま》ふり」の意味を持つとされる祭祀で、大直日歌、倭歌が歌われる。また、今日《こんにち》、宮内庁楽部でもっとも神聖かつ重要な演目とされる御神楽は、一二月中旬の賢所御神楽の儀や、四月三日の神武《じんむ》天皇祭、一代前の天皇（現今では昭和天皇となる）をまつる先帝祭《せんていさい》で演じられる。御神楽は、神を讃える数十曲の歌曲と舞からなり、全体の次第は、浄め、神おろし、神遊び、神送りの部分に大別できる。

このような国風歌舞の奉奏のほかに、祭典の多くには神へ神饌《しんせん》を捧げる行程があり、その際は楽人が伴奏音楽として唐楽を奏楽する。これは、すでに見た通り、江戸時代、奈良の楽人が、氷室《ひむろ》社や春日《かすが》社の神供《じんく》で唐楽の奏楽を行っていたのと同様の行為である（図2-11）。

これらの宮中祭祀は一般公開されていないので詳細は不明であるが、芝によると、新嘗祭や賢所御神楽は、夕方から夜にかけて行われる。新嘗祭は宵の部（午後六～九時頃）と暁の部（午後一一時～午前一時過ぎ）に分かれており、二部の間の休憩時間に白酒《しろき》と黒酒《くろき》という濁り酒が楽人に下賜《かし》されるという（しかし、あまり美味ではないらしい）。

賢所御神楽は、夕方六時頃から五、六時間かけて演じられる。楽人たちは、賢所前にある神楽舎という屋根だけがついている簡素な建物で演奏するが、真冬の戸外で、簀《す》の子の上に座り、何時間もかけて演じるのは大変な仕事である。こちらも儀式終了後に神酒《みき》と酒肴《しゅこう》が下賜される。昔は真夜中に楽部庁舎に戻り、だるまストーブを囲んで神酒と酒肴で朝まで音楽談義をしたという（コラム①参照）。

以上は、恒例の年中祭祀であるが、この他、宮中で楽師が勤める重要な臨時行事に、外国の賓客などを招く宮中午餐会、晩餐会などの宴礼がある。晩餐会は豊明殿《ほうめいでん》という宴礼のための建物で行われる。晩餐会では楽師たちはまずオーケストラの楽人として洋楽を演奏する。主賓の入場の道行の音楽に始まり、料理の前菜から各皿ごとに、細かく曲を変えていく。その選曲も楽師の重要な仕事のひとつであり、外務省の担当者と相談しながら慎重に行う。選曲は、賓客の出身国の音楽事情、政治事情なども細かく考慮しつつ行う。さらに食事後には、舞楽の上演がある。楽師は慌ただしくタキシードから雅楽の装束に着替え、今度は舞楽を演じるのである。

◉皇居の外に向けて

もちろん楽師が演奏をするのは、皇居の中だけではない。たとえば、明治神宮の春と秋の例大祭や、武蔵の国一の宮、氷川《ひかわ》神社（埼玉県）の八月一日の例大祭などでは、舞楽や東遊を演じる。ただし、これらは宮内庁楽部として出張するのではなく、「楽友会」などの任意団体の名での奉仕となる。昨今、宮内庁楽部の春秋公開演奏会のチケットを入手するのは、希望者が多いため大変難しいが、明治神宮の例祭にでかければ、誰でも自由に、宮内庁の楽師が演じる舞楽を観覧することができる。

晴天のもとの野外舞楽は、背景の木々の緑に装束の色が映えて、特にすばらしい。これらの奉納演舞は、戦後の政教分離で、現在では任意の奉仕という形式だが、いずれも皇室と関わりの深い神社でおこなわれるので、戦前であれば公務の扱いであっただろう（図2－12）。

図 2-12 明治神宮舞楽〈打毬楽〉（芝祐靖提供）

戦後の楽部は、こうした儀式に付随した雅楽のほか、積極的に皇居外で行われる演奏会に出演するようになった。占領下で進駐軍のために祐靖少年が〈迦陵頻〉を舞ったことはすでに述べたが、演奏会への出演依頼がだんだんと増えてきたのである。雅楽を含む、日本の伝統芸能の振興を目的とした国立劇場が東京の三宅坂に開場するのは一九六六年であるが、それ以前から、雅楽を舞台にのせる演奏会が、それほど数は多くないが、企画されていた。

一九六四年三月七日の東京文化会館での舞楽公演も、そのひとつである。当時、まだ雅楽はそれほど一般的でなく、雅楽を実際に見聞きした経験のある人、雅楽に関する知識を有する人は、ほとんどいなかったと思われる。その価値は、皇室と結びつき、半ば神秘化されて人々には理解されていたかもしれないが、それゆえに、機会があれば見てみたいという好奇心を刺激するものであったに違いない。このときの演目と配役は次の通りである（図2－13）。

【演目】

振鉾《えんぶ》　左方・薗廣茂《そのひろしげ》、右方・多久尚《おおのひさなお》
安摩《あま》　多忠麿《ただまろ》、芝祐靖《しばすけやす》
二《に》の舞《まい》　東儀《とうぎ》信太《しんた》郎《ろう》、薗廣晴《ひろはる》
蘭陵王《らんりようおう》　辻寿男《つじとしお》
納《な》曽《そ》利《り》　林多美《はやしたみ》夫《お》、山田《やまだ》清彦《きよひこ》
太平楽一具《たいへいらくいちぐ》　東儀信太郎、薗廣晴、多忠麿、芝祐靖
長慶子《ちようげいし》

【配役】

管方《かんかた》
　笙　豊雄秋《ぶんのかつあき》、薗廣育《ひろやす》、林廣一《ひろかず》、薗隆博《たかひろ》
　篳篥　東儀和太《まさた》郎《ろう》、東儀博《ひろし》、東儀良夫《よしお》、東儀兼彦《かねひこ》
　笛　上近正《うえちかまさ》、芝孝祐《たかすけ》、東儀文隆《ふみたか》、山田清彦、東儀勝《まさる》

鞨鼓《かっこ》（安摩・二の舞）　安倍季厳《あべすえよし》
鞨鼓・三鼓《さんのつづみ》（蘭陵王、納曽利）　東儀兼泰《かねやす》
太鼓（安摩・二の舞、太平楽、長慶子）　薗廣進《ひろゆき》
太鼓（蘭陵王、納曽利）　多久尚
鉦鼓《しょうこ》　鶴川滋《つるかわしげる》
（芝祐靖「一冊のパンフレットから」天理大学雅楽部演奏会パンフレット（二〇〇一）より。全文はコラム⑧参照）

図 2-13　舞楽公演パンフレット表紙（芝祐靖提供）

一見して、まず、演目の点で、たいへん充実した豪華なプログラムである。一般に目にすることが多い〈蘭陵王〉〈納曽利〉だけでなく、稀にしか上演されない〈安摩・二の舞〉や、舞楽で通して演じられることは少ない〈太平楽〉の一具（全曲の意）などが入っている。楽部がこの演奏会を特別な機会として入魂のプログラムで臨んだ意気込みを感じる。

〈安摩〉は、雑面《ぞうめん》という、布に丸、三角、線などで顔を描いた面をつけて舞う二人舞である。

〈二の舞〉は腫面《はれめん》、咲面《えみめん》という面をつけた二人舞で、〈安摩〉に続いて舞われるが、〈安摩〉の舞振りのパロディーを舞う。他人の真似をして失敗することを「二の舞を演じる」と言うのは、この舞楽に由来する。〈太平楽〉は、道行《みちゆき》＝〈朝小子《ちょうこし》〉、破＝〈武昌楽《ぶしょうらく》〉、急＝〈合歓塩《がっかえん》〉という三楽章から成るが、それぞれ単独で管絃でも演奏される。舞人は、鎧、兜、肩喰《かたくい》、帯喰《おびくい》、篭手《こて》、魚袋《ぎょたい》、胡簶《やなぐい》、太刀を身につけ、鉾を持つ「武舞《ぶのまい》」である。舞の途中で太刀を抜いて舞う。通して演奏すると一時間程度かかり、現行舞楽曲の中では最長の曲である。ふだんは、破を半分、急は繰り返しを省略する短縮版で演じるが、この時は、安倍季厳楽長の指示で、省略しない「全曲演奏」であったという。ここからも、雅楽の正統な姿を観衆に届けたいという真摯な思いが伝わってくる。

また、伴奏の管方の顔ぶれを見ると、芝の師匠の世代にあたる明治生まれの楽部の重鎮が揃っており、芝の言う、戦後の楽部の「黄金期」の充実した演奏であったと想像される。

さて、この演奏会で、芝は、多忠麿（一九三三〜一九九四）とともに〈安摩〉と〈太平楽〉を舞うことになった。前掲の「一冊のパンフレットから」によると、配役が発表になった時の芝の感想は「アレー！　どうしよう」だった。というのも、芝は、舞を覚えるのが苦手なのだそうだ。別の文章では、自らを舞の覚えの悪い「リズム音痴」とも書いている。笛の名手がリズム音痴とはにわかに信じがたいが、確かに、笛を吹くのと舞を舞うのでは身体（と恐らく脳）の別の部分を使うので、人によって得意不得意があるのだろう。この時は、多の提案で舞譜を

萬歳楽　一二五帖　拍子各廿
一帖
北向天　手合天　延立右足　●　落居天　右足曳入　諸去肘左足　下合　左足曳入　披天　延立右足　●

図2-14　『掌中要録』より〈萬歳楽〉冒頭

書きながら、整理、復習して舞を覚えたという。

ここですこし、舞と舞譜について説明しよう。雅楽における舞は、一般に、手、足、体の位置、視線などについて型があり、それを組み合わせて舞を作る。たとえば、足には「摺《する》」「披《ひらく》」「寄《よせる》」「立《たてる》」「踏《ふむ》」「突《つく》」「押足《おしあし》」「落居《おちいる》」「飛《とぶ》」、手には、「披《ひらく》」「合《あわす》」「腰につける」「岐呂利《ぎろり》」、視線には「見《みる》」などがある。これらを複数組み合わせた「合肘《あわせがい》」「去肘《ぬきがい》（さりがいとも）」などもある。舞譜はこれらの型の名称を連ねて記すという形態を取ってきた。現存する舞譜でもっとも古いものは、『掌中要録《しょうちゅうようろく》』（一三世紀前半）で、型の名称の連続として記譜されている（図2-14）。『明治撰定譜』の舞譜も、基本的にこの形式に依っている。しかし、この舞譜は手・足、胴体、視線をどのようなタイミングで動かすのかはまったくわからず、したがって、ここから舞を再現するのは不可能である。そこで、実際には、楽師たちは、習得した舞を忘れないようにするために、それぞれ工夫しながら、自分の舞譜を作ってきた。その中で芝が「国宝的?舞譜（原文ママ）」と絶賛しているのが、東儀信太郎の考案した舞譜である。

「信太郎譜」は、等間隔の四角い升目を複数列設定して手と足の動きを分けて記し、さらに△と▲で左右の足の動きを図示したものである。かなり詳細だが、複雑過ぎず、舞の稽古をしたことがある人であれば、容易に読み解くことができる。

　このように楽師は各々わかりやすいように、楽譜にさまざまな工夫を施して、伝習したことを忘れないよう、そして後世に伝え保つために努力をしてきたのである。

　ちなみに、一九六四年は東京オリンピックの年であり、オリンピックに関連して、多くの演奏会や美術展が催された。宮内庁楽部も、一〇月二一～二三日にわたり、東京の虎ノ門会館で雅楽の昼、夜二部公演を行った。演目は、管絃〈青海波〉〈越殿楽〉、御神楽人長舞《にんぢょうまい》〈其駒《そのこま》〉、舞楽〈還城楽《げんじょうらく》〉〈貴徳急《きとくきゅう》〉〈太平楽急〉であった。芝は〈太平楽急〉に出演した（『第一八回オリンピック競技大会公式報告書』一九九頁）。

　そして一九六六年、三宅坂の国立劇場が開場する。国立劇場は、それまで巷間ではあまり演じられることのなかった雅楽を重要な上演演目のひとつと考え、年二回の「雅楽公演」を企画した。一時期は、「雅楽公演」以外に「声明公演」「伶楽公演」「音楽公演」「音曲公演」などのカテゴリー[5]でも雅楽が用いられた音楽・芸能が頻繁に上演された。国立劇場開場当初は、高い水準のプロの雅楽団体は宮内庁楽部しか存在せず、忙しい公務をやりくりして、楽部は国立劇場に出演し、雅楽の普及に努めた。国立劇場の雅楽公演は、はじめは、古典雅楽の正統を紹介するプログラムが中心であったが、次第に廃絶曲の復曲に取り組み始め、さらに、正倉院楽器の復元や、新作雅楽の委嘱など、多様な方向性を展開していく。これについては、第三章で詳しく述べることにしよう。

◉楽部にやって来た「ガイジン」

すこし時間をさかのぼるが、一九五八年から五九年の時期は、楽部にとって、さまざまな出来事が矢継ぎ早に訪れた時期であった。芝が楽師となった一九五八年、一人の「ガイジン」[6]が楽部にやって来た。もちろん、明治時代以来、楽部には何人もの外国人がやって来ていた。海外から楽部に人が来るのは珍しいことではない。しかし、それ以前の外国人と、このガイジンが異なっていたのは、前者が楽人たちに西洋音楽を教えるためにやって来たのに対し、後者は雅楽を学ぶために来たという点にあった。彼の名をロベルト・ガルフィアス Robert Garfias（一九三二〜）という。当時、カリフォルニア大学ロサンジェルス校（以下、ＵＣＬＡ）の大学院で博士論文を準備中で、日本にフィールドワークにやって来たのである。ガルフィアスは、後にワシントン大学とカリフォルニア大学アーヴァイン校 UC Irvine で長らく教鞭をとった、アメリカの民族音楽学界の著名な学者である。ガルフィアスの博士論文は出版され[7]、現在でも、フィールドワークにもとづいて詳細に雅楽伝承を分析、整理した研究として、高く評価されている。この本によって欧米圏に雅楽が本格的かつ学術的に紹介されたのである。

ガルフィアスの来日は、単に雅楽に興味を持つ奇特なガイジンがやってきた、という個人レヴェルの話ではない。実は、その背景には、さまざまな民族の伝統的な音楽を研究する民族音楽学の潮流が、大きく変貌、発展する時代的背景があった。それは、雅楽に留まらない、世界各地の音楽の理解と研究にとって重要なムーヴメントであるように思われるので、ここですこし触れておこう。

一九五〇年代当時、アメリカでは、大学の教育現場において「音楽の学術的研究にはその実践の理解が不可欠である」という考え方が浸透しつつあった。それまでの民族音楽研究は、現地に出かけて調査、資料収集するが、あくまでよそ者として「観察する」ことに重点があった。しかし、新しい民族音楽学は、みずから参与、あるいは体験することによって、より深い身体的レヴェルで音楽文化を理解することを目指したのである。この目的のために、当時、アメリカの大学では、それぞれの地域の音楽家をアメリカに招聘したり、逆に学生をその地域に派遣して実技を習得させるプログラムを充実させようとしていた。簡単に言ってしまうと、雅楽を研究するには、雅楽の楽器や舞の実技が必須になったのである。

このシステムは、日本を代表する民族音楽学者、小泉文夫[8]によってすぐさま日本の東京藝術大学のカリキュラムにも取り入れられ、同校で雅楽の実技授業が行われることとなる（これについては後述する）（図2-16）。ガルフィアスは、サンフランシスコで、もともとジャズを演奏していたが、山田流の箏曲も習う機会があり、UCLAの大学院生になってからは、インド音楽、インドネシア音楽、アフリカ音楽など、当時触れることができたものなら何でも興味を持って近づいたという。ロサンジェルスには、天理教の北米の拠点・アメリカ伝道庁があり、雅楽を日常的に典礼の際に用いていた。ガルフィアスはそこに出入りし、他の大学院生とともに雅楽合奏に挑戦した。当時、UCLAは、民族音楽学者のマントル・フッド Mantle Hood（一九一八

〜二〇〇五）の強いリーダーシップのもと、世界各地の民族の合奏音楽の授業を次々と開講していた。そこで、すでに日本音楽に親しんでいたガルフィアス青年に、日本の合奏音楽＝雅楽を研究テーマにするようフッドは勧めたのである。

ガルフィアスによると、日本でフィールド調査をするに当たり、奨学金をとるのは簡単であったが、宮内庁楽部とコンタクトをとるのが大変だったという。その状況は、恐らく今も変わらないと思う。幸い、日本の音楽学者・東洋史研究者の岸辺《きしべ》成雄《しげお》（一九一二〜二〇〇五）と知り合いであったため、岸辺を通じて宮内庁と交渉し、受け入れを承諾してもらった。東京下谷の小野雅楽会にも

図 2-15　左から小野亮哉、ガルフィアス、小泉文夫（R. ガルフィアス提供）

行き、そこでも宮内庁の楽師たちとの知遇を得た。小野雅楽会は、一八八七年、小野《おの》照崎《てるさき》神社の宮司・小野亮道《りょうどう》によって創設された雅楽を教習、演奏する団体で、講師は宮内庁の楽師である（『雅楽事典』）。民間の雅楽団体だが演奏水準は高く、海外演奏も多い。筆者もここで左舞を習った。

ガルフィアスは、宮内庁との交渉の結果、笛と琵琶を上近正、篳篥、和琴、箏を東儀和太郎、

笙を豊昇三から習うことになった。神楽歌は、若い楽師からこっそり習ったという。また、宮内庁への通行証も発行してもらい、好きな時に楽部を訪ねられるようになった。ガルフィアスは、一九三二年生まれであるので芝と同世代である。同年代の若い楽師たちと友達になるには、そう時間はかからなかった。楽師たちは、時に夫人同伴で遊びにくることもあったという。若い楽師にとっては、ガルフィアスとの出会いは、代々継承してきた雅楽をどのように説明し、アピールするかを考える、つまり、みずからの伝統を再認識する絶好の機会になったことであろう。

◉アメリカ公演（一九五九年）

ガルフィアスが滞在し、いろいろな意味で楽部に刺激を与えていたちょうどその頃、楽部にもうひとつの事件が起こった。一九五九年五月末から六月にかけて、外務省などの要請により、初めて楽部が海外公演を行うことになったのである。雅楽の生演奏を外国で行うこと……、それは長らく望まれながら、交通手段や社会情勢の問題から実現しなかったことである。

雅楽の魅力を海外に発信するという試みは、実はすでに戦前からあった。以前、拙著で紹介したこともあるが（寺内 二〇一〇a）、一九三〇〜三一年ころ、近衛直麿《このえなおまろ》（一九〇〇〜一九三二）という音楽家（指揮者・作曲家の近衛秀麿《ひでまろ》の弟）が雅楽のヨーロッパ演奏を企画したことがある。（多 一九四二、二二六頁。養道 二〇〇四、七三〜八四頁）。結局実現せず、直麿は、その代わり雅楽を自ら五線譜に採譜し、それをもとにオーケストラ版雅楽を作り、兄（秀麿）に託した。直麿はこのときのことを以下のように述べている。

雅楽の諸楽器を得られない海外に居て、故郷の音を外人を使って奏する私、又は誰か同国人が、多分聞きに来て呉れるであらう所の在外邦人達と、共にともに皇恩の貴きを感泣し度いばかりに造り上げたもの故、どんな遠地でも交響楽団のある市なら演奏出来るやうに日本固有の楽器を一つも使ひませんでした。

（「蘭陵王の編曲について」『近衛直麿遺稿　雅楽篇』）

この時オーケストラ用に編曲され、実際に兄・秀麿がヨーロッパで指揮・演奏した楽曲は、平《ひょう》調《ぢょう》〈越天楽〉であったが、この作品は、単に雅楽器を西洋楽器に翻訳した音楽というより、雅楽に想を得た、新しい音楽の創出であったと言っても過言ではないだろう。一九六〇年には、秀麿による増補改訂版の楽譜が出版された。ちなみに、ストコフスキー指揮、フィラデルフィア管弦楽団の演奏の、一九三七年のオーケストラ版〈越天楽〉録音は現在でもキングレコードから『越天楽のすべて』として販売されている。

それから三〇年あまりが経ち、ついに雅楽は、代替の楽器に置き換えることなどせず、生演奏そのものを外国で披露することになったのである。絶妙なタイミングで楽部に居合わせたガ

hichiriki and a special *Kagura* flute. The main body of the musicians sing while the two main singers point out the main accents with a pair of wooden clappers.

From ancient times this dance was performed by a member of the Imperial guards, and even today, the robes worn by the dancer simulate the dress uniform of the Heian Period warriors. A sword hangs from the

Kangen: instrumental performance.

dancer's waist. He wears the *Kammuri*, a special court hat, to the sides of which are attached the feather-like *oikake*. These *oikake* were used in time of battle to protect the wearer's eyes from flying dust. In his right hand, the dancer holds a branch of the sacred *sakaki* tree and a stick to which is attached a small circlet. The use of the *sakaki* branch and the circlet is associated with one of the earliest Shinto legends. When the sun-goddess, *Amaterasu-no-Mikami*, annoyed by the pranks of her brother, *Susano-o-no-Mikoto*, hides in a cave and seals the door with a stone, the world is plunged into darkness. The *Kami*, in consternation, order one female goddess to dance before the cave. Taking up a branch of the *sakaki*, the goddess does a ribald dance and the gods shake the earth with laughter. When the sun-goddess, curious at the sound of so much laughter, peeks out of the cave, she is taunted by the dancing goddess saying that one greater than she is present. When the sun-goddess looks about, a huge mirror is thrust before her, and she gradually comes forward gazing into it in astonishment, and the world is again flooded in sunlight. The dance *Sonokoma* represents this dance before the cave with the sacred *sakaki* and the circlet which symbolizes the mirror.

Sonokoma is usually danced at midnight before the shrine. Directly before the shrine is placed a fire which provides the only light. The dancer slowly rises to the stage and dances gradually towards the fire. As an attitude of respect the dancer does not move directly toward the *Kami*, but instead combines forward movements with movements to the sides. Upon the fire, the dancer simulates the movements of dipping the mirror into the flames to purify it. The dancer then returns to the back of the stage with the same circuitous movements.

管絃

KANGEN

Instrumental Performance

NETORI—In the standard *kangen* performance, the compositions to be performed are preceded by the *netori* which is a short introductory piece intended to set the mood and tonal relationships for the composition to follow. In the *netori* each of the three wind instruments and two string instruments can be heard individually. The essential quality of the *netori* is that of a tempo-less, free tonal structure. The *netori* which will be used for the first two pieces is in *Hyojo*, and that used for the second two pieces is in *Taishiki-cho*.

ETENRAKU—This is the most well-known of all the pieces in the Gagaku repertoire, and to many people the mention of Gagaku will bring to mind this melody. *Etenraku* has been the source of inspiration for the creation of some Japanese folk songs as well as having been set for Western symphony orchestra. The composition consists of three melodic phrases, each of thirty-two slow beats. In performance, different repeat patterns can be used, though a basic form of ABCAB is standard.

The *ryuteki* (flute) begins alone in a free tempo and is joined by the three percussion instruments. At the second strong *taiko* (large drum) stroke, the rest of the ensemble joins in. The rhythm gradually becomes crystallized and slightly accelerates in speed, continuing in this tempo until the end of the piece.

At the last strong *taiko* stroke the strict rhythm breaks and the solo instruments play in free tempo, a closing

図 2-16　アメリカ公演プログラム解説書（R. ガルフィアス提供）

ルフィアスも同行することになった。この時楽部は、ニューヨークの国連本部、ワシントンDC、ボストン、サンフランシスコ、ロサンジェルス、ハワイなど、アメリカの主要都市で、宮内庁のホームページによれば、計三三回の公演を行った（図2-16・17）。

用意していった演目は、御神楽人長舞〈其駒〉、左舞〈賀殿《かてん》〉〈安摩・二の舞〉〈春庭花《しゅんでいか》〉〈打毬楽〉〈陵王《りようおう》〉〈蘇莫《そまく》者《しゃ》〉、右舞〈蘇利古《そりこ》〉〈狛桙《こまぼこ》〉〈八仙《はっせん》〉〈還城楽〉〈陪臚《ばいろ》〉、管絃〈越殿楽〉〈陪臚〉〈合歓塩〉〈輪鼓褌脱《りんここだつ》〉であった。

国連で撮られた記念写真を見ると（図2-18）、芝の師匠世代の楽師として、安倍季厳楽長、薗廣茂、辻寿男、上近正、豊雄秋、東儀和太郎、東儀博、林

図2-17　アメリカツアーの帰路、ハワイ大学で。左から薗廣晴、1人おいてガルフィアス、芝祐靖、バーバラ・スミス、東儀和太郎（R. ガルフィアス提供）

廣一、芝孝祐、芝に近い世代として、東儀季《すえ》信《のぶ》、東儀良夫、多忠麿《おおのただまろ》、薗廣晴、薗隆博、東儀俊美、東儀文隆、そして芝祐靖本人（後列左端）が写っている。

楽部のアメリカ公演は非常に好評を博した。しかし、興味深いことに、楽部、あるいは外務省、宮内庁関係の人々は、そのような反応が来ることを予想していなかったようである。

ガルフィアスによると、楽部の人々は自分たちの音楽についてネガティヴなコンプレックスを持っていたという。「そもそも日本人自体が雅楽をよく理解せず、雅楽が嫌いである。外国人はなおさら嫌いに違いない。だから、演奏の前には説明が必要だ。」（寺内 二〇一四）

そのような事情に鑑みて、楽部は、ガルフィアスに、演奏の前に雅楽の解説をするよう依頼した。しかし、ガルフィアス自身と、アメリカツアーのプロデューサーであったリンカーン・

キルスタイン Lincoln Kirstein は、これに反対であった。なぜなら、彼らは、言葉による解説は、音楽の理解には本質的に何も貢献しないと考えていたからである。つまり、「百聞は一見に如かず」。百の言葉で説明しても、音楽そのものを聴く行為には及ばない。むしろ、予断を持たずに音のインパクトにこそ観客を集中させるべきだ、というのが二人の主張であった。しかし、実際のツアーでは、この主張は通らず、結局ガルフィアスは宮内庁の意向を尊重し、行く先ざきで解説を行った。

右のエピソードは二〇一三年に筆者が行ったガルフィアスへのインタヴューの中で明らかになったことだが、楽師たちの心配とは反対に、ガルフィアスは、雅楽が外国人にとっていかに魅力的であるかを、ストラヴィンスキー、メシアン、ホヴァネス、ブーレーズなど、著名な現代作曲家が雅楽に注目している事実を挙げて強調した。皇室行事に寄り添い、

図 2-18　国連での記念撮影（芝祐靖提供）

粛々と伝統を継承し続けてきた日本と、世界中の諸民族の音楽のいわば異種格闘技が日々繰り広げられているアメリカの考え方の根本的な相違が見える興味深いエピソードである。

◉皇太子ご成婚の祝典曲

この時期に起きたもうひとつの大きな出来事は、皇太子（今上明仁《あきひと》天皇）ご成婚であった。一九五八年秋、皇太子のご成婚が決まり、楽部では、その祝典のための新作舞楽の作曲、作舞と、管絃と洋楽曲の作曲を行うことになった。舞楽、管絃は楽長補クラスの楽師が担当したが、洋楽曲の作曲の引き受け手がなく、楽師になりたての芝に白羽の矢が立ったのである。

芝はそれまで作曲の経験はなかったが、四ヶ月かけて〈祝典序曲〉を仕上げた。これは完全なる西洋音楽スタイルのオーケストラ作品である。ホルンのフレーズで始まる前半はどことなく牧歌的な雰囲気を漂わせる落ち着いた曲調だが、後半は一転して、トランペットのファンファーレが鳴り響き、晴れやかな曲調となる。一九五九年五月、これらの新作曲は、皇太子夫妻臨席のもと、楽部の舞台で披露された（芝祐靖「人生を変えた一つの出来事」『楽家類聚』）（図2－19）。そしてこの演奏会直後、慌ただしく、楽師たちは前述のアメリカ・ツアーに旅立ったのである。

芝によると、作曲中の四ヶ月間は相当苦労したが、後にこの体験が洋楽、雅楽曲の新作の作曲、古譜からの復元作業の重要な糧として活きてきたという。この祝典曲の後、ＮＨＫ、レコード会社、国立劇場などさまざまな機関からの委嘱を請けるようになり、オーケストラ曲以外にも、雅楽器ための作品、雅楽器と西洋楽器のための作品、復元正倉院楽器のための作品など、一挙に作曲の仕事が増えていった。オーケストラ作品としては、バレエ組曲〈飛鳥《あすか》物語〉（NHK委嘱、オーケストラと雅楽器、一九六二）、宮中晩餐会入場音楽〈親愛〉（一九八三）、香淳《こうじゅん》皇后八十賀《はちじゅうが》〈早春《そうしゅん》〉（一九八三）、〈皇太子殿下美智子妃ご結婚満二五年奉祝曲〉（一九八四）、昭和天皇ご結婚満六〇年奉祝曲〈慶翔楽《けいしょうらく》〉（一九八四）などもある。

図2-19　楽部での〈祝典序曲〉試演会（芝祐靖提供）

また、一九五九年のアメリカ公演の後、海外公演も頻繁ではないが、一般の業務として宮内庁に定着していく。一九七〇年には、楽部の二度目の海外公演で、今度はヨーロッパを訪問した（デンマーク、ポルトガル、イギリス、スイス、オーストリア、ドイツ）。宮内庁楽部はこの後、だいたい一〇年に一度の割合で、海外公演を行っている。また、楽部としてではなく、個人的な派遣として、芝は一九六七年には、日本民族舞踊団の一員としてカナダ、アメリカ、メキシコで、その二年後には同じく日本民族舞踊団として東欧圏で演奏ツアーを行った。

◉『雅楽大系』の録音

一九五九年の皇太子ご成婚行事、アメリカ・ツアーなどの臨時の大きなイヴェントも無事終わり、楽部が平穏を取り戻していた一九六一年、芝の二歳年長の楽師・多忠麿が、楽師たちにビクターレコードの芸術祭参加録音の仕事を持ち込んで来た。

芸術祭は、周知の通り、文部省が一九四六年から開催してきた文化振興の祭典で（一九六八年以降は文化庁主催）、優れた作品や演奏には賞が与えられる。賞のなかに録音部門があり、これにビクターレコードが雅楽録音の参加を企画したのである。芝の「雅《が》楽紫《がくし》絃会顚末記《げんかいてんまつき》」（『雅楽大系』復刻CD解説）によれば、この録音に参加したのは、年長順に豊雄秋、多久尚、林多美夫、上近正、東儀博、芝孝祐、東儀俊美、多忠麿、東儀良夫、山田清彦、芝祐靖である。芝が最年少で当時二六歳であった。総勢一一名なので、管絃は、管楽器（笙、篳篥、笛）各二名、絃楽器（琵琶、箏）と打楽器（太鼓、鉦鼓、鞨鼓または三鼓）各一名の編成となる。

この時の演奏は、実は宮内庁楽部としてではない。楽師が個人の演奏家として参加し、グループとして名前を付け、「雅楽紫絃会」と名乗ったのである。「雅楽紫絃会」という名称は、これに先立つ一九五七年、ＮＨＫディレクターの千葉胤雄《たねお》の命名で「なんとなく」決まっていた。雅楽紫絃会は、宮内庁の公式の仕事ではなく、外部からの演奏依頼に対応するための、いわばヴァーチャルな団体の名称である。団体がヴァーチャルなので、自前の絃楽器、打楽器などの楽器や練習場を所有せず、この時の録音には下谷の小野雅楽会から借用した楽器が使われた。

楽師は、昼間の公務の合間をぬって練習し、録音は夕方退庁後、ビクターの用意したスタジオに駆けつけて行われた。

『雅楽大系』と名付けられた、この六枚（一二面）のLPレコードには、次のような楽曲が収められている。

【器楽】

〈平調音取《ひょうぢょうねとり》〉、管絃〈五常楽《ごしょうらく》〉一具

〈太食調調子《たいしき》〉、舞楽〈太平楽〉一具

〈高麗《こま》壱越《いちこつ》調小音取〉、舞楽〈貴徳破〉、〈貴徳急〉、舞楽〈白浜《ほうひん》〉

〈壱越調音取〉、管絃〈蘭陵王破〉

〈平調音取〉、管絃〈越殿楽〉残楽三返《べん》

〈双調《そうぢょう》調子〉舞楽〈春庭花〉

〈古楽《こがく》乱声〉、〈抜頭《ばとう》音取〉、舞楽〈抜頭〉（右方）、管絃〈抜頭〉

〈高麗壱越調意調子〉、舞楽〈延喜楽《えんぎらく》〉

〈高麗平調音取〉、舞楽〈林歌《りんが》〉

〈高麗双調音取〉、舞楽〈登天楽《とうてんらく》〉

【声楽】

神楽歌〈神楽音取〉〈閑韓神《しずからかみ》〉〈早《はや》韓神〉〈お介阿知女《けあちめ》・お介〉〈小前張《こさいばり》音取（和琴）〉〈千歳《せんざい》〉〈本歌《もとうた》、末歌《すえうた》、尚《なお》千歳、尚万歳《まんざい》〉〈早歌《はやうた》〉〈早歌揚《あげ》拍子〉〈お介〉〈朝倉《あさくら》音取〉〈朝倉〉〈其駒三度拍子〉〈其駒揚拍子〉

〈東遊歌一具〉

〈久米歌一具〉

〈平調音取〉、催馬楽〈伊勢海《いせのうみ》〉

〈双調音取〉、催馬楽〈安名尊《あなとう》〉

〈盤渉《ばんしき》調音取〉、朗詠〈東岸《とうがん》〉

収録曲でまず気がつくことは、器楽では、複数楽章から成る〈五常楽〉と〈太平楽〉が一具として収録されていることである。通常の演奏会では〈五常楽〉〈太平楽〉は、「破」、「道行」、「急」などの楽章が単独で演奏されることが多く、「一具」を通して聴く機会は稀である。また、〈抜頭〉が舞楽（右方＝夜多羅拍子《やたらびょうし》、管楽器と打楽器のみで演奏）と管絃（只拍子《ただびょうし》、管楽器、絃楽器、打楽器）という異なる編成、リズムで収録されていて、同一曲で違う味わいを比較できるように工夫されている点も注目される。さらに歌曲に関しては、日頃見聞きする機会がほとんどない御神楽の神楽歌や、東遊、久米歌などの国風歌舞《くにぶりのうたまい》が「一具」として収録されている点で大きな意義がある。

充実した選曲、高い演奏の質によるこの録音は、その思惑通り、昭和三七（一九六二）年の芸術祭文部大臣賞を受賞した。「雅楽紫絃会」はその後、一九八七年に「東京楽所《がくそ》」と名前を変え、メンバーも入れ替わり、民間からの演奏者を加えるなどして、現在も存続し、すぐれた雅楽演奏のＣＤを多数リリースしている。

注

1　この他、芝本人によると、東儀《とうぎ》文隆《ふみたか》、奥好寛《おくよしひろ》、辻寿男《つじとしお》にも指導を受けたとのことである。

2　一八七六年に最初の楽譜が完成したが、曲数が充分でないとの理由で、一八八八年に追加曲が撰定された。

3　国立公文書館蔵、資料番号：公01019100、デジタル公開

4　宮内庁ＨＰ http://www.kunaicho.go.jp/culture/gagaku/gagaku-ph.html

5　これらの公演カテゴリーは、プロデューサーの木戸敏郎の強いイニシアティヴでそれぞれ企画された。ここで使われている「伶楽」は、雅楽一般を意味するのではなく、木戸が特別に定義した、「古代の音律に基づき、復元された古代楽器で演奏される音楽」を指している。木戸はこの「伶楽」を「伝統音楽の現代への適応に挑戦する」音楽と位置づけている。詳しくは木戸の著書『若き古代』、寺内『雅楽の〈近代〉と〈現代〉』第一〇章などを参照されたい。

6　ガルフィアス本人の言。やや皮肉っぽい意味がこもっている。

7　*Music of a thousand autumns: the tōgaku style of Japanese court music*, University of California Press, 1976

8　小泉文夫（一九二七～一九八三）。東京大学で音楽美学を修める。在学中から日本の伝統音楽や世界の民族音楽に興味を持つ。一九五六年にインドに留学。一九五九年、非常勤講師として東京藝大で教え、一九六〇年からは常勤講師となる。一九六二年から始まったＮＨＫ－ＦＭ「世界の民俗音楽」で、日本に広く世界の諸民族の音楽を紹介する。『日本伝統音楽の研究　1』（音楽之友社、一九五八）など、民族音楽に関する著作多数。詳しくは東京藝術大学小泉文夫記念音楽資料室作成「小泉文夫年譜」など参照のこと。

第三章◉雅楽の普及と新しい雅楽

◉国立劇場開場

一九六〇年代、高度経済成長を背景に社会は急激な変化を遂げ、それによってさまざまな伝統文化が衰退し、その存続が危惧されていた。こうした状況の中、国立劇場（本館）は、一九六六年、伝統芸能の保存と振興を図ることを目的として設立された。皇居の西側、三宅坂の最高裁判所の北隣に建ち、校倉《あぜくら》作りを模した建物は伝統的景観を強く意識している。

その後、一九七九年に国立演芸場（本館の裏手）、一九八三年に国立能楽堂（東京・千駄ヶ谷）、一九八四年に国立文楽劇場（大阪・日本橋）、二〇〇四年に国立劇場おきなわ（沖縄・浦添）が開場した。このほか、現代演劇、音楽、舞踊などの劇場として、新国立劇場が一九九七年、東京・新宿の西に開場している。なお、一九九〇年に、国立劇場法の一部改正に伴い、これらの劇場全体の組織機構が「日本芸術文化振興会」となり、二〇〇三年には独立行政法人日本芸術文化振興会となった（図3－1）。

これらの劇場は名称からもわかる通り、それぞれに役割を分担をしている。このうち、日本の伝統芸能の保存・振興に関するものに注目すれば、三宅坂の国立劇場では、雅楽、声明《しようみよう》、歌舞伎、文楽、舞踊、民俗芸能など、国立演芸場では落語、浪曲など、いわゆる寄席で行われる演芸、国立能楽堂では能・狂言、国立文楽劇場は、関西にある国立劇場として、文楽人形浄瑠璃のほか、舞踊、寄席の演芸などの公演を、国立劇場おきなわは、沖縄独特の組踊《くみおどり》や舞踊の公演を主に行っている。一方、新国立劇場は、西洋の伝統芸能、オペラやバレエ、現代演劇、舞踊に焦点を当てた公演を催している。

図 3-1　国立劇場外観

　また、これらの劇場のいくつかには、後継者養成のプログラムもあり、人材育成の役割も担っている。たとえば、文楽の三味線、太夫や、歌舞伎の囃子方などは、重要でありながらも、縁の下の力持ち的な地味な役まわりであり、なり手が少ない。オペラ、組踊などにも、大学で専門教育を受けた若手芸術家に、さらに歌い手、演じ手としての舞台経験を積ませるための研修コースがある。これらの分野は、市場原理では演者の確保や育成が難しく、行政の援助なしには成り立たなくなってしまっている。

「雅楽公演」は、一九六六年に開場した国立劇場の本館で、開場当初からの重要な公演カテゴリーのひとつとして扱われ、二〇一七年現在で、すでに八二回を重ねている。

　劇場で演奏される雅楽、それは、とりもなおさず、「宮中奥深くで行われる、儀式に付随した音楽」という脈絡から雅楽を解き放ち、一般に鑑賞される芸術音楽への一歩を意味している。

すでに五〇年を経た「雅楽公演」の歴史を振り返ると、その企画の傾向は必ずしも一様ではない。それは、雅楽を取り巻く社会状況の変化に応じて、公演が役割、内容を変えてきたことを意味している。国立劇場の「雅楽公演」、および仏教音楽を扱う「声明公演」や、雅楽や声明を斬新な演出で紹介する「音楽公演」「音曲公演」は、プロデューサーの木戸敏郎《きどとしろう》（一九三〇〜。一九六六〜一九九六年勤務）の強いリーダーシップのもとに制作されてきた。そして、この木戸とともに、演奏そのもの、演奏者や楽曲の選定、廃絶曲の復元、新作雅楽の作曲と演奏など、あらゆる点で国立劇場の雅楽公演に深く関わってきたのが芝祐靖なのである。

本章では、劇場で「聴かれるため」の雅楽のこの五〇年間の軌跡を、芝祐靖との関わりから振り返る（なお、国立劇場の過去の公演記録は、現在、日本芸術文化振興会のホームページの「文化デジタルライブラリー」で公開されている）。

◉初期のプログラム

前章でも述べたが、一九六〇年代における雅楽の演奏会は、一般の人にとってはまだまだ珍しいものであった。そんな宮中奥深くで行われている「神秘の」芸能を、広く公開、紹介することが国立劇場のような公の劇場の大きな役割のひとつだった。

次に示すように、まず、一九六六年の開場から一九六九年の雅楽公演第七回までは、いずれも、『明治撰定譜』に撰定されている古典作品である。演奏も第一九回目までは、宮内庁楽部による演奏である。ただし、第八回目は、すこし変化をつけて、大阪から雅亮会《がりょうかい》[1]と四天王寺《してんのうじ》の僧侶をよび、四天王寺聖霊会《しょうりょうえ》を再現した[2]。

雅楽公演

第一回「管絃　双調《そうぢょう》と平調《ひょうぢょう》」（一九六六年一一月七日）
双調子〈蓑山《みのやま》〉〈春庭楽《しゅんていらく》〉〈胡飲酒破《こんじゅのは》〉〈鳥急《とりのきゅう》〉〈武徳楽《ぶとくらく》〉
平調子〈伊勢海《いせのうみ》〉〈甘州《かんしゅう》〉〈越天楽《えてんらく》〉〈紅葉《こうよう》〉〈雞徳《けいとく》〉

第二回「舞楽」（一九六七年三月一、二日）
〈振鉾《えんぶ》〉〈春鶯囀《しゅんのうでん》一具〉〈胡徳楽《ことくらく》〉〈長慶子《ちょうげいし》〉

第三回「舞楽」（一九六七年一〇月二九、三〇日）
〈萬秋楽《まんじゅうらく》〉〈抜頭《ばとう》〉〈皇仁庭《おうにんてい》〉

第四回「管絃　壱越《いちこつ》調・黄鐘《おうしき》調」（一九六八年三月一三日）
壱越調子〈迦陵頻《かりょうびん》破・急〉〈胡飲酒破〉〈東岸《とうがん》〉〈酒胡子《しゅこうし》〉
黄鐘調子〈喜春楽《きしゅんらく》破〉〈海青楽《かいせいらく》〉〈越天楽〉〈西王楽《さいおうらく》破〉〈千秋楽《せんしゅうらく》〉

第五回「舞楽」（一九六八年一〇月二九、三〇日）
〈五常楽《ごしょうらく》一具〉〈長保楽《ちょうぼらく》〉〈蘇莫者《そまくしゃ》〉〈太平楽《たいへいらく》一具〉

第六回「管絃　盤渉調《ばんしき》と太食調《たいしき》」（一九六九年一月一八日）

盤渉調調子〈蘇合香急《そこう》〉〈輪台《りんだい》〉〈越天楽〉〈蘇莫者破〉〈剣気褌脱《けんきこだつ》〉

太食調調子〈朝小子《ちょうこし》〉〈傾盃楽急《けいばいらく》〉〈合歓塩《がっかえん》〉〈暁陵王《あかつきりょうおう》〉〈輪鼓褌脱《りんここだつ》〉

第七回「管絃　渡物《わたしもの》」（一九六九年五月一日）

〈酒胡子〉〈賀殿急《かてん》〉〈胡飲酒破〉〈武徳楽〉〈越天楽〉〈青海波《せいがいは》〉〈千秋楽〉

第八回「舞楽　四天王寺聖霊会」（一九六九年一〇月二九日）

〈振鉾〉、〈蘇利古《そりこ》〉〈十天楽《じってんらく》〉〈仙遊霞《せんゆうが》〉〈迦陵頻〉〈胡蝶《こちょう》〉〈採桑老《さいそうろう》〉〈太平楽〉

（声明曲は記載を省略）

その後も第一八回までは古典の演目を中心としている。ただし、プログラムは、「双調と平調」「壱越調と黄鐘調」などの調子別（第一、四、六、七回）、舞楽吹《ぶがくぶき》と管絃吹《かんげんぶき》の音楽的な違い（第一〇回）、走舞《はしりまい》と平舞《ひらまい》の違い（第一一、一三回）、打楽器のリズム・パターン（「壱鼓搔《いっこがき》」、第一四回）や拍子（「延只拍子《のべただびょうし》」、第一六回）などに着目したテーマを設定して、毎回異なる趣向を凝らし、観客を飽きさせない工夫を施している。

第九回「雅楽」（一九七〇年一〇月三一日）

黛敏郎〈昭和天平楽《しょうわてんぴょうらく》〉〈還城楽《げんじょうらく》〉〈蘇志摩利《そしまり》〉

第一〇回「雅楽　管絃立《かんげんだち》と舞楽立《ぶがくだち》」（一九七一年二月二七日）
管絃立〈合歓塩〉〈還城楽〉〈傾盃楽〉〈抜頭《ばとう》〉〈長慶子〉
舞楽立〈太平楽急〉〈傾盃楽〉〈抜頭〉〈長慶子〉

第一一回「舞楽　走舞《はしりまい》」（一九七一年一〇月三〇日）
〈抜頭〉〈貴徳《きとく》〉〈蘭陵王《らんりょうおう》〉〈納曽利《なそり》〉〈胡飲酒〉〈還城楽〉

第一二回「雅楽　高麗楽《こまがく》」（一九七二年二月二六日）
〈八仙《はっせん》〉〈納曽利〉〈地久《ちきゅう》〉〈林歌《りんが》（高麗楽）〉〈老鼠《おいねずみ》〉〈林歌（唐楽《とうがく》）〉

第一三回「舞楽　平舞《ひらまい》」（一九七二年一〇月三一日）
〈萬歳楽《まんざいらく》〉〈地久〉〈安摩《あま》〉〈二《に》の舞《まい》〉〈輪台〉〈青海波〉

第一四回「管絃　壱鼓《いっこ》掻《がき》」（一九七三年三月三日）
〈陪臚《ばいろ》〉〈還城楽〉〈抜頭〉〈輪鼓褌脱《りんここだつ》〉〈桃李花《とうりか》〉〈海青楽〉〈拾翠楽《じゅっすいらく》〉〈越殿楽〉
〈千秋楽〉

第一五回「雅楽」（一九七三年一〇月三〇日）
武満徹〈秋庭歌《しゅうていが》〉〈承和楽《しょうわらく》〉〈散手《さんじゅ》〉〈綾切《あやぎり》〉

第一六回「管絃　延只拍子」（一九七四年二月二三日）
〈鳥破〉〈鳥急〉〈萬歳楽〉、〈陪臚〉

第一七回「舞楽　番舞《つがいまい》」（一九七四年一〇月二九日）

〈春鶯囀〉〈新鳥蘇《しんとりそ》一具〉

第一八回「管絃　大曲《たいきょく》　蘇合香一具」（一九七五年二月二二日）

〈蘇合香一具〉〈千秋楽〉

第一九回「舞楽　大曲と稀《き》曲《きょく》の再興」（一九七五年一〇月三〇日）

〈蘇合香一具〉〈河南浦《かなんふ》〉

また、舞楽に注目すると、〈春鶯囀〉〈新鳥蘇一具〉〈蘇合香一具〉などはいわゆる「大曲」とされる重い曲、また、〈五常楽一具〉〈安摩〉〈二の舞〉〈輪台〉〈青海波〉なども、通しや揃いで上演するのは簡単ではない大規模な演目である。これらは装束や面の点からも民間の雅楽団体では上演が難しく、宮内庁楽部だからこそ可能な、面目躍如たるプログラムである。

その後、古典演目は、復元曲や現代曲が登場するコンサートでも必ずその一部に組み入れられ、今日に至っている。なお、第九回の黛敏郎〈昭和天平楽〉や、第一五回の武満徹〈秋庭歌〉のような現代曲については後述する。

◉「復元」時代の幕開け

このように、国立劇場の雅楽公演は、開場当初、未だ知られていなかった宮廷音楽、舞の芸術としての魅力を一般に紹介することを目的とし、正統的古典演目を上演した。しかし、プロデューサーの木戸敏郎が後に告白している通り、いわゆる、『明治撰定譜』に選曲されている古典演目による雅楽公演は、一〇回目を過ぎるころから観客数で伸び悩んでしまい、新たな企画の必要性が生じた（木戸 一九七〇）。そこで、劇場が積極的に取り組むようになったのが、廃絶曲、廃絶楽器の復元である。

ここでひとつ断っておきたいことがある。本論で使用する「復元」という術語は、廃絶した雅楽曲に関して、それを音として甦らせようとするさまざまな試みを総括する語として用いている。国立劇場のプログラムには、実際には「再興」「復曲」「復元」「訳譜」などさまざまな用語が登場するが、本論では便宜的に「復元」で統一する。さらに言えば、音楽の場合、失われた過去の音楽を完全に「元に復する」ことは事実上不可能で、復元された結果は、唯一ではなく、さまざまな可能性の音として現れることに留意しておきたい。

雅楽における復元は、残存する古楽譜にもとづいて行われるが、そこから得られるのは、基本となる単純な旋律線のみである。それを音楽らしくするためには、演奏技法や旋律の装飾など、さまざまな要素を「解釈」、「想像」して補わなければならない。つまり、古楽譜からの復元は、実験と試行錯誤を重ねながら、それを読み解く者の判断が入る一種の解釈行為なのである。言い換えれば、復元は、現代に生きる人々による過去の再解釈、と言えるだろう。芝自身も、古譜からの復元作業は訳譜であり、解釈次第でさまざまな結果となる、と述べている。

一九七五年一〇月、雅楽公演第一九回は「大曲と稀曲の再興」と銘打って、普段ほとんど演じられない、または廃絶した楽曲もしくは上演方法の「再興」あるいは「復元」をはじめて前面に押し出した演奏会となった。

演じられた曲は、〈蘇合香一具〉と〈河南浦〉である。ともに舞楽で上演し、演奏は宮内庁楽部であった。〈蘇合香一具〉は『明治撰定譜』に撰定されている楽曲であるが、楽章が多く複雑な構成をとることから、一具として全楽章が通して演奏されることは稀である。

一方〈河南浦〉は『明治撰定譜』に撰定されていない「遠楽《えんがく》」である。遠楽とは、古代、中世の文献には演奏例や楽譜があるが、江戸時代以降は演奏例がなく、『明治撰定譜』の撰には漏れた楽曲群をさす。公演パンフレットによれば、〈河南浦〉は故実《こじつ》や古楽譜をもとに、この時あらたに「再興した」という。この時の復元は各楽家に所伝の楽譜をもとに楽器毎に旋律が復元された。笙《しょう》は豊雄秋《ぶんのかつあき》、篳篥《ひちりき》は東儀博《とうぎひろし》、龍笛《りゅうてき》は上近正《うえちかまさ》が担当した。舞も復元され、東儀和太《まさた》郎《ろう》と薗廣茂《そのひろしげ》が担当した。曲目解説は芝祐靖と東儀和太郎であった。当時芝はまだ四〇歳と若く、この演奏会で復元を担当した右の楽師たちは、いずれも芝の師匠の世代の楽師だった。芝自身はこの時は復元作業には参加せず、龍笛奏者として参加している。

ただし、この公演の四ヶ月前、一九七五年六月一九日に行われた「正倉院と雅楽の管～唐の音楽の遺産」と題された公演では、芝は楽器の音律解釈、古譜の復元において中心的な役割を果たしている。この公演は、「雅楽公演」「音楽公演」などのようにシリーズ化された公演ではなく、単発の実験的な公演のように見える。「長秋竹譜《ちょうしゅうちくふ》」すなわち、平安時代の貴族で雅楽の名手・源博雅《みなもとのひろまさ》（九一八〜九八〇）の編んだ『新撰楽譜（長秋卿笛譜《ちょうしゅうきょうふえふ》、博雅笛譜《はくがのふえふ》とも）』（九六六）をもとに復元した曲を含んだプログラムだった。第一部は『新撰楽譜』にもとづく〈元歌《げんか》〉という現行伝承にはない楽曲の復元と、現行曲〈蘇莫者序・破〉を、正倉院の遺品の簫と尺八《しょう》を復元したものを用いて演奏するという内容だった。第二部は、現行雅楽の楽器と様式による〈蘇莫者序・破〉を組んだものだった。

正倉院と雅楽の管（一九七五年六月一九日）

正倉院〈元歌〉、〈蘇莫者序・破〉

簫＝芝祐靖、尺八＝二代目・青木鈴慕《れいぼ》、横笛＝上明彦

雅楽〈蘇莫者序・破〉

笙＝多忠麿、篳篥＝東儀良夫、龍笛＝芝祐靖

〈蘇莫者序・破〉に注目すると、同一曲を、前半では平安時代中期の楽譜から訳譜した旋律を復元された正倉院楽器で演奏し、後半では現在の楽器と演奏法で演奏して、比較しようとする試みとわかる。なお、この時使われた尺八は、今日の尺八より短く細い「正倉院尺八」と呼ばれるタイプ、簫は楽器学的にパンパイプの仲間である。芝が、まずは自身の持ち管（専門とする

楽器のこと）の笛やそれに近い発音原理のノン・リードの管楽器を用いた復元に取り掛かったことがわかる[3]。

このように、一方は多人数の担当者がそれぞれの復元を持ち寄る形での復元、他方は、単独の復元者による復元というふうに復元のプロセスが異なるが、一九七五年のこの二つの公演は、芝が、その後の廃絶曲の復元に関わるきっかけとなる出来事となった。特に、「正倉院と雅楽の管」の方は、芝が国立劇場の復元作業の中核を担うことになる重要な伏線となったように見える。

その二年後の一九七七年、第二一回公演の「管絃　大曲　盤渉参軍《ばんしきさんぐん》〜長秋卿譜に拠る再興初演」は芝による本格的な復元を公演の中心に据えたものとなった。この〈盤渉参軍〉は前出の『新撰楽譜』のみに見られ、後世の楽譜には見られない幻の楽曲である。この時演奏されたのは、〈盤渉参軍〉の序だけであったが、一三帖という長さがあり、楽器編成も総勢二七名の大規模な管絃合奏だった（演奏は雅楽紫絃会）。一九七五年の「正倉院と雅楽の管」に比べると、楽曲の長さや演奏者の人数の点で規模が拡大しており、国立劇場が復元プロジェクトに本腰を入れ始めたことが感じられる。この時の芝の器用について、プロデューサーの木戸は、「芝祐靖氏は先年国立劇場の『正倉院と雅楽の管』で同じ譜から元歌を再興した経験もあり最適任者である。現在この譜について芝氏以上に知る人はいない」と全幅の信頼を置いている（第二一回公演パンフレット）。

一九七九年、雅楽公演第二五回では、〈盤渉参軍〉の「破」と「急」も復元された。芝にとっては、三年がかりの〈盤渉参軍〉全曲の復元であった。芝は、一九七九年には伝・大神惟季《おおがのこれすえ》撰（実際には鎌倉時代に成立か）の笛譜『懐中譜《かいちゅうふ》』から〈獅子《しし》〉〈狛犬《こまいぬ》〉の諸曲も復元している（第二四回雅楽公演）。

また芝は、国立劇場の公演以外でも、復元に関わっている。一九八〇年の秋、東大寺大仏殿の昭和の修理が完成し、大規模な落慶法要《らっけいほうよう》が行われた。その時演じられた伎楽《ぎがく》四曲(4)〈行道乱声《ぎょうどうらんじょう》〉〈獅子〉〈曲子《きょくし》〉〈呉公《ごこう》〉も、芝の手による（演奏は天理大学雅楽部）。復元に際しては『新撰楽譜』『懐中譜』『仁智要録』『伎楽曲』などを参照したという。その後も、伎楽は天理大学雅楽部によってたびたび上演され、二〇〇〇年代に入って、新たに三蔵法師を登場させ、ナレーションを加えた新演出のものも生まれている（薬師寺のプロデュースによる。ただし音楽は芝によるものをそのまま使用）（図3－2）。

図3-2　薬師寺の新しい伎楽（玄奘三蔵とその師＝大孤父面を使用）

なお、一九七八年には、一九七五年の〈蘇合香一具〉〈河南浦〉公演と似た形で、廃絶した大曲〈団乱《とら》旋《でん》〉の復元演奏会が催された（雅楽公演第二三回）。復元は笙、篳篥、笛、琵琶、箏をそれぞれ別の宮内庁楽師が担当したが（芝は笛の「復元」を担当）、後に芝が回想するところでは、「船頭多くして船山に上る」状態で、全体としてのまとまりに問題があったようである（雅楽公演第七三回「管絃～高麗楽の管絃と唐楽の大曲」パンフレット、二〇一三）。

さて、ここまで紹介してきた復元は、基本的に現行雅楽の様式に依拠したものであった。「もし、その楽曲が滅びないで現在まで残っていたなら、このようであっただろう」という復元である。この方法による復元は、今日の雅楽と同様の楽器の常套的な節回しや音階にもとづいており、全体になじみ深い響きである。

ただし、芝は、基本的に現行雅楽様式ではあるが、付所《つけどころ》から全員合奏になる今日の一般的な合奏の手順をやめ、楽器のグループごとに交替で演奏させたり、非拍節的な部分と拍節的な部分を多様に組み合わせることにより、普段は聞こえない楽器の意外な響きや旋律の面白さを際ただせる演出を試みている。

復元楽曲が、本格的に中国から伝わった旋法理論にもとづいて再構成されたのは、雅楽公演第二九回〈曹娘褌脱《そうろうこだつ》〉（一九八一）からである。現在の唐楽は、特に音階の点で、唐から伝わって来た音階理論から逸脱し、変化している。たとえば、有名な平調〈越天楽〉は唐の理論では「林鐘均羽調《りんしょうきんうちょう》」（E－F♯－G－A－B－C♯－D）という音階に属するので、現在の篳篥や龍笛旋律の中にしばしば現れるFの音は、本来はF♯にならなければならない。長い年月の間、音階

が変化しているのである。(5)

これを、唐朝の音階理論に復し、さらに正倉院楽器の複製を加えて演奏したのが第一九回の演奏会である。プロデューサーの木戸は、公演パンフレットに次のように記す。

今回は推定される平安初期の楽制改革以前の楽理に準拠して同譜（※長秋横笛譜＝新撰楽譜のこと）より復曲した曹娘褌脱を前記の楽器群（※復元楽器のこと）によって演奏する。

（雅楽公演第一九回パンフレット　※は引用者注）

周知の通り、正倉院には、現在は使われていない多数の楽器が伝わって来た。廃絶した主な楽器は、左のようになる（楽器の画像などは正倉院ＨＰで見ることができる）。

竽《う》（大型の笙）
尺八《しやくはち》（現在のものより短く細い、竹、玉、象牙製）
排簫《はいしよう》（細い竹を一八本並べた笛）
玉笛《ぎよくてき》（石製の横笛）
五絃《ごげん》（頸がまっすぐ、絃五本）

阮咸《げんかん》（丸い胴で四絃、現在の中国の月琴に類似）
新羅琴《しらぎごと》（頭部に羊の耳形の装飾、現在の韓国の伽倻琴《カヤグム》の祖型）
箜篌《くご》（ハープ）
方響《ほうきょう》（一六枚の鉄片を二段の木枠に吊す）
呉鼓《くれつづみ》（中央がなだらかにくびれた鼓、伎楽用）
磁鼓《じこ》（胴が唐三彩）

第二九回の〈曹娘褌脱〉で使用されたのは、通常の雅楽器に加え、右記の尺八、磁鼓、排簫、竽、方響に大篳篥、鉄線箏を加えたものであった。[6] 正倉院楽器を用い、唐代の音階を用いた作品は、現行雅楽にない多彩な音色や異なる音階で、明るく華やかな印象を与える（のちに〈曹娘褌脱〉はCD『敦煌から正倉院への道』に収録）。この後、復元作品はしばしば演奏されることになった。

一九八〇年代半ばまでに登場した芝祐靖による復元作品は次の通りである（再演も多い）。

『敦煌琵琶譜《とんこうびわふ》』の諸曲（一九八一年、雅楽公演第三一回）（CD『敦煌琵琶譜による音楽』収録）
〈獅子・狛犬〉〈鳥歌萬歳楽《ちょうかまんざいらく》〉（一九八二年、雅楽公演第三二回）
『敦煌琵琶譜』より〈傾盃楽《けいばいらく》〉他（一九八三年、雅楽公演第三三回）

〈盤渉参軍序〉（一九八三年、雅楽公演第三四回）
〈番假崇《ばんかそう》〉（一九八三年、音楽公演第二回）
〈鳥歌萬歳楽〉（一九八四年、雅楽公演第三六回）

天平琵琶譜〈番假崇〉は一九三五年ころ、正倉院遺物の文書の裏から偶然に発見された、日本最古とされる楽譜である。ちなみに、これを発見したのは、当時宮内省の図書寮（現在の宮内庁書陵部）に勤めていた芝本家の葛鎮《ふじつね》の長男、葛盛《かずもり》であった。楽道に入らなかったとはいえ、雅楽に詳しい葛盛だったからこそ発見できたのかもしれない。

〈番假崇〉は国立劇場の公演としては、一九八三年の第二回「音楽公演　箜篌」で舞台に乗っただけだが（この時は排簫と箜篌のみの簡素な編成）、芝はこの後、①琵琶独奏（一九八五）、②現在の唐楽様式の復元（一九九九）、③正倉院楽器と奈良時代の音階による復元（一九八七）の、三つの異なる編曲を行った。同一旋律を共有しているにもかかわらず、かなり異なった印象を与え、興味深い。三つとも『天平琵琶譜「番假崇」』というCDに収められている（図3-3）。

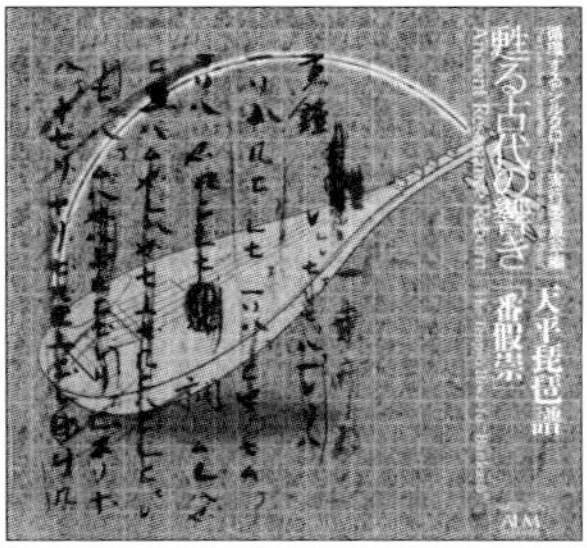

図 3-3　CD『天平琵琶譜「番假崇」』

国立劇場の「雅楽公演」は、第三七回（一九八五年一〇月）と第三八回（一九九四年二月）の間に九年の空白がある。しかし、この間、復元曲、創作曲は、別の「音楽公演」というシリーズの中で年二回のペースで上演された。音楽公演では、〈玉樹後庭花《ごくじゅこうていか》〉（第六回音楽公演、一九八七）（図3－4）、〈盤渉参軍〉（第九回音楽公演、一九八八）、「敦煌琵琶譜」諸曲（第一九回音楽公演、一九九六）など、芝の復元も上演されたが、高橋悠治、一柳慧、菅野《かんの》由弘《よしひろ》、三宅榛名《はるな》、細川俊夫、その他当時の若手の現代作曲家による新作曲を多数含み、全体に当初の雅楽公演より実験的な試みが増えてきたことがわかる（図3－5）。

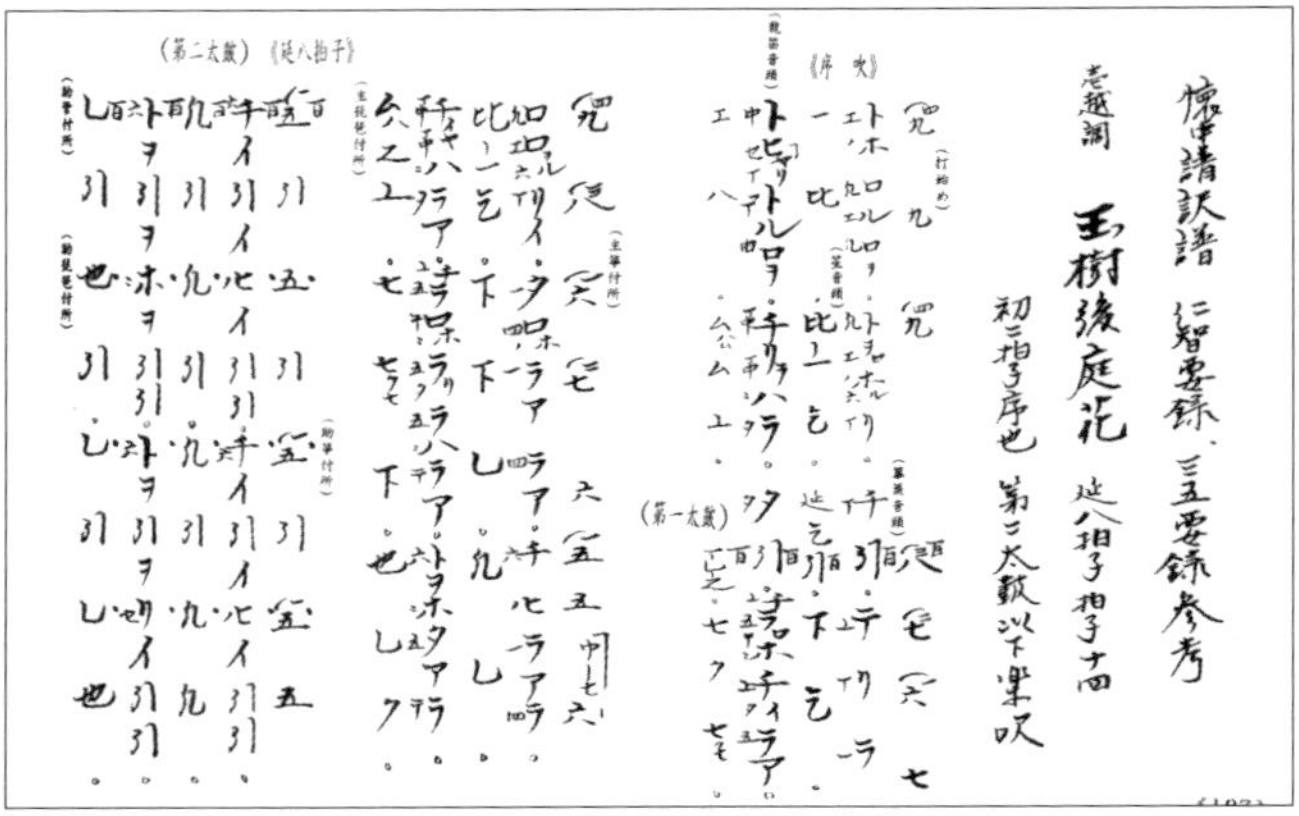

図3-4 〈玉樹後庭花〉の楽譜（芝祐靖『遠楽の復曲』（私家版、1997）より）

　芝自身も、この時期、図形楽譜による戯楽〈嘯風輪舌《しょうふうりんぜつ》〉（一九九二）を作曲している。このように、復元旋律や復元楽器を用いながら、現代的で斬新な演出を凝らした音楽を、プロデューサーの木戸は、「伶《れい》楽《がく》」と名付け、伝統的な雅楽と異なる新ジャンルに位置づけている。

一九九四年に「雅楽公演」が再開されて以降、一九九五年の雅楽公演第四〇回では平安時代や中世の古記録をもとにした「殿上淵酔《てんじょうのえんずい》」の歌や舞、二〇〇〇年の第四八回公演では催馬楽〈走井《はしりい》〉、今様〈霊山御山《りょうぜんみやま》〉などの声楽曲が、芝によって復元され、上演された。

このうち、「殿上淵酔」は平安時代の豊明節会《とよあかりのせちえ》の後の貴族たちの酒宴乱舞の様子を管絃と歌謡の組曲に仕立てたものであるが、そこに含まれる〈白薄様《しろうすよう》〉〈鬢多《びんた》々良《たら》〉〈伊佐立奈牟《いざたちなむ》〉〈阿《あ》音三返《おんさんべん》〉などは芝がすでに一九七〇年代から国立劇場の委嘱によって個別に作曲してきた歌曲で（巻末「芝祐靖作品目録」参照）、これらを再編して「殿上淵酔」を組み立てた。「殿上淵酔」は国立劇場の上演に先立ち、一九九四年の平安遷都一二〇〇年を記念して『平安の饗宴』のタイトルでCD化もされている。[7]

図 3-5　現代音楽の同志たちと。左から一柳慧、石井眞木、芝祐靖（芝祐靖提供）

なお、木戸が国立劇場を退職した後、雅楽に関連した企画は古典もしくは、古典様式の復元を中心としたものになり、実験的な新しい作品は現在ではほとんど見ることができない。その中で、芝の復元のレパートリーは、根強い人気を保ち、チケットが売り切れになることもある。近年の新たな復元としては、〈皇帝破《おうだいは》陣楽《じんらく》一具〉（第六四回雅楽公演、二〇〇八）、〈陵王荒序《りょうおうこうじょ》〉（第六六回雅楽公演、二〇〇九）、〈団乱旋〉（第七三回雅楽公演、二〇一三）などがある。

◉国立劇場委嘱の新しい雅楽作品

国立劇場で、初めて雅楽器を使った新作曲作品が登場したのは、一九七〇年、第九回雅楽公演の黛敏郎〈昭和天平楽〉であった（国立劇場委嘱）。この作品は、「序」「破」「急」からなるが、「序」は唐楽、「破」は林邑楽《りんゆうがく》（実質的に唐楽）、「急」は高麗楽《こまがく》、という斬新な構成になっており、使用楽器も、通常の雅楽器に加え、竽（大型の笙）と大篳篥《おおひちりき》、大箏《たいそう》を加えたものだった。

演奏は宮内庁楽部だったが、楽部にとっては現代作曲家による作品の演奏は初めての経験で、実は出演が決まるまでには紆余曲折があった。芝の「古典伝承と想像への道」（『大崎八幡宮と雅楽』所収）という文章によると以下のような経緯があった。

国立劇場から出演依頼が来た時、楽部では『明治撰定譜』の古典雅楽を演奏することこそ宮内庁楽部の使命だと考える人々と、時代に即して新しい作品に挑戦するべきだと考える人々の間で議論が沸騰し、収拾がつかなかった。そこで、当時の安倍季厳楽長の提案で、投票で決めることになった。しかし、投票結果は一四対一四で、なお決着がつかなかった。しばし黙考の末、安倍楽長はこう言ったという。「我々の伝統は、新曲を演奏したからといって崩れるものではない。もし、新曲演奏によって崩壊してしまうような薄っぺらな伝統であったら、まったく存在価値がない」。この英断によって、国立劇場初めての委嘱現代雅楽作品〈昭和天平楽〉は世に出たのである。

国立劇場が次に作品を委嘱したのは武満徹（一九三〇〜一九九六）であった。一九七三年、これもやはり宮内庁楽部の演奏で、〈秋庭歌〉が初演された（雅楽公演第一五回）。初演時はまだ一楽章のみで一七人で演奏されたが、後に五楽章が追加され、一九七九年に「参音声《まいりおんじょう》」「吹渡《ふきわたし》」「塩梅《えんばい》」「秋庭歌」「吹渡　二段」「退出音声《まかでおんじょう》」の全六楽章「一具」となり、演奏人数も二九人に増やして演奏された（雅楽公演第二六回）。

全体に、雅楽器の特性をよく捉え、音色や技法を活かした作品として評価が高い。何度も再演され、伶楽舎による演奏でＣＤにもなった（図３－６）。やや矛盾した言い方かもしれないが、今や現代雅楽の「古典」として、内外で広く知られた作品となっている。

図 3-6　CD『秋庭歌一具』

さて、芝は最初の〈秋庭歌〉、次の〈秋庭歌一具〉ともに、笛奏者として参加して、多大なる刺激を受けた。最初は、楽譜を間違えずに演奏するので精一杯だったが、次第に、楽曲の背景の深い意図や思想に気がつき、すっかりとりこになってしまったという（ＣＤ『武満徹　秋庭歌一具』ライナー・ノート）。

そんな折、十二音会から新作雅楽作品の委嘱が芝のもとにあった。そこで〈秋庭歌〉のような作品を書こうと思い至り、一九八〇年に生まれたのが組曲〈招杜羅《しょうとら》紫《し》苑《おん》〉である。〈秋庭歌〉が西洋音楽の作曲家・武満の雅楽器の解釈であるとすれば、

〈招杜羅紫苑〉は、雅楽人・芝祐靖による雅楽器の新しい解釈を世に問うた作品であるといえよう。この作品は芝祐靖作品の代表作のひとつであるので、第五章で詳しく述べることにする。

●さまざまな芝祐靖作品

ここで芝の作曲作品全般についてすこし触れておこう。芝にとって雅楽器を用いた新曲作品は、〈招杜羅紫苑〉が初めてではない。すでに一九六〇年代から、芝は雅楽、邦楽、オーケストラなどさまざまな楽器を対象にした作品を作曲していた。前掲「雅楽紫絃会顚末記」によれば、一九六〇～七〇年代、NHKや民放、レコード会社が「現代日本の音楽」の企画を次々に起こし、芸術祭などに盛んに参加していた。このような背景のもと、芝のもとにも、さまざまな作曲依頼が来たという。次に挙げるのは、〈招杜羅紫苑〉以前に芝が作曲した大編成の作品である。

一九六二年　バレエ組曲〈飛鳥物語〉（NHK委嘱）（オーケストラ・雅楽器）
一九六三年　〈舞楽風組曲〉（NHK委嘱）一八名（雅楽器・箏・十七絃）
一九六四年　組曲〈瑞霞苑《ずいかえん》〉（宮内庁委嘱、皇太子誕生奉祝曲）一八名（雅楽器）
一九六九年　〈春日二題〉（NHK委嘱）一六名（雅楽器・尺八・箏・十七絃）
一九七五年　〈古代歌謡による「天地《てんち》相聞《そうもん》」〉（NHK委嘱）二〇名（管絃・竽・排簫・神楽笛・

独唱・合唱ほか）芸術祭優秀賞
一九七七年〈招韻〉一八名（管絃）（小野雅楽会委嘱）

右の通り、一九六〇年代の作品は（〈瑞霞苑〉を除き）、雅楽器だけでなく、箏、尺八、十七絃など、他の日本の楽器、あるいは西洋オーケストラ、合唱などを含む編成になっている。ここには芝の意思だけではなく委嘱者NHKの意向が強く反映されていると推測されるが、全体に新しい邦楽、あるいは、西洋と東洋の融合による新しい現代音楽の創造を目指す意図が感じられる。

芝にはこの他小品として、龍笛独奏曲、雅楽器のいくつかによる小編成曲、尺八、箏、十七絃、ハープなどのための小品が十数曲ある（巻末「芝祐靖作品目録」参照）。

その後も芝は、国立劇場での復元のかたわら、大編成、小編成のさまざまな新作品を創り続けていくことになる。大規模なものとしては、日本音楽集団委嘱の〈夷曲西綾楽《いきょくさいりょうらく》〉（邦楽器、一九八五）、小野雅楽会委嘱作品〈中世の美風Ⅱ　露台乱舞《ろだいらんぶ》〉（一九八八）、組曲〈呼韓邪單于《こかんやぜんう》〉（一九九九年）、〈巾雫輪説《きんかりんぜつ》〉（二〇〇〇）、〈梨園幻想《りえんげんそう》〉（二〇〇六、芝家創立八〇〇年記念）、〈舞風神《まいふうじん》〉（二〇〇八）などがある。

そして忘れてはいけないのが、芝の持ち管である横笛（龍笛）の作品である。龍笛独奏曲には特に「祁響《ききょう》」というシリーズ名をつけ、番号もつけている（ただし、番号は作曲年順とは必ずしも一致しない)。このうちCDで聴けるものは、祁響第二番〈一行《いちぎょう》の賦《ふ》〉(一九七九)、祁響第三番〈白瑠璃《はくるり》の碗《わん》〉(一九八一)、祁響第六番〈元歌《げんか》〉(一九九〇)、祁響第九番〈ヴァーユ〉(一九九一)である(〈ヴァーユ〉はインドの横笛「クラル」で吹かれている)。〈一行の賦〉はCD『雅道:芝祐靖笛の世界』、その他はCD『天竺からの音楽』に収録されている。いずれも、多彩な音色と超絶技巧が展開されており、横笛の可能性を究極まで追究した作品である。芝は短い期間であるが、個人リサイタルを開いていた時期があり(一九八六〜一九九〇)、〈一行の賦〉〈白瑠璃の碗〉〈元歌〉はいずれも、リサイタルで演奏されている(それぞれ一九八六、一九八七、一九九〇)。

また、純粋な創作曲ではないが、復元伎楽の諸曲の中には、伝統的雅楽にはない音階や軽快なシンコペーション的リズムが盛り込まれていて、新鮮な印象を与える曲がいくつかある。

このようにさまざまな技巧や着想にもとづいて雅楽作品に新たな境地を見出してきた芝であるが、二〇〇四年に、意外な傾向の作品を創った。〈ポン太と神鳴りさま〉である(図3-7)。二〇一一年には〈カラ坊風に乗る〉という作品も発表した。雅楽は本来器楽合奏音楽であり、特段のストーリーはないが、これらの作品は、子ども向けにドラマ仕立てに語りを入れ、雅楽

図3-7 〈ポン太と神鳴りさま〉プログラム表紙

器による音楽や効果音が入る「雅楽劇」のような作品である。

実は、芝が一九八五年に創設した伶楽舎は、通常のコンサート、録音活動のほかに、文化庁の「次代を担うこどものための文化芸術体験事業」として、東京近郊をはじめとしてさまざまな地方に赴き、子どもを対象とした雅楽教室、コンサート、ワークショップを実施している。これらの作品は、それらの経験をもとに書かれたものである。二〇一六年には、『子どものための雅楽　ポン太と神鳴りさま』（CD）と『こどものための雅楽　雅楽ってなあに』（DVD）も伶楽舎から発売された。

芝が、なぜこのような作品をわざわざ書いたのか。それには深い訳がある。復元や創作に関する意図やコンセプト、あるいは、雅楽の伝統全体についての芝の考えを「伶楽舎」の活動とともに、次章では詳しくみていくこととしよう。

注

1　雅亮会　大阪の民間雅楽団体。明治維新後、天王寺系の楽人が東上したため、四天王寺などの伝統行事で演奏する楽人が不足した。これを補うため、明治一七（一八八四）年に僧侶や一般人の有志が結成した団体。今日まで活発な活動を続けている。

2　聖徳太子の命日の法要。明治維新後は四月二二日に執行。雅楽の伴奏と多数の舞楽上演を伴う平安時代の舞楽法会の形式を残す行事として、国の重要無形民俗文化財に指定されている。

3 正倉院楽器は、一九四八年に、音楽学者の林謙三（一八九九〜一九七六）と、芝の父・芝祐泰（一八九八〜一九八二）によって詳細な楽器調査が行われた。その時の試みに出された音の録音も残っている（DVD『正倉院宝物』（NHK、二〇〇二、全一五巻のうち第一三巻「天平の調べ」、第一四巻「よみがえる音色」に関連音源が含まれている）。

4 のちに改めて伎楽はCD『敦煌から正倉院への道』（一九八二）と『天竺からの音楽』（一九九二）に収録された。

5 龍笛や篳篥の音階は、江戸時代に一般化した都節音階（E－F－A－B－D－E／E－C－B－A－F－E）の影響を受け、変化したと考えられている。

6 ただし、大篳篥と鉄線箏は正倉院遺品にはない。前者は平安中期まで使用例が見える（『西宮記』康保三年一〇月七日条）。この演奏会では篳篥を大型にしたものを製作。鉄線箏は箏に鉄製の弦を張ったものを製作。

7 国立劇場で一九九五年に演じられる前に、小野雅楽会委嘱作品〈中世の美風Ⅱ　露台乱舞〉として一九八八年に一度演じられている。

第四章◉伶楽舎の挑戦

今日、伶楽舎は、日本のプロフェッショナルな雅楽団体としてもっとも水準の高い演奏を聴かせてくれる。しかし、当然のことながらこの団体は一夜にしてできたわけではない。そこには、創設者・芝祐靖の長い年月をかけた人材育成の努力があった。

雅楽の人材育成の難しさは、個々人の演奏技量だけでなく、合奏としての習熟度も問われる点にある。つまり、個々人の演奏技量を上達させるためには、個人練習だけでなく、常に合奏に参加し続け、研鑽を積む必要があり、さらに合奏全体としての質を向上させるためには、互いの技量や癖をよく理解し、チームワークを磨かなければならない。これは、たとえて言うなら、うまい相手と練習しないと上達しない卓球、テニスや、一人だけずば抜けた技量の者がいても、チーム全体としてよい連携ができないと勝てないサッカーなどのスポーツと似ている。芝はまず、大学や各雅楽団体での指導を通じて優秀な人材を見いだし、舞台の経験を与え、粘り強く育てた。これが、後の伶楽舎の創設と発展へとつながる大きな布石となっている。

◉大学で雅楽を教える

一九七〇年代、楽師としての公務、委嘱作品の作曲、宮内庁外での演奏などさまざまな仕事を抱えていた芝を、さらに多忙にしたのが、芸術大学での雅楽の実技指導であった。楽部の外で、「楽生」ではなく「学生」に教えることになったのである。芝は、一九七八年から、東京藝術大学（以下、「藝大」と略す）で雅楽のクラスを教え始めた。

芝の雅楽クラスの詳細に触れる前に「藝大雅楽」の歴史をすこし遡ってみよう。これは、前述のガルフィアスが来日したくだりとも関係する。藝大で雅楽の実技クラスが開設されたのは一九六二年である。音楽理論や音楽史を研究する楽理科の下に副科として開設された。副科は、あくまで、研究の補助としての実技の体験・理解を促すことを目的としていた。現在、藝大には邦楽科[1]の中に三味線音楽、邦楽囃子、箏曲、尺八、能・狂言、能楽囃子、日本舞踊などと並んで「雅楽」の専攻があり（一九九四年創設）、その課程を修了すると学士（音楽）の資格が得られるが、雅楽クラスが始まった当時はまだ邦楽科の「雅楽」専攻はなかった（図4-1）。

図 4-1　東京藝術大学音楽学部正門（松村智郁子提供）

雅楽の実技クラスは、一九五九年に藝大に赴任し、民族音楽学の講座を持った小泉文夫が開設に尽力した。小泉は、アメリカの民族音楽学の手法を取り入れ、楽理科学生の副科として、さまざまな民族音楽のクラスを開設した。ガムラン、雅楽、シタール、伽倻琴《カヤグム》等々。学生はその他、邦楽科で開設している三味線、箏、能などの科目も副科として受講することができた。

一九六二年、初代の講師として雅楽クラスを指導したのは、宮内庁楽師の東儀《とうぎ》和太郎《まさたろう》(2)だった。授業は講師の宮内庁の公務がない土曜日の午後であった。

筆者は一九八〇年藝大楽理科入学で、数年間雅楽クラスを受講した。したがって和太郎クラスの時代を知らないのだが、先輩からその頃の数々の逸話は漏れ聞いている。創成期の藝大雅楽クラスの雰囲気を知るために、すこし紹介しよう。

和太郎講師は、土曜日の午後、昼食を兼ねて、いつもすこしお酒を引っ掛けて、いい気分で藝大にやって来たらしい。現在の大学では飲酒して授業に臨むことはありえないが、一九六〇年代はおおらかだったようだ。また、成績のつけ方もおおらかで、「今日はこれからミカンを投げます。ミカンを取った人に単位をあげます」と言ったとか言わなかったとか。技術的な達成を目指すより、まずは学生と仲良くなり、学生が雅楽に親しむことを第一目的にしたのが和太郎流だったようだ。学生も本名の「まさたろう」ではなく、「わたろう先生」と呼んで慕っていた。

雅楽クラスが始まってから日も浅く、また右のような和太郎流の教育方針もあり、創成期の雅楽クラスは、演奏も「おおらか」だった。たとえばある時、学内演奏会で、雅楽の演奏が途中でばらばらになり、止まりそうになった。いちばん前で鞨鼓《かっこ》を打っていた和太郎講師がやおら振り向いて、バチを振って指揮を始め、なんとか最後までたどり着いたという話も残っている。これらの逸話は、現在、藝大卒業生の間で、一種の「伝説」として語り継がれている。

芝祐靖は、和太郎講師のあとを襲って、一九七八年から藝大雅楽を指導することになった（二〇〇〇年まで）。雅楽クラスの受講は藝大生であれば可能で、楽理科以外にも、作曲家、器楽科、邦楽科の学生などが集っていた。稀に美術楽部からの受講生もあった。

一般に、藝大の学生は、子どものころから特殊技能の世界で修行を積んで来ており、世間と異なる「独自の常識」で動いている人が多い。礼儀とプロトコルの極地である宮内庁とはまさに正反対の世界と言っていいだろう。しかもここでは、楽部のような体育会系ノリは通用せず、この「個性豊か」な学生相手にやさしく、わかりやすく教えなければならない。そのために、芝は教え方と教材に、さまざまな工夫を凝らして臨んだ。

◉教え方と教材〜スコア譜の意味

藝大の授業では、唐楽《とうがく》の管絃が主に教習された。唐楽六調子《とうがくろくちょうし》（壱越《いちこつ》調、平調《ひょうぢょう》、双調《そうぢょう》、黄鐘《おうしき》調、盤渉《ばんしき》調、太食《たいしき》調）のすべてにわたるヴァラエティに富むものであり、時折、歌ものの神楽歌《かぐらうた》、催馬楽《さいばら》、朗詠などが取り上げられることもあった。また、唐楽の舞楽吹《ぶがくぶき》にも挑戦したが、舞楽の舞まで授業内で教習する時間的余裕はなかった。そこで、興味のある学生は、大学外で個人的に楽器や舞を習った。筆者も、小野雅楽会（六五頁参照）に行き左舞《さまい》を、はじめ宮内庁元楽

図4-2　東京藝術大学「藝祭」の〈陵王〉（1983年9月）

師の東儀信太郎《しんたろう》[3]に、後に上明彦《うえあきひこ》[4]に習った。その関係で、藝大が毎年秋に開催している「藝祭」で、初めて舞楽を舞う機会があった。〈陵王《りょうおう》〉だった（図4-2）。その後、〈其駒《そのこま》〉〈胡飲酒《こんじゅ》〉なども舞った記憶がある。また、舞楽を学ぶ学生の数が増えたところで、〈五常楽急《ごしょうらくのきゅう》〉〈春庭花《しゅんでいか》〉など多人数の平舞《ひらまい》にも挑戦した。また、非常に稀ではあったが、芝の新作雅楽作品を演奏することもあった。筆者の記憶では〈舞楽風組曲《ぶがくふうくみきょく》〉を演奏した覚えがある。

　唐楽の稽古は、すでに述べたように唱歌《しょうが》が基本で、これをまず覚えるのが正統的学習法である。しかし、学生にそれを強要すると間違いなく受講生が減るため、唱歌は一、二度歌うだけで、たいがいはすぐに実際に楽器を吹いた。

　伝統的に楽譜は楽器の種類ごとに異なるパート譜であったが、芝はそれを、（右から）箏《そう》、篳篥《ひちりき》、笙《しょう》、龍笛《りゅうてき》、琵琶を並べた一種のスコア譜にして学生に配った。伸びやかな筆致で、美しく整った文字で書かれている、たいへん見やすい楽譜である。今日、楽器店などでこのようなスコアの形態の雅楽譜を販売しているのを見かけるが、当時はこのような教材はほとんどなく、伝統的パート譜を写した小野雅楽会発行の楽譜や、天理教の楽譜などがわずかに販売されているだけだった。

雅楽におけるスコア譜は、近代以降一般的になる形態である。管楽器や絃楽器の譜を並べて記す便利さは、古くから認識されていた。たとえば、江戸時代の公家に伝わる絃楽器譜を見ると、わずかではあるが、絃の譜字の脇に管楽器の唱歌や手付け《てづ》（指孔記号）が併記されている楽譜を目にすることがある。旋律のどこで、どの絃を弾くかを確認するためである。当然の発想であるが、各楽器間の「横の」関係を明瞭にする記譜法が、長い間、体系的に実現されなかったのは、先人の怠慢ではなく、雅楽の専門がそれぞれの家に固定されていたからである。他家の伝承を譜に記すことは憚《はばか》られる行為であった。つまり、各家の専門性や権利のほうが、利便性よりも優先されてきたのである。

『明治撰定譜』に至っても、スコア譜は実現されなかった。しかし、楽人によっては個人的にスコア譜を作ることがあった。たとえば、芝家には、明治に活躍した芝葛鎮《ふじつね》（第一章参照）による楽譜がある。これは管、絃の楽譜を併記したスコア譜になっている。明治の楽人もこのような楽譜の必要性を感じていたのである。芝は、このスコア譜を、古典雅楽の教習に使用する他、廃絶曲の復元作品の楽譜でも用いている（九四頁〈玉樹後庭楽〉の楽譜参照）。前述の、国立劇場の復元作品も、そうである。スコア譜はそれまで、各家の伝承、各パートの音楽だけに限定されていた音楽の知覚に、すべての楽器を総合的に把握する鳥瞰《ちょうかん》的視点をもたらすものであった。だがもちろん、楽譜をもらった学生の側は、「祐靖譜」のそのような歴史上の革新的な意味など知るよしもなかった。

◉いろいろな学生

筆者が藝大で雅楽の実技に携わったのは、一九八〇年からの数年間であった。すぐ上の世代に、今日、伶楽舎で活躍している宮丸直子、田渕勝彦がいた。また、下の世代に同じく伶楽舎の中村仁美、平井裕子、笹本武志がいた。宮田まゆみ[5]は、当時新進気鋭の笙の演奏家としてすでに活躍していて、藝大には芝のアシスタントとして笙を教えにきていた。雅楽合奏の要となる管楽器、笙・篳篥・笛はそれぞれ異なる技術に拠っており、異なる師匠が指導する必要がある。ひとりで全部、は無理なのである。したがって芝はポケットマネーで笙と篳篥の指導者を頼み、笙は宮田、篳篥は田渕が教えた。三管がそれぞれ別の部屋で練習した後、ひとつの部屋で合奏の練習をするのが常であった。

学生の中にはいろいろな個性の持ち主がいた。ほとんどの学生は、西洋音楽の素養があり、雅楽に触れるのは初めてであったが、その反応の仕方にはさまざまな個性が出た。雅楽クラスをとりたいと思う時点で、学生は民族音楽、日本音楽にある程度興味があり、西洋音楽にはない、微妙な音程、リズムのゆらぎ、あうんの呼吸の見計らいなどを想定して来るのが普通なのだが、中には、あまりよく考えずにやってくる学生もいた。

ある時、〈陵王〉を演奏することになり、太鼓の担当になった作曲科の学生が、前奏曲の〈小乱声《こらんじよう》〉の太鼓を打つことになった。〈小乱声〉は、いくつかの龍笛《りゆうてき》フレーズから成るフリーリズムの曲で、おおよそ各フレーズの末尾付近に当たるように、見計らって太鼓を打っていく。笛のフレーズを覚えないとうまく打てないのだが、その学生は龍笛の旋律をほとんど把握できず、どうしても打つべきところにうまく太鼓が打てなかった。見かねた芝は、「困ったね……、まあ、六秒に一回くらいなんだけど……」と何気なく言った。と、その学生は、次の練習で時計の秒針を見ながら打ったのである。結果はというと、けっこううまくいった。なかなかのタイミングで打てたのである。「ええっ、まさかホントに時計見たの？　君！」芝もさすがに驚いていた。しかし、芝の「だいたい六秒」という時間感覚が非常に正確だったことが実証されたのである。一方、演奏はそれなりにできたものの、学生が龍笛の旋律を把握していないという問題は依然として解決していなかった。残念ながら、その後の記憶が定かではない。彼がこのままこの方式で太鼓を打ち続けたのか、それとも龍笛の旋律に馴染んだのか……。

この逸話は、面白おかしいヨタ話のひとつにすぎないのかもしれないが、実は、雅楽と「外の世界」との関係を端的に示す好例と言えよう。雅楽の世界に入るには、それまで習って来た、西洋的でディジットなリズム感や、きっちり平均律的な音程を一旦無化して、ズリ上がる篳篥の旋律や伸縮自在なリズムに慣れることが必要である。そして、雅楽器を用いた作曲をする場合もそれが必要である。

図4-3　伶楽舎の中心メンバー（左から笹本武志、中村仁美、宮田まゆみ）（2007年3月）

しかしそれは、雅楽の伝統的語法に服従することを意味するのではない。特性を十分に理解すれば、それを活用し、いままでにない新しい魅力を引き出すことができるのである。武満の〈秋庭歌《しゅうていが》〉が優れている点は、雅楽器の特徴をよく理解し、成熟した語法をうまく用いながら、全体としてまったく異なる表現に到達している点である。

さて、雅楽合奏授業は、興味も関心も個性もいろいろな学生の寄り合い所帯であったが、無謀と思われる難しい楽曲にも挑戦し、舞台を踏んでいった。

もとより個人レッスンではなく合奏授業であるので、細かい指導や注意を行き渡らせるのは事実上難しく、芝は、基本的な重要ポイントだけを指示し、とにかく、やらせてみる、という方針だったように記憶している。それでも回を重ねるごとにすこしは進歩し、九月の藝祭や、一二月の楽理科の学内演奏会では、いろいろな曲を上演した。多少無理でも目標の舞台を設定していくやり方は、当然、センスもやる気もない学生は練習の段階で落ちていくが、センスとやる気のある学生はめざましく伸びた。たとえば、篳篥奏者の中村仁美や笛・尺八奏者の笹本武志などはその中から抜け出し、プロの雅楽演奏者になってしまった例である（図4－3）。芝はさらに、有望な学生については、学内だけではなく、学外のさまざまな演奏会や録音などに参加させ、現場の舞台を踏ませた。

ところで、公開演奏をする時の大きな悩みのひとつは衣装であった。はじめのうちは黒っぽいシャツやズボンなどで演奏していたが、芝の紹介で、宮内庁と同じ海松色《みるいろ》の装束をその都度、都内のさまざまな民間雅楽団体から借用し、着用するようになった。しかし、これも借り物であるので、ある時、山吹色の化学繊維で貫頭衣《かんとうい》のようなオリジナル衣装を作り、以後、これを着用することになった（図4－4）。これも芝のポケットマネーで作った。

図4-4　東京藝術大学「藝祭」の雅楽（新しい衣装で）（1985年9月）

いちばん困るのは舞楽装束で、おおむね、装束店や雅楽団体から借用したが、あるとき、やはり、化学繊維の布を買い込んで、自分たちで縫うことになった。〈五常楽〉の蛮絵装束《ばんえしょうぞく》だった。筆者も舞人の一人として、自分の分を自分で縫った。平舞の装束は、下襲《したがさね》という長い裾がある着物を着ける。身ごろから裾まで四メートルくらい直線縫いがあり、滑りやすい化学繊維で、何度もやり直した覚えがある。

なお、芝は、父・芝祐泰《すけひろ》も教えた国立音楽大学でも一九八六年より客員教授として雅楽の授業を担当し（二〇〇一年退職、以後、招聘教授）、そちらでも、中村かほる、中村華子、東野《とうの》珠実《たまみ》のような優秀な学生を見いだし、後の伶楽舎のメンバーとしている。

このように、芝は、大学内での個別の楽器や合奏の指導、教材の制作だけでなく、学生に外部の演奏会へ参加の機会を与えたり、装束の手配全般を行うなど、教育と同時に雅楽演奏に必要な総合的マネジメントもすべて自分でこなし、新しい雅楽演奏者が活躍できる土台をすこしずつ築いていったのである。

◉宮内庁退職と伶楽舎の創設

芝が藝大で教え始めて丸五年が過ぎたころ、筆者がいつものように土曜の午後、藝大雅楽部部屋に行くと、後に伶楽舎に入る宮丸直子と芝が何やらおしゃべりしていた。宮丸の「ええっ？辞めちゃったんですか？」という声が聞こえた。

そう。一九八四年四月三〇日、芝は宮内庁楽部を依願退職したのである。その当時の私は、「そうか、これからフリーの音楽家としてやっていかれるのだな……」と思っただけで、そのことの意味や背景についてはまったく考える知識も能力もなかった。

一九八四年は、三月の末に昭和天皇の結婚六〇周年を祝う催しがあり、芝祐靖作曲のオーケストラ曲〈慶翔楽《けいしょうらく》〉が宮内庁楽部の隣の桃華《とうか》楽堂《がくどう》で演奏された。想像するに、この大役を無事務めた終えた後の、満を持した退職だったように思われる。

一九八三年から八四年にかけて、芝は、皇室のためのオーケストラ曲を立て続けに四曲作曲し（第二章参照）、遡って一九七〇年代末からは、『博雅笛譜《はくがのふえふ》』、『敦煌琵琶譜《とんこうびわふ》』や伎楽《ぎがく》の復元を行っていた。また、楽部でも笛の音頭（主奏者）として重要な地位にあり、ある意味で、もっとも多忙、かつ脂の乗った時期であった。

今こそ「役所の役人」ではなく、一人の芸術家として雅楽の普及と発展に尽くしたい、それが退職の理由であった。かつて、父・祐泰は、ダメガキだった祐靖少年を、先輩について稽古していれば、なんとか楽師になって食べられるだろうという配慮のもとに宮内庁の予科に入れた（かもしれない）が、いまや、そのダメガキは宮内庁という器に入りきらない大きな才能を開花させ、宮内庁を飛び出してしまったのである。

宮内庁を出た芝は、翌一九八五年七月、笙の宮田まゆみ、篳篥の八百谷啓《やおたにさとる》らとともに伶楽舎を興す。ただし、興したといっても、直ちに団体として雅楽演奏で活動したわけではない。はじめは定期的に集まり、練習して研鑽をつみつつ、メンバーを増やし、それぞれいろいろな演奏会に出演していく、という活動形態であった。伶楽舎の初期の演奏例としては、国立劇場の第八回雅楽鑑賞教室（一九八六年四月二六日）、同第九回雅楽鑑賞教室（一九八七年七月一〇日）、同第九回音楽公演（一九八八年一一月一〇〜一一日）などがある。これらの公演で伶楽舎は、古典雅楽と復元雅楽を演奏している（国立劇場　デジタルライブラリー「公演記録」参照）。

　伶楽舎の特徴は、そのメンバーが、音楽監督の芝をのぞいて全員、民間出身の若手演奏家である点だ。この点、宮内庁楽師を中心とした東京楽所《がくそ》[6]や、十二音会（本書「はじめに」参照）とは異なる。二〇一七年八月現在で、約三〇名の演奏家が所属しており（詳しくは伶楽舎ホームページを参照のこと）、その約半数は芸術系の大学出身者だが、日頃から儀礼で雅楽に親しむ機会が多い宗教関係者も少なくない。

　龍笛では、芝のほか、笹本武志、八木千暁、篳篥は、八百谷啓、田渕勝彦、中村仁美、笙は宮田まゆみ、石川高らがしばしば音頭（主席奏者）をつとめている。また、中村かほると野田美香らが、琵琶と箏でそれぞれ管楽器を支えている（図4－5）。

図4-5　伶楽舎練習風景（2013年）（中村仁美提供）

◉伶楽舎の発展

　伶楽舎の活動が確固とした軌道に乗るのは、定期コンサートを催すようになる一九九四年頃と推測されるが、この頃、伶楽舎の活動の大きな転機となるできごとがあった。それは、前述の武満徹〈秋庭歌〉の演奏である。

伶楽舎は、一九九四年、八ヶ岳高原音楽祭'94で、武満徹〈秋庭歌〉を演奏した。その時、会場にいた武満に、篳篥奏者の一人だった中村仁美は「君は男性かと思ったよ、素晴らしい音だね」と褒められたという（図4-6）。伶楽舎は翌一九九五年の明治神宮宝物館前広場でも〈秋庭歌〉を演奏した（CD『秋庭歌一具』ライナー・ノート）。

図4-6　伶楽舎創設の頃。中央前列に芝祐靖、宮田まゆみ、その後ろに武満徹（芝祐靖提供）

残念ながら、翌年、一九九六年二月に武満は亡くなり、同行は叶わなかったが、伶楽舎はその年、タングルウッド音楽祭でも〈秋庭歌〉を披露した。一九九八年にも、NHKの番組「芸術劇場」で〈秋庭歌〉を演奏、また、二〇〇二年にリリースしたCD『秋庭歌一具』の録音は芸術祭録音部門の優秀賞を受賞した。この〈秋庭歌〉への挑戦は伶楽舎にとって、現代雅楽への関わりを深め、広くその活動を世に知らしめた点においても、大きな転換点だったといえるだろう。次に述べるように、一九九四年から始まった伶楽舎主催の定例公演でも、現代雅楽作品が積極的に取り上げられていくことになる。

伶楽舎は、一九九四年から、年に二、三回、定例公演を開催し始めた。公演には二種類あり、一方は「雅楽演奏会」と題され、紀尾井ホールなど比較的大きな会場で行われるもの（年一回）、他方は「ミニコンサート」もしくは「雅楽コンサート」と題され、プログラムも自主企画による、四谷区民ホール（初期は千日谷《せんにちだに》会堂）など小規模な会場で行われるものである（年一、二回）。

ここでそのプログラムをすこし詳しく見てみよう（詳細は巻末「伶楽舎のおもなコンサート」参照）。まず前者では、二〇一七年現在で一三回の「雅楽演奏会」と番外の二つの演奏会を開いた。このうち次に一例を示すように、九回は古典雅楽と新作、二回は古典雅楽と復元曲を組み合わせている。

第五回雅楽演奏会「伶倫楽遊」（二〇〇三年一月二五日、紀尾井ホール）
　古典　〈蘇合香《そこう》〉序一帖、急
　新作　細川俊夫〈夜明けの庭〉

第一二回雅楽演奏会「伶倫楽遊」（二〇一五年一二月一二日、紀尾井ホール）
　復曲　芝祐靖復曲〈団乱旋《とらでん》〉
　古典　舞楽〈五常楽一具〉

新作の作曲者は、芝祐靖はもとより、武満徹、一柳慧、近藤譲、菅野由弘、三宅榛名、猿谷紀郎、細川俊夫、西村朗、吉松隆、池辺晋一郎、湯浅譲二、石井眞木、伊左治直《いさじすなお》など、多彩な顔ぶれである。

一方、新作だけの演奏会もあり、過去四回の企画では、次のようにいずれも芝作品とその他の作曲家の作品が取り上げられた。

第四回雅楽演奏会（一九九九年一二月一〇日、津田ホール）
芝祐靖〈呼韓邪單于《こかんやぜんう》〉、三宅榛名〈とき見るごとに〜三管の悲篥《ひちりき》のために〉、猿谷紀郎〈凛刻《りんこく》〉

秋庭歌一具（二〇〇一年五月八日、サントリーホール）
芝祐靖〈呼韓邪單于〉、武満徹〈秋庭歌一具〉

第七回雅楽演奏会「伶倫楽遊」（二〇〇五年一〇月二日、サントリーホール）
芝祐靖〈瑞霞苑《ずいかえん》〉、武満徹〈秋庭歌一具〉

第一三回雅楽演奏会「秋庭歌一具／露台乱舞《ろだいらんぶ》」（二〇一六年一一月三〇日、東京オペラシティ）
芝祐靖〈露台乱舞〉、武満徹〈秋庭歌一具〉

後者の自主企画のミニコンサート（雅楽コンサート）のほうは、メンバーによる司会や楽曲解説もあり、手作り感あふれるコンサートである。プログラムはメンバーが相談して、思いつくままに自由に組み立てているようで、回によってかなり異なる傾向が見てとれるが、およそ、①古典のみのプログラム、②新作のみのプログラム、③楽器に焦点を当てたプログラム、④芝作品に焦点を当てたプログラムに分けられる。

①古典曲だけの回は次のように、調子やリズムに焦点を当てたものや、〈陵王乱序〉の全段、〈蘇合香〉一具など、普段上演することが少ない、組曲の全曲通しの上演などがあり、単に漫然と古典曲を並べているだけではないことがわかる。

No.4「陵王を聴く・観る」（一九九七年八月一〇日）
〈壱越調音《ね》取《とり》〉〈蘭陵王《らんりようおう》〉、〈双調音取〉〈陵王〉、舞楽〈蘭陵王〉一具（陵王乱序全段と囀）

No.6「渡し物　いろいろ」（一九九九年三月一四日）
〈越《え》天楽《てんらく》〉（平調《ひようぢよう》、黄鐘調、盤渉《ばんしき》調）、〈賀《か》殿《てん》急〉〈武《ぶ》徳楽《とくらく》〉（壱越調、双調）

No.11「延《のべ》・早《はや》・只《ただ》〜雅楽 管絃の拍子〜」（二〇〇三年六月一五日）
〈太食調音取〉〈朝小子《ちようこし》〉〈仙遊霞《せんゆうが》〉〈合歓《がつか》塩《えん》〉〈抜《ば》頭《とう》〉

No.18「大曲〈蘇合香〉を聴く」（二〇〇七年一二月二六日）

〈盤渉調調子〉〈蘇合香〉一具

②新作のみのプログラムは次のようなものだが、新作の中には、宮田まゆみ、石川高、東野珠実など、伶楽舎のメンバー自身によって作曲された作品も含まれる。

No.5「雅楽の管楽器による現代作品を集めて」(一九九八年一月一一日)

吉川和夫〈槐樹《えんじゅ》の道《みち》〉、中川俊郎〈フレクサ〉、芝祐靖〈和気《わき》〉、宮田まゆみ〈滄海《うみ》〉、石井眞木〈飛天生動《ひてんせいどう》〉

No.12「現代作品を集めてII」(二〇〇三年一二月一日)

石川高〈聖なる月〉、田中聡〈声たち〉、増本伎共子《きくこ》〈嬉遊楽《きゆうらく》〉、東野珠実〈星筐《ほしかご》〉、権《ごん》代《だい》敦彦〈彼岸《ひがん》の時間〉

③箏、笙、笛、篳篥、琵琶など楽器に焦点を当てた企画では、演奏される楽曲は、古典、復元作品、新作などさまざまである。

No.8「輪説~貴族の爪弾き」(二〇〇〇年一二月一四日)

〈越殿楽残楽三返〉〈陪臚《ばいろ》残楽三返〉〈陵王残楽二返〉、芝祐靖〈巾雫《きんか》輪説《りんぜつ》〉

No.14「笙 たちのぼる音」（二〇〇五年七月二日）
〈壱越調調子〉〈迦陵頻《かりょうびん》急〉、佐藤聡明〈時の静寂〉、東野珠実〈まばゆい陽射しを仰ぎ見て〉、〈平調音取〉〈雞徳《けいとく》〉〈陪臚〉〈平調調子〉

No.15「笛は横笛」（二〇〇六年四月二五日）
〈朝倉音取〉〈春鶯囀遊声《しゅんのうでんゆうせい》〉、芝祐靖〈和気〉、〈高麗《こま》乱声〉、〈蘭陵王一具〉

No.16「篳篥三昧」（二〇〇六年一二月二一日）
〈盤渉調調子〉〈越天楽〉〈意調子〉〈貴徳《きとく》破・急〉、芝祐靖復曲〈傾盃楽《けいばいらく》（敦煌琵琶譜）〉、中川俊郎〈天門楽《てんもんらく》〉

No.19「琵琶あれこれ」（二〇〇八年五月九日）
天平琵琶譜〈番假崇《ばんかそう》〉（芝祐靖復曲）、〈流泉《りゅうせん》〉、〈太食調音取〉〈合歓塩〉〈抜頭〉、東野珠実〈生成《せいせい》〉、敦煌琵琶譜〈傾盃楽〉〈長沙女引《ちょうさじょいん》〉、〈急曲子〉（芝祐靖復曲）

No.21「箏のこと」（二〇〇九年一二月二一日）
〈阿知女作法《あじめさほう》〉〈由加見調子《ゆがみちょうし》〉〈青海波《せいがいは》〉〈陪臚残楽三返〉〈巾雫輪説〉

④芝作品に焦点を当てた回には、次のものがある。

（番外）「雅楽歴五十年・伝承と創造の成果　芝祐靖作品演奏会」（二〇〇五年二月五日）

〈一行《いちぎょう》の賦《ふ》〉〈寓話第一番〉〈草庵《そうあん》の譜《かい》〉〈長沙女引〉〈露台乱舞〉

No.22「芝祐靖作品演奏会」（二〇一〇年五月六日）

〈一行の賦〉〈総角の歌〉〈舞風神《まいふうじん》〉〈招杜羅《しょうとら》紫苑《しおん》〉

No.24「芝祐靖作品演奏会その2」（二〇一二年一月二六日）

伎楽より〈行道乱声《ぎょうどうらんじょう》〉〈呉女《ごじょ》〉〈崑崙《こんろん》〉〈迦楼羅《かるら》〉、〈斑鳩《いかるが》の風〉〈二つの面〉〈呼韓邪單于〉

さらに変わったところでは、演奏家ならではの興味から発した企画として、昔の低いピッチに注目した企画「雅楽の音高（ピッチ）を探って～一八八五年の音叉を手がかりに」（雅楽コンサートNo.9、二〇〇一）や、江戸時代のテンポの測り方に注目した「幻の的々拍子《てきてきびょうし》を探せ」（雅楽コンサートNo.13、二〇〇四）などもある。

前者は、明治時代の音叉を手がかりに、今と異なる低い基準音での演奏を試みたものである。後者は、テンポに注目した実験的演奏会で、江戸時代の『楽家録《がっかろく》』に見られる、人の脈拍で計測し表記したテンポ「的的拍子」を解釈し、それで演奏する試みである（コラム⑨参照）。

ちなみに、現在の雅楽の標準音高は、古典曲の場合、明治以来A＝430ヘルツが使用されていて、洋楽（442～443ヘルツ）と比べてかなり低い。(7) ただでさえ低い雅楽の基準音だが、芝家には彦根の伊井家から譲られた「御嶽丸《みたけまる》」という古い龍笛があり、この笛の基準音は420ヘルツとさらに低いという。芝によれば、この笛は、爽快な吹き心地で、音色は「幅広く厚みがありそして優しい響き」だという。この笛に出会ったことにより、芝は430ヘルツへの標準音高の上昇が、「致命傷ともいえる音色変化をもたらし、笙、篳篥、龍笛、琵琶、箏すべての雅楽器の響きは、堅く、冷たく軽薄となって」しまい、「現在の雅楽の響きは、古制の雅楽の響きではない」と疑問を持つようになった、と述べている（全文はコラム⑥参照）。雅楽コンサートNo.9は、こうした疑問から発し、実際にさまざまな標準音高で楽曲を演奏して音質を確認する実験的な企画であることがわかる。

自主企画のミニコンサート（雅楽コンサート）の内容は、いずれも、演奏者自身が面白そうだと思って企画したもの、あるいは、ふとした疑問から発展した企画であり、ものによっては、相当の実技経験を積んだ者のみにわかる、かなりマニアックな内容となっている。しかし、外部からの依頼や希望ではなく、演奏家としての自らの耳を信じ、その興味の赴くところを探究した試みは、通り一遍の雅楽のイメージや演出を打ち破り、新しい雅楽の響きの可能性を拓く野心的な挑戦であるといえるだろう。

ミニコンサート（雅楽コンサート）は、二〇一七年七月の時点で三二回、番号がついていない「雅楽歴五十年・伝承と創造の成果　芝祐靖作品演奏会」（二〇〇五）を入れると通算で三三回に及ぶ。

このように、伶楽舎は、大小さまざまな依頼コンサート、自主コンサートを、年間を通じてこなしているが、その中には、ヨーロッパ、アメリカの各地、モロッコなどの海外公演も数多く含まれている（詳しくは、伶楽舎ホームページ参照）。

◉ニューヨーク公演（二〇一〇年）

二〇一〇年二月、伶楽舎はニューヨークにいた。ミュージック・フロム・ジャパンの企画「Sukeyasu Shiba's Gagaku Universe」に出演するためである。ミュージック・フロム・ジャパン（Music From Japan。以下、MFJと略）は、三浦尚之と小野真理が運営するニューヨークの非営利団体である。MFJの名は団体名であると同時に、この団体が主催する音楽祭の名称でもある。MFJは日本の優れた伝統音楽、現代音楽、そして日本人の演奏家をアメリカで紹介すべく、一九七五年から音楽祭を開催してきた。

伶楽舎、もしくは伶楽舎のメンバー数名は、過去にもMFJに参加して雅楽を演奏したことがあり（一九九六、二〇〇二、二〇〇四、二〇〇八）、また笙の宮田まゆみなどは、一九八七年以降、演奏家個人としてもこの音楽祭の常連である（福中 二〇一一、巻末「ミュージック・フロム・ジャパン音楽祭 年譜」）。

二〇一〇年はMFJ創立三五周年に当たり、この記念すべき年にひときわ力のこもった企画として「芝祐靖特集」を組んだ。二月二〇日、二一日にニューヨークのマーキン・コンサート・ホールで、二四日にはワシントンDCのスミソニアン博物館フリア・ギャラリーでコンサートが行われた。プレ・コンサートのイヴェントで、芝による雅楽の歴史に関するレクチャーもあった。コンサートのプログラムは以下の通りである。

〈寓話第一番〉
尺八、ハープ
〈一行の賦〉
龍笛ソロ
〈舞風神〉（MFJ三五周年記念）
管絃（笙、篳篥、笛各二、琵琶、箏、太鼓、鉦鼓《しょうこ》、鞨鼓《かっこ》、各一）
〈長沙女引〉（『敦煌琵琶譜』より）
箏、排簫《はいしょう》、大篳篥《おおひちりき》、阮咸《げんかん》
〈招杜羅紫苑〉（付、巫女舞とモダンダンス）
笙、笛各二、篳篥三人、琵琶、箏、太鼓、鞨鼓、各一

このうち〈寓話第一番〉〈一行の賦〉〈長沙女引〉の三曲は、二〇〇五年の「雅楽歴五十年・伝承と創造の成果　芝祐靖作品演奏会」でも演奏されている。これらの曲と〈招杜羅紫苑〉はしばしば演奏会に登場していて、芝の自信作と思われる。

右の選曲は、まず楽器編成の点で独奏、二重奏、四重奏、多人数と多様であることがわかるが、音楽様式的にも現代西洋音楽風、現在の雅楽風、近世邦楽（箏や三味線にしばしば現れる音階やフレーズ）風、中国西域の音階風など多様な様式が組み合わされている。これらの異なるいくつかの様式は、楽曲ごとに分かれているのではなく、一曲の中にも混在している。詳しくみてみよう。

〈寓話第一番〉（一九六六）は、芝が作曲を始めた初期の作品で、尺八とハープのために書かれている。ハープは基本的に西洋音楽の語彙《ごい》で作曲されているが、時に無調風、時に調性的な和音が出現し、尺八と絡んで行く。尺八も、時折伝統的な民謡音階の風情を醸し出しながら、全体として、静かな曲調から次第に盛り上がる。ハープは箏と発音原理が似ているせいか、筆者はいくつかのフレーズを聴きながら、箏の演奏が思い浮かんだが、このニューヨーク公演の批評を書いているアラン・コッツィンも、同様に「日本の箏を思わせる」部分を指摘している（A. Kozzin “Interplay of Antiquity With Some Modernity”. *The New York Times*, February 21, 2010）。

〈一行の賦〉（一九七九）は、「祁響《ききょう》」と題された龍笛独奏作品シリーズ中の一曲である（図4-7）。都節音階風の旋律と民謡音階風の旋律がさまざまに登場するが、細かく動く旋律が次第にテンポアップし、最後に空に舞い上がっていくかのような高音で曲を閉じる。指孔の大きな龍笛では、このような細かいパッセージの演奏には超絶技巧が必要であり、批評家なども芝の卓越した技巧をしばしば讃える。しかし、筆者は個人的には、冒頭の、一オクターヴを一気

図 4-7 〈一行の賦〉の演奏（photo: Ken Howard）

に駆け上がって始まる伸びやかなフレーズが好きで、この部分にすでに演奏家の力量が表れるのではないかと思う（CD『雅道：芝祐靖　笛の世界』に所収）。

〈舞風神〉（二〇〇八）は、MFJ三五周年のために作曲された新作で、雅楽器の大編成の作品である。「Mai Fu Jin」の頭文字をとるとMFJとなる（ちなみに、芝はこのようなゴロ合わせが意外に好きである）。曲調は平調にもとづき、序、破、急の三楽章構成である。序はフリー・リズム、急は、〈陵王乱序〉に似たリズムを用いる。前掲、コツィンの評には、リズム的要素がもっとも強い印象を与えた、と書かれている。

〈長沙女引〉（一九八三）は『敦煌琵琶譜』にもとづく復元楽曲だが、芝は『敦煌琵琶譜』から得られた基本旋律を、箏、排簫、篳篥、阮咸という編成に編曲している（図4－8）。まず、箏と排簫の掛け合いがあり、阮咸ソロ、篳篥ソロと続き、最後に四つの楽器の合奏となる。それぞれの楽器の音色をよく聴かせる演出となっている。芝によれば、遠い昔の中国で、宮廷に召された若い女性が故郷の長沙を思って歌った歌を想像しながら復元した、とのことで、特に

図 4-8 〈長沙女引〉の演奏（photo: Ken Howard）

排簫が「叙情的な雰囲気を醸」すと解説している（CD『芝祐靖の音楽　復元正倉院楽器のための敦煌琵琶譜による音楽』ライナー・ノート）。コツィンはこれを「穏やかで瞑想的な作品（gentle and meditative piece）」と形容している。この曲は全体にドリア旋法またはエオリア旋法的な音階[8]で書かれていて、コツィンは、イングランド民謡の「グリーン・スリーヴス」や「スカボロー・フェア」などに通じる、民俗的な雰囲気を感じ取っている（同前）。

最後の〈招杜羅紫苑〉（一九八〇）は、奈良の仏像から想を得た作品で、七楽章からなる起伏に富んだ構成である。しかし、このニューヨーク公演では、このうち、第一曲「序奏と曼荼羅《まんだら》」、第三曲「招杜羅紫苑」、第六曲「吉祥宝珠《きっしょうほうじゅ》」、第七曲「怒り持国天《じこくてん》と終曲」を抜粋し、「招杜羅紫苑」と「怒り持国天と終曲」にモダン・ダンスの踊り手（男性、西洋人）、「吉祥宝珠」に巫女舞の踊り手（女性、日本人）を迎え、即興的に踊りをつける演出が試みられた。そのため、聴衆の注意が音楽から視覚的側面に多少逸らされてしまったと推測されるが、演奏会全体の反響はきわめて良好で、最後はスタンディング・オヴェーションだった。海外で初の全編自作品のみの演奏会で、芝自身、観客の反応を相当心配したようだが、予想以上の熱狂的な反響に、思わず落涙したという。

かくして、創立三〇年を迎えた伶楽舎は、いまや、古典、現代曲ともに、もっとも質の高い演奏を保証する楽団として、国内のみならず、海外でも活躍するに至ったのである。自主企画のコンサートでは、自ら作曲家に委嘱した新作を積極的に演奏しており、古典雅楽だけでなく、多様な新作雅楽を世に出すことも自分たちの重要な使命のひとつであるとよく認識している。芝は、つねづね、雅楽器のための新作を演奏する際に、結局のところ、その作品の成功は演奏家の解釈と技量にかかっている、と漏らしている。新しい作品が世に響くためには、優れた演奏家が必要なのである。そして、伶楽舎のメンバーは、単に優れた演奏技術を獲得しているだけでなく、芝のこの認識も確実に共有し、その認識を行動に移して新作に果敢に取り組んでいるのである。

ここまでは、雅楽の展開の歴史と芝祐靖の活動を、ほぼ時系列でたどって来た。その過程で、いくつかの芝作品を簡単に紹介してきた。芝家をはじめとする世襲的楽人が代々守り伝えて来た雅楽は、戦後、儀式で演奏されるだけでなく、一般に広く開放されるかたちで、芸術音楽として新たな展開の時を迎えた。その展開は、日本の社会状況、音楽環境の変化と密接に連動しながら、あたかも、さまざまな大波小波がぶつかり合いながら、全体として大きなうねりが流れていく大海のようにダイナミックである。八百年続く楽家に生まれた芝は、宮内庁で正統的古典雅楽を修得したのち、テレビ局、レコード会社、劇場、民間雅楽団体、芸術大学など、さまざまな外部の組織と関わることにより、演奏だけでなく、作曲、廃絶曲復元、後進育成と新たな雅楽団体の立ち上げなど、多彩な活動を行ってきた。最後に、芝の活動を支える理念や思考を、エッセイ、プログラム・ノート、ＣＤのライナー・ノート、インタヴューなどの資料をもとに探ってみよう。

注

1　一九三六年設立（東京藝術大学邦楽科ホームページより。詳しくは吉川英史『三味線の美学と芸大邦楽科誕生秘話』などを参照のこと）

2　東儀和太郎（一九一〇～一九九三）。宮内庁楽部に一九三三～一九七六年勤務。旧天王寺系楽人。東京藝大には一九六二～一九七八年非常勤講師として勤務。一九七九年、アメリカのウェスリアン大学でも雅楽を教える。『日本の古典芸能　二　雅楽』（一九七〇、平凡社）の「右舞」の項を執筆。

3　東儀信太郎（一九二一～一九九二）。一九三九～一九八二年、宮内庁楽師。実技だけでなく研究にも長けており、『日本の古典芸能　二　雅楽』（一九七〇、平凡社）の「左舞」の項の執筆や、

『雅楽事典』（代表執筆）（一九八九、音楽之友社）などの業績がある。

4 上明彦（一九四一〜）。南都系楽人・上近正の養子となり、上家の楽道の伝統を継ぐ。一九六四年より宮内庁楽師。二〇〇六〜〇七年、主席楽長。十二音会の中心メンバーの一人。

5 宮田まゆみ（一九五四〜）。国立音楽大学ピアノ科卒。宮内庁楽部の多忠麿（一九三三〜一九九四）に笙を師事。一九七九年より国立劇場の雅楽公演に出演。一九八三年よりリサイタルを催し注目される。一九八五年の伶楽舎創設の中心メンバー。合奏およびソリストとしても幅広く活動。中島健蔵賞、佐治敬三賞、芸術選奨文部科学大臣賞など受賞多数。国立音楽大学客員教授。

6 雅楽紫絃会（第二章参照）が一九七八年に改組した民間雅楽団体。古典雅楽のすぐれたＣＤを多数出している。

7 ただし、現代雅楽曲は西洋楽器と合奏するために数種類の基準音を用いる。

8 ドリアは（Ａを主音とした場合）Ａ－Ｂ－Ｃ－Ｄ－Ｅ－Ｆ♯－Ｇ、エオリアはＡ－Ｂ－Ｃ－Ｄ－Ｅ－Ｆ－Ｇ。

第五章◉伶倫楽遊

芝祐靖の活動理念

芝祐靖の活動は、これまで紹介してきたように、演奏家のほかに、廃絶曲復元者、作曲家、指導者、雅楽研究者ときわめて多方面にわたっている。本章では、それらの活動を支える思考や理念を、作品そのもの、エッセイ、インタヴューなどの資料から探っていく。

具体的には、古典の雅楽やその演奏の質について、芝はどう思っているのか、また、廃絶曲の復元とは芝にとってどのような作業なのか、そして、新作雅楽の作曲はどのように行われ、何をそこで実現しようとしているのかを考察する。最後に、雅楽全体の行末についての芝の考えを、子どものための創作雅楽作品を交えながら探る。

すでに本書で触れたものにも再び言及されることになるが、その点はご容赦いただきたい。

◉古典雅楽について

まず、芝は、自身の出身である伝統的な古典雅楽について、長い歴史の中で充分に成熟し完成された表現に到達していると考える。もちろん現在の雅楽は、必ずしも唐《とう》時代の音楽そのものではなく、長い年月の間に、逸脱し、変形しているが、その年月の間に、独自の日本的表現を追究した結果が今日の形なのである。現在の雅楽は、龍笛《りゅうてき》、篳篥《ひちりき》の音階と笙《しょう》や琵琶、箏《そう》の音階がズレている。このため、西洋音楽を聴きなれた耳には、不完全で稚拙な音楽に聴こえることがある。しかし、時に不協和な音程を響かせ、ある時点ではすべてが収斂《しゅうれん》し完全に一致するような各楽器の旋律間の関係は、音楽全体として、音の垂直的な重なりにおいても、音楽の水平的な流れの方向においても、絶妙な緊張と開放のリズムを創り出す。これこそが雅楽の神髄であり、醍醐味のひとつと言えよう。これは多人数の唐楽《とうがく》、高麗楽の合奏でも存分に味わうことができるが、小編成の〈音取《ねとり》〉や〈調子〉などにもよく現れている。

長い間、雅楽の演奏に携わってきましたが、たぐれば手繰るほど雅楽の高度の芸術性と、先達の優れた創造性には驚嘆させられます。

（「管絃のための即興組曲『招杜羅紫苑《しょうとらしおん》』について」国立劇場第八〇回雅楽公演パンフレット、八頁）

これは芝の考えの大前提だが、芝の古典雅楽への深い理解とオマージュは、むしろ、ことばではなくコンサートやCDにおける演奏そのものに聴き取るべきだろう。伶楽舎の研ぎすまされた古典合奏や、芝自身の龍笛ソロの深く豊かな音色や絶妙な旋律コントロールに、この音楽の成熟と完成の度合いがよく表れている。芝の神楽笛と東儀《とうぎ》兼彦《かねひこ》の篳篥による御神楽の中の二重奏〈縒合《よりあい》〉などは、静謐《せいひつ》さの中に無限の展開を感じさせる絶品である。

このような古典雅楽の神髄を会得し、みずから表現している芝であるが、その一方で、次のようにも述べる。

あまりにも長い伝承の結果、その作品の演奏は画一的になり、次第に詩情は失われ、今日では限られた雅楽演奏家と、専門的な知識を持った鑑賞者のみが楽しめる音楽となって、すっかり創造性を欠いているように思えます。

（同前パンフレット、八頁）

ここでは、演奏、あるいは作品のスタイルが画一化され、創造性に欠けるつまらないものになってしまったと述べている。表現自体は高度に洗練され、高い芸術性を有するものの、型にはまり、スノッブな音楽になってしまったことを嘆いているのである。また、子どものための雅楽ワークショップを行った経験から、次のようにも述べる（図5－1）。

［個々の］雅楽器に対しては鋭い反応をしながら、聞いた音楽〈越殿楽《えてんらく》〉にはほとんど反応を示さないのは、そこに何か彼らを満足させることの出来ない理由があるのでしょう。聞き馴れない音色、リズムが感じられないほどのスローテンポ、抑揚のない響き、など子供にとってはどれも苦手と思われます。

（「子供たちへの雅楽を考える」天理大学雅楽公演プログラム（二〇〇四）より。全文はコラム⑨参照）

図 5-1　子どもための雅楽コンサートのチラシ

楽器はそれぞれ個性的で興味を引くものでありながら、合奏全体として、テンポがあまりにもゆるやかで、変化に欠ける印象を与えることが、子どもに受け入れられない原因と考えている。しかしこれは、子どもだけでなく、おそらく、雅楽にあまり詳しくない大人にとっても同様であろう。

芝はまた、楽曲の様式や演奏スタイルだけでなく、演奏の質についても苦言を呈している。最近、国立劇場で行われた宮内庁楽部によるある雅楽演奏会について、「練習が足りない」と、かなり厳しい意見を述べている。また、現在の雅楽界は「平穏の水たまり」とも述べている（コラム⑤）。つまり、伝統をなぞるだけで安住してしまい、新陳代謝がない、というのが近年の雅楽界、特に古典をもっぱらとする雅楽関係者に対する評価なのである。

このような「平穏の水たまり」化は、雅楽に限らず、権威と結びついた儀礼や「伝統」には、ある程度避けられないことと言えよう。儀式に付随した、決まったルーティーンをこなすことがまず第一に重要で、むしろ、新奇なことは嫌われる。そこには、不特定多数の聴衆も、その聴衆による評価も存在しない。そのような儀式の手順や雅楽の慣習は、もちろんそれ自体が文化的に貴重であり、これからも継承すべき大切な伝承である。しかし一方で、雅楽が芸術として現代社会に開かれた音楽としての道を歩み始めた時から、雅楽人はその魅力をわかりやすく聴衆に伝え、「芸術家」として技を磨くことが一層求められるようになったのである。

芝はまた、雅楽は西洋音楽の分野などと比べると演奏家の競争がない、とも指摘している。たとえば、ピアノ人口、プロの西洋オーケストラの数に比べれば、雅楽人口、プロの雅楽団体の数は比べるべくもない。邦楽の箏曲、尺八、能の愛好家数と比べても格段に少ない。競争がなければ停滞するのは、当然のことである。

しかし、一方で、一九九〇年代以降はCD、DVDなど雅楽の資料が格段に入手しやすくなり、また、全国で実際に実技を習える雅楽教室が盛況になっている。雅楽教室は、寺や神社に本拠を置く「伝統的な」団体が多いが、新聞社や自治体主催のカルチャーセンターで新規に、気軽に雅楽に触れる機会も増えた。いわば、雅楽に関してある程度の知識を持つ新しい雅楽享受層が増えつつあるのである。芝の批判が、宮内庁楽部をはじめ、もっぱら伝統的な脈絡で雅楽を演奏してきた団体や昔からの雅楽愛好家に対するものであるとすれば、CDやDVDで耳が肥え、雅楽に参入してきた新しい雅楽愛好家層の出現が、芝の言う「停滞」を打破する可能性もある。彼らは最初から、芝祐靖の笛や伶楽舎の合奏など、高い質の演奏を知っており、それを理想にかかげて意欲的に雅楽に参入してくるのである。

ただし、雅楽の修得や理解はそれほど簡単ではない。他の芸術においてもそうであるように、まったくの初心者がそれなりの技術を獲得するには継続的な修練が必要であり、物珍しさから雅楽を聴くようになった者の審美眼が磨かれ、上質な聴衆へと育つのにも、一定程度の聴取経験と時間が必要だろう。そうではあっても、新しい参入者に対して筆者は期待を抱いている。伶楽舎のコンサートでは、いわゆる伝統的な儀式で雅楽を演奏して日頃から雅楽に親しんでいる層に加え、民族音楽や作曲などに携わる若い世代の観客をよく見かける。彼らは、古典雅楽や伝統的演奏様式を、所与の、ありがたい絶対のものとするのではなく、多様な様式の中の一様式と認識している。そしてそのことが、古典雅楽の新たな魅力を見出したり、新しい演奏様式の出現や、演奏家の切磋琢磨を促す批評空間を生み出すことにつながる可能性は、充分あるように思われるのである。

◉「復元」の理念

このように、古典雅楽に至高の芸術性と価値を認めながら、一方で現在の「沈滞」を案じる芝は、一九七〇年代末から国立劇場などからの多数の依頼を受け、雅楽に「復元曲」という新しいレパートリーを加えることになった。この復元とは、芝にとって、いったいどのような作業なのだろうか。

まず、一九八七年に出されたＣＤ『敦煌《とんこう》から正倉院への道　復元楽器・シルクロードの音楽』（〈急胡相問《きゅうこそうもん》〉〈番假《ばんか》崇《そう》〉〈行道乱声《ぎょうどうらんじょう》〉〈獅子《しし》〉〈曹娘褌《そうろうこ》脱《だつ》〉の諸曲所収）の解説では、次のように述べている。

二千年以上も前の楽曲で、古くに廃絶曲となってしまったものを、当時のままに再現することは不可能と知りつつも、そこに今日の雅楽のルーツを見出せるような期待を抱いて訳譜復曲の作業をいたしました。（中略）前提として、古楽譜の学術的研究ではなく、古楽譜に現れた旋律と拍節を、各楽器の機能と持ち味に合せることを重視し、合奏音楽として成立させることを目的としました。

芝は、廃絶した音楽を完全に復元できる、とは思っていない。古譜から得られる情報は、音楽全体からすれば、ごく限られた要素だけである。したがって、そこに、より細かなリズムや旋律の解釈を加え、楽器の特性を加味し、合奏音楽として、「聴いて面白い」ものに創り上げなければならない、と考えているのである。また、

手探りで不安の多い作業ですが、その中から古さだけでなく、思いもかけない新鮮な旋律の出現に驚かされることもあります。（中略）また復元された数々の楽器は、想像をはるかに超えた清韻を響かせています。それに相応しい楽曲の存在が必要であり、その手段の一つとして、古楽譜復曲もさらに練り上げられるべき仕事となるでしょう。

という発言からは、試行錯誤を繰り返しながら、創造的解釈を積み重ねて、音楽が練り上げられていく過程が垣間見える。

この過程をさらに詳しく説明しているのが、CD『芝祐靖の音楽　復元正倉院楽器のための敦煌琵琶譜《とんこうびわふ》による音楽』に付された解説である（図5-2）。このCDには、「敦煌琵琶譜」から復元された〈急胡相問〉〈傾盃楽《けいばいらく》（合奏）〉〈風香調調子《ふうこうちょうちょうし》〉〈西江月《さいこうげつ》〉〈慢曲子《まんきょくし》〉〈心事子《しんじし》〉〈伊州《いしゅう》〉〈急曲子《きゅうきょくし》〉〈長沙女引《ちょうさじょいん》〉〈水鼓子《すいこし》〉〈傾盃楽（琵琶独奏）〉の諸曲が収められている。芝は「旋律化について」という文章の中で、こう述べる。

> こうして敦煌琵琶譜の音高は定まったものの、これを琵琶で奏してみても、まったく旋律の流れが感じられません。これは琵琶が歌や他の管楽器との合奏時において、小節の一拍目を装飾するような奏法で用いられていたためです。曲全体の復元は、この琵琶譜に記されている音と音の間に存在する「古代の旋律」を探し当ててこそ、本来の楽曲の再現といえますが、千余年を経た現在、当時のメロディーを見出すことは、まず不可能でしょう。
>
> しかし、各楽器の持つ「音域」「奏法」「音色」などの特性と、唐代の「調と音律」を考え合わせた上で、琵琶譜を

図 5-2　CD『芝祐靖の音楽 敦煌琵琶譜による音楽』

繋げる旋律を付せば、かなりのところまで近付けるのではないかと思い、作業に取り掛かりました。

さまざまな音移行と跳躍音型、そしてフレージングなど、手探りで不安の多い作業ですが、その中から古さばかりでなく、思いもかけない新鮮なメロディーの出現に驚かされることもあります。

琵琶の訥々とした音型から旋律を探る作業、そしてその中から出現した旋律を合奏へと展開する作業、つまりオーケストレーションの過程でも、つねに創造／想像的な判断が求められます。この敦煌琵琶譜を音楽として甦らせるために、私自身の雅楽の経験を元に創意工夫を加え、作品として仕上げました。


古譜にある音と音の間を埋めるのはきわめて難しいこと、しかし、楽器の特性や音域、唐代の音律、調などを考慮して、旋律のリアリゼーションの可能性を探ることがある程度可能であること、そして、その過程で、思いがけない新鮮な旋律に出会うことがあること、などが、体験にもとづいて語られる。また、最終的には、合奏へと展開する作業で、それまでの自身の雅楽の経験を活かして、創意工夫を加えていることが明かされている。

つまり、芝にとっての復元作業は、第三章でも述べたが、現在のみずからの経験と想像力にもとづいた、過去の解釈作業に他ならないのである。

また、その解釈は、たったひとつではなく、いくつかの異なる可能性があることも自らの作品の中で実際に示している。たとえば、CD『天平琵琶譜《てんぴょうびわふ》〈番假崇〉』では、琵琶ソロ、現在の唐楽スタイルの合奏、復元された正倉院楽器のための合奏、の三種類の解釈を示している（CDジャケットは九三頁参照）。

このような過程を踏まえて、芝は、古譜の解釈作業を「復元」とは呼ばず、「訳譜」「復曲」と表記することが多い。場合によっては古譜にもとづく「構成」あるいは「作曲」とさえ書いている。その意味では、芝の一連の復元作業に対するコンセプトと実践は、楽曲によっては、ほとんど西洋音楽における、過去の作曲家の旋律を後世の作曲家や演奏家が編曲する「主題と変奏」に近いと言える。

◉創作曲について

芝の作曲の第一作目は、意外なことに、オーケストラ作品である。第二章ですでに述べたように、これは、皇太子（現・天皇）ご成婚を記念した宮内庁からの委嘱作品であった。芝はその後、放送局やレコード会社から、新しい日本音楽作品の委嘱を受け、さまざまな雅楽新作曲を書くことになるが（巻末一覧表参照）、新作雅楽に触れる前に、まず、洋楽器のための作品についてすこし触れたい。

記念すべき第一作目〈祝典序曲〉は、牧歌的なホルンの旋律で始まる穏やかな第一部、金管

図5-3　CD『芝祐靖の音楽　オーケストラ作品集　幻遥』

図5-4　CD『招杜羅紫苑』

楽器がファンファーレのように響く行進曲風の第二部、八度と五度の音程を巧みに展開する第三部で構成されている。実は芝はここに周到に雅楽の旋律を忍び込ませている。

すなわち、第一部には古典雅楽〈林歌《りんが》〉の旋律、第三部には双調の笛の〈音取〉や〈止手《とめで》〉に登場する短い旋律を使用し、さまざまにアレンジしている。あまりに完璧に西洋音楽の作品であったため、恥ずかしながら筆者は、作曲者の解説を読むまでそれに気付かなかった。[1] もちろん、雅楽の元旋律を知らなくとも、充分にこの楽曲を楽しむことはできる。しかし、知っていると、さらに深い知的な喜びが増幅されることは間違いない。違う眼鏡をかけてみると、目の前の風景も違って見えるのである。なお、二〇一六年五月に、芝のオーケストラ作品ばかりを集めたCDも発売された（『芝祐靖の音楽　オーケストラ作品集　幻遥《げんよう》』）（図5-3）。

とはいえ、芝の作曲作品で圧倒的に多いのはやはり雅楽作品である。新作雅楽は復元雅楽とは異なり、古譜の旋律にもとづく、という制約から開放され、まったく自由に自らの感性の赴くままに創作することができる。さまざまな芝作品CDのライナー・ノートやコンサート・プログラムを見ると、芝は作曲にあたって、しばしば具体的な視覚的イメージを思い浮かべて作曲するようである。前述の〈招杜羅紫苑〉の成立過程と各楽章に込められた具体的なイメージを探ってみよう（図5－4）。

二〇〇一年、国立劇場第五一回雅楽公演「千年の音を聴く」の第二部で〈招杜羅紫苑〉が演奏された。その時のプログラムには、まず、長い歴史の過程で、すっかり創造性を欠いた古典雅楽への反省から、作曲にあたり、「古典の伝承と雅楽創造の両輪がうまくかみ合うことを望んだ」旨が記されている。この作品はもともと十二音会からの委嘱作品である（一九八〇）。

十二音会とは、すでに述べた通り、一九七七年、当時の若手の宮内庁楽師が中心となり、その生徒として雅楽を学ぶ民間人を加えて発足した雅楽団体である。定期的に意欲的な演奏会を開いている。一九七七年秋、十二音会は新進気鋭の洋楽系作曲家に作曲を委嘱、つづいて、一九七九年春に芝に作曲依頼を行った。芝は、当時、国立劇場の〈盤渉参軍《ばんしきさんぐん》〉の復曲を終えたばかりで、とりあえず返答を保留した。しかし次の二つのできごとが時を同じくしてさらに訪れ、〈招杜羅紫苑〉作曲へと大きく動き出したのであった。

ひとつは、NHKのディレクター堀田謹吾からの伎楽《ぎがく》復元依頼と、他方は武満徹〈秋庭歌一《しゅうていがいち》具《ぐ》〉の演奏である。

伎楽復元は、東大寺大仏殿昭和大修理完成記念の行事で、(2)芝は古譜から一連の楽曲の訳譜を依頼され、奈良への取材旅行も行った。一方、〈秋庭歌一具〉は一九七九年九月二八日の国立劇場雅楽公演で演奏された。練習は一九七九年四月から始まったが、芝はすっかり〈秋庭歌一具〉のとりこになってしまったという。〈招杜羅紫苑〉はかくして、伎楽復元と〈秋庭歌一具〉の演奏という大きな仕事と並行しながら進められ、一九八〇年六月一〇日に完成した。この曲は後に伶楽舎の演奏でCD録音もされた（『管絃の為めの即興組曲　招杜羅紫苑』）。

〈秋庭歌一具〉が〈招杜羅紫苑〉の作曲の大いなる原動力となったことは第三章でも述べたが、実際の作曲に当たってはさらに、奈良のさまざまな寺院での体験や仏像の印象が、作品へ具体的なモティーフを与えたことが知られる。

すなわち、前掲CDの解説、国立劇場雅楽公演第五一回、および、同第八〇回パンフレットの解説によると、芝は「雅楽器と西洋楽器を並列に考えることができず、雅楽器なりの〈表現の追求〉として、楽器と同時代の物象や事象に題材をおくべき」、と考えた。「楽器と同時代」とは、つまり、雅楽が伝来した奈良時代の文物にモティーフを求める、という意味である。実際に、芝は東大寺、新薬師寺、室生寺、浄瑠璃寺などを訪れ、曼荼羅図、天の邪鬼、十二神将、壁画、伎楽面などを鑑賞し、「どれを見てもリズムが存在」する、と感想を述べている。

ここで〈招杜羅紫苑〉の構成を見てみよう。以下に、各章の表題、および作曲者が掲げるイメージを抜き書きする（音楽的特徴については、説明が加えられていない場合もある）。

第一曲〈序奏と曼荼羅《まんだら》〉

薄暗くひんやりした本堂、薫香《くんこう》、読経《どきょう》の重韻《じゅういん》、曼荼羅図の人物たち。

第二曲〈哀れ邪鬼〉

猛々しい四天王、踏みつけられる天《あま》の邪鬼《じゃく》の悲鳴、大篳篥《おおひちりき》。

第三曲〈招杜羅紫苑〉

薬師《やくし》如来《にょらい》の浄瑠璃国、薬師を助ける十二神将。十二神将たちの躍動感は三十二十三拍子、薬師如来は四拍子。

第四曲〈間奏と迦楼羅《かるら》の面〉

曼荼羅図と読経の響きの間奏、伎楽の迦楼羅面の登場、西域の羊飼いの竪笛《たてぶえ》。唐の岑《しん》参《じん》の「辺境の歌」。篳篥二管離れて配置し、山岳地帯の距離感。鉄絃箏《てつげんそう》はイランのサントゥール風に叩いたり押したり。「西アジア風」の音階。

第五曲〈遊ぶ飛天《ひてん》〉

本尊の廻りの飛天、龍笛二管が飛天の笑い声。妙音天《みょうおんてん》の歌声を笙二管のフラッター・タンギングで表現。

第六曲〈吉祥天《きっしょうてん》〉

穏やかな吉祥天の姿。人々の畏怖は二管の龍笛で表現。救済の心を催馬楽《さいばら》風の旋律で。

第七曲〈怒り持国天《じこくてん》と終曲〉

持国天の躍動感をフォルティッシモと三拍子で表現。終曲で静寂な曼荼羅図と読経が響く本堂に戻り、終わり。

多くの仏像が登場することがわかる。仏像には、強く猛々しいものと、静謐で穏やかなものがあり、中には、悪者として踏みつけられるかわいそうなキャラクターも登場する。実際の音楽を聴くと、強く猛々しい仏像たちには、太鼓など打楽器を活用した、強い躍動感のあるリズムがしばしば使われる。一方、おだやかな仏像たちには、管楽器の滑らかな旋律と絃楽器のゆったりとした分散和音などによる静かな音楽がつけられている。踏みつけられる天の邪鬼の「唸り声」には、悲鳴を表すように低音の大篳篥が活用されている。旋律は全体に、古典雅楽の語彙から発したフレーズがさまざまにアレンジされているように聴こえるが、都節《みやこぶし》風のフレーズ、西洋音楽風の和音もしばしば現れる。また、伎楽面の「迦楼羅」から連想された西域シルクロードのイメージは、増二度の音程を含む西アジア風の旋律で表現している。この旋律は、二管の大篳篥と、箏に鉄製の弦を張ってイランの民俗楽器サントゥール（中国の楊琴《ようきん》などと同類）に模した楽器で奏でられる。

こうした個々の音の特徴に加えて、全体に、静／動、荘厳《そうごん》／軽快、拍節／非拍節、緩／急など対立する音楽的特徴が入れ替わり現れ、変化にとんだ構成となっている。各楽章相互に具象的物語としてのつながりはなく、いわば、いくつかのエピソードが連続して並んでいるだけだが、ひとつの音楽作品として通して聴くと物語を感じさせる構成感がある。
興味深いことに、前述、ニューヨークのＭＦＪの伶楽舎演奏会で芝のソロ曲〈一行《いちぎょう》の賦《ふ》〉を聴いた批評家のコツィンも同様のことを述べている。

芝氏がプログラム・ノートで書いているように、「この作品は、視覚的な、物語的なテーマはまったく含んでいない」。むしろ、楽器に対する彼の気持ちが込められている。しかし、なお、いくつかのはっきりしたイメージが想起された。たとえば、きびきびしたアッポッジャトゥーラ［注・旋律を構成する音の前につく装飾音］の音型は鳥のさえずりのようであり、また、形式ばったところ（formality）と土俗的なところ（folkishness）の両方を持つ四つの部分からなる作品の構成は、物語的な流れの幻想を作り出している。
（Allan Kozinn・Interplay of Antiquity With Some Modernity New York Times, music review, February 21, 2010）（筆者訳）

もうひとつ、芝の新作雅楽曲〈呼《こ》韓邪《かんや》單于《ぜんう》〉を紹介しよう。（図５－５）。呼韓邪單于とは、匈《きょう》奴《ど》の王で、中国宮廷の美女・王昭君《おうしょうくん》を娶《めと》った人物である。副題に「王昭君悲話」とある通り、この曲は中国古代の有名な王昭君の逸話をもとに創られた。〈招杜羅紫苑〉と異なり、〈呼韓邪單于〉には明らかに具象的な物語が存在する。

実は、雅楽の古典曲には〈王昭君〉という楽曲がある（平調《ひょうぢょう》）。この曲に触れながら、芝は、〈呼韓邪單于〉創作の経緯を次のように明らかにしている。

古典雅楽曲の平調ブロックに「王昭君」という曲があります。四十小節の短いものですが、旋律とリズムにこれと言った特徴がなく、ほとんど演奏されることはありません。そしてこの楽曲から〈王昭君悲話〉のストーリーを感じることが出来ないので、以前より「新王昭君」（?）を作ってみたいと考えていました。

一九九九年の春、伶楽舎演奏委員から「古典雅楽様式の新曲」の依頼があり、王昭君物語をテーマとして組曲形式で作ってみようと、古代中国女性史などを参考に曲の構成をしました。

古典雅楽様式という枠がありますので、楽譜は縦書きの「仮名譜」とし、奏法、リズムも現行雅楽に準じたものとしました。ただ一つ、王昭君物語には、歌謡が欠かせないと考えて、演奏委員のお許しをいただき、山田流箏曲の下野戸亜弓さんに「歌い手」をお願いしました。

（CD『芝祐靖の音楽　呼韓邪單于』解説、二〇一一）

以前、筆者は古典雅楽の〈王昭君〉を分析したことがあるが（Terauchi 2011）、旋律を分解すると、六〇パーセントは、他の平調曲にも見られる旋律型で構成されている。つまり、半分以上は「どこかで聴いたことがある」特徴のない曲、と言える。あるいは、逆に言うならば、平調のきわめて平均的な楽曲ということになるだろう。ちなみに、〈越天楽〉は、他の平調曲と旋律型をあまり共有していない。つまり、平調の中では独自の特徴を持つ楽曲なのである。

図 5-5　CD『呼韓邪單于』

　王昭君の故事には、登場人物の行動や感情を豊かに想像させる内容が含まれているが、芝が言う通り、古典雅楽の〈王昭君〉には特徴的な旋律もなく、起伏もなく、ドラマを感じさせる要素は乏しい。かくして、芝は、古典曲とは全く別に、王昭君物語を新たに創作したのである。

　この作品は、古典的唐楽スタイルによっており、具体的な物語の経過を表すいくつかの部分から成る。さらに、通常の新作唐楽曲にはない「歌」が挿入されている。歌は、漢詩を参考に「それらしい」歌詞を芝自身が創作したという。伶楽舎の演奏と山田流箏曲家の下野戸亜弓の歌で、一九九九年一二月一〇日の伶楽舎第四回雅楽演奏会で初演された。〈呼韓邪單于〉の構成は次の通りである。各部分のタイトル、「　」の説明は作曲者自身による[3]（ただし筆者が要約している）。［　］内は筆者が実際に作品を聴いて加筆した箇所である。

前奏曲　壱越《いちこつ》調調子と〈仙境楽《せんきようらく》〉［古典雅楽合奏形式］
「調子は会場の雰囲気を整えるもの。〈呼韓邪單于〉は壱越調で作曲」
「〈仙境楽《せんきようらく》〉は終曲でも使うが、楽想が前奏にも相応しいため使用」
第一曲　王昭君閑唱《かんしよう》す〈歌〉［歌独唱、琵琶助奏］
「王昭君は漢の元帝の後宮に入るが、帝の目に留まらず、暇を持て余していた」
歌「修《しゆうもくせいせい》木萋々にして　鳥は苞桑《ほうそう》に集い　光りを生じ　羽ばたいて　雲上に昇り　曲房《きよくぼう》に遊ぶ」
第二曲　呼韓邪單于の入朝《にゆうちよう》［打楽器の乱序＋笙・篳篥合奏（退吹《おめりぶき》）、笙、後に笛が加わり全合奏］
「匈奴の首長・呼韓邪單于は、元帝に恭順し、参内した」
第三曲　王昭君と呼韓邪の邂逅《めぐりあい》［篳篥独奏＋羯鼓《かつこ》助奏＝呼韓邪、龍笛独奏＋箏助奏＝王昭君。はじめフリー・リズム、途中から羯鼓入り、拍節的リズム］
「元帝は、後宮の女性を褒美として呼韓邪單于に与えるため、女性たちの似顔絵を書かせ、一番の醜女《しこめ》を選んだ。しかし、実際は一番の美女・王昭君を与えることになった。王昭君と呼韓邪單于は恋に落ちる」
第四曲　元帝後悔す［篳篥＋太鼓助奏＝元帝と、笛＋箏＝王昭君の対話、太鼓次第に小さくなり消える］
「王昭君が宮廷一の美女と知った元帝は引き止めようとするが、叶わず」

第五曲　匈奴への旅［古典雅楽合奏形式、早只拍子《はやただ》。途中三ヶ所、笛と羯鼓、笙のみ］
「西域への旅と不安な心」
第六曲　異郷憂心《いきょうゆうしん》［古典雅楽合奏形式。篳篥など全体に弱々しく吹く］
「呼韓邪單于が数年後に死に、その長男と結婚して子供も設けるが、憂鬱が募る」
（第六曲）王昭君絶唱［歌独唱＋琵琶、箏助奏、歌の後、太鼓、笙退吹］
「憂愁の想いが深まり、王昭君はついに自害して果てる」
歌「父よ母よ　故郷《ふるさと》は遥けく遠い　嗚呼《ああ》　膝下《しっか》が恋し　われ一人　何ぞ　何ぞ　西匈《せいきょう》に留まるか　嗚呼　願わくば　黄鵠《おおとり》となりて　故郷に　故郷に帰らん」
第七曲　王昭君仙境の霊唱［前半、古典雅楽合奏形式。後半、歌＋笙、琵琶、箏助奏］
「王昭君は仙境《せんきょう》に安らぐ」
歌「光風長閑に　瑞雲《ずいうん》たなびき　仙境は　天籟《てんらい》に満てり」
終曲　〈仙境楽〉［笙調子、古典雅楽合奏形式］（冒頭と同じ）
「仙境で音声菩薩たちが王昭君の憂心を癒す〈仙境楽〉を奏でる」

この作品はタイトルに「古典雅楽様式による雅楽組曲」とある通り、三ヶ所で挿入される女声ソロを除き、全体の音楽スタイルは基本的に古典雅楽の語彙のみから成っている。その点、〈招杜羅紫苑〉のような、さまざまな音楽形式の混合とはかなり異なる印象を与える。これについて、作曲者本人は、「新鮮な響きには乏しいが、古典雅楽が失った「詩情」「色彩感」「エネルギー」などの表現を取り戻す、実験の場」であると書いている（前掲CDライナー・ノート）。

確かに、芝が言うように古典雅楽の様式は「新鮮な響きには乏しい」かもしれない。しかし、〈招杜羅紫苑〉と異なり、古典雅楽の様式だけで物語を紡ごうとする点において、この作品は逆説的に、いっそう革新的である。ある意味で、古典雅楽の様式だけでどこまでドラマが表現できるか、正面からの挑戦に出た、と言えるのではないだろうか。

各部分には、作曲者自身による場面の説明がある。また、歌の歌詞から、主人公の境遇や気持ちが想起される。このような言語レヴェルにおける「付加的説明」は、作曲者の意図やイマジネーションの源をよく理解するために確かにたいへん役立つ。しかし、このような説明がなくとも、この作品は、音楽だけで雄弁に物語を語っているように、筆者には思われる。音楽そのものが、すでに充分「劇的」なのである。

概して芝作品は、構成感がひとつの大きな特徴といえる。これは、〈招杜羅紫苑〉〈呼韓邪單于〉のような大規模な合奏作品だけでなく、龍笛のソロ作品などでも指摘することができる。このことは、西洋音楽の現代作曲家が雅楽器を用いて書いた作品と比べてみるとよくわかる。すべての作品がそうであるわけではないが、西洋の現代作曲家の雅楽器（や復元された正倉院楽器）のための作品は、楽器の響きに注目し、フリー・リズムで無調的な、とらえどころのない音楽になっていることが多々ある。たとえば、石井眞木作曲〈縹渺《ひょうびょう》の響き〉（一九八六）は、正倉院楽器の排簫のための作品であるが、全体に無調のフレーズが流れるように現れては消えていく。タイトルの通り、まさに「縹渺とした」おぼろげな音楽である。一方、芝の龍笛ソロ〈白瑠璃《はくるり》の碗〉（祁響《ききょう》第三番、一九七九）は、始まりは、無調的なゆったりとしたフレーズで始まるが、次第に異なる音域への移動、規則的なリズムのアクセントの出現など、「展開」していき、全体として異なる要素が組み合わされた構築物としてのまとまりを感じさせる構成になっている。このような異なる部分を周到に組み合わせた、表情豊かな構成感こそが、芝の考える「詩情」「色彩感」「エネルギー」を際立たせているのではないだろうか。

◉子どものための雅楽作品

芝は二〇〇四年に〈ポン太と神鳴りさま〉という子ども向けの作品を創った。これは、伶楽舎が夏休み子ども雅楽教室や、文化庁の「次代を担う子どもの文化芸術体験事業」で、子どもに雅楽を聴かせたり体験させたりする活動を行い、芝もそれに関わった経験から生まれた作品である。本章の始めのほうですでに述べたが、芝の観察によると、子どもは、個々の雅楽器には鋭い反応を見せるにもかかわらず、古典楽曲には反応を示さない。このため、子どもにも面白い「雅楽劇」としたのが〈ポン太と神鳴りさま〉である。ポン太少年と雲の上の神鳴りさまとのふれあい物語を、伶楽舎のおねえさんのやさしい語りを交えて演じるものである。

図 5-6　伶楽舎の雅楽体験授業（芝祐靖提供）

これが好評を呼び、二〇一一年には〈カラ坊風に乗る〉も創られた。こちらは、風に吹かれた唐傘につかまって少年が旅をする冒険物語である。

　このような普及活動を長年行ってきた経緯から、現在の伶楽舎のコンサートにはいつも子どもの観客がいる。コンサートの古典雅楽や新作雅楽を聴いて、彼らが果たして「面白い」と思うのかどうかはわからないが、少なくとも、個々の楽器に実際に触れ、雅楽劇で合奏の面白さを体験した後では、何も知らないで聴くよりは、受容や理解がしやすくなるのは間違いない。

　芝が、このような子ども用作品を書く背景には、雅楽の後継者育成に関する深刻な危機感がある（図5-6）。ジャンルを問わず共通する問題であるが、質の高い演奏家を育成するには、小さいころから、優れた音楽に日常的に触れさせる必要がある。現在の日本では、箏、三味線、尺八、能に比べると雅楽人口は依然として格段に少ない。行事で雅楽を用いる神社仏閣など宗教関係者の周辺を除き、身の回りに雅楽が溢れている一般家庭はあまり想定できない。関西には、大きな寺社の年中行事が多く、詳しく知らないまでも、雅楽を見聞きしたことがある人は相当いる。実際、天王寺楽所《がくそ》雅亮会や南都楽所(4)には多くの若者が集い、四天王寺聖霊会《しょうりようえ》や春日若宮おん祭りなどの伝統行事で雅楽を奉納している。また、これらの団体の雅楽教室には、たくさんの子ども会員もおり、長じた後に、やがて聖霊会やおん祭りで演奏する者もいる。この点について、芝は次のように述べている。

まず子どもたちが、家庭の中などで自然の形で雅楽を見聞きできる環境を整えることが必要でしょう。もしそれが出来れば、きっと子どもたちの中に「お父さんのように雅楽をやるんだ」という気持ちが湧いてくると思います……。とは申せ、能楽や日本舞踊のように家の中に稽古部屋や練習舞台を持つことは至難なことで、ここにも雅楽継承のために解決しなければならない問題の一つがあるように思います。

（芝ほか『楽家類聚』一二〇頁）

「自然の形で雅楽を見聞きできる環境」の実現は、関西の一部の地域などでは比較的容易だが、その他の地域では、練習スペースの問題なども含め難しい、と芝は考えているのである。

これまで述べたように、東京近郊でも、宮内庁楽部の春秋の雅楽公演や、国立劇場、伶楽舎の雅楽コンサートによって、古典や新作雅楽の生演奏を聴く機会が増えた。また宮内庁楽部、東京楽所、伶楽舎などの努力により、さまざまな雅楽CDが発売され、一昔前とは比べ物にならないほど、雅楽コンテンツは身近に入手できるようになった。しかし、これらはどちらかというと、何らかのきっかけで雅楽に興味を抱き、意識的に雅楽にアプローチしようとする大人を対象としている。そう考えると、伶楽舎の子どもを対象とした活動は、向こうから来るのを待っているのでなく、こちらから近づく、という、より積極的な行動としての意味を持つと言えよう。

人生の早いうち、つまり子どものころに触れる本物の楽器のインパクトは、深く長く残るものである。そのような折に提示される雅楽についても工夫を凝らし、子どもが親しみやすい内容を開発するべきだと、芝は考えている。

［雅楽は］江戸時代はかなりアップテンポだったと思うのですが、明治時代になって、宮中の儀式のために演奏するのだから、もっと重々しくゆったりしたテンポでやれ、ということになってしまいました。でも子どもが聴いたら一分二分しかもちません。これはいけないと思い、アップテンポな曲を作ったら結構喜んでくれて、雅楽で『あんたがたどこさ』を演奏した時には、手拍子で応えてくれました。これからは子供向けの雅楽を作っていきたいなと思っているんです。難しいことはやめて（笑）。

（芝祐靖「雅楽の千年、国立劇場の五十年、そして雅楽のこれからの千年のこと」国立劇場第八〇

回雅楽公演パンフレット、七頁）

雅楽の継承の問題は複雑な要因が絡み合っており、芝や伶楽舎が、子どもや雅楽初心者に対して親しみやすい、入門用の雅楽曲を提供し、観客を増やせばすぐに解決するという問題ではない。むしろ、文化政策や社会全体の文化的インフラという、さらに大きな枠組みの問題として考える必要があるだろう。現在のところ、全国を巡回して雅楽を子どもに紹介するこのような試みは、プロの団体としてはほとんど伶楽舎だけが行っている（図5－7）。もちろん、さまざまな地域に、神社や寺などを会場として雅楽教室が開かれ、そこには多数の子どもが参加している。問題は、これらの活動が、もっぱら志のある民間人や民間団体の個人的努力で行われている点である。文化庁の「次代を担う子どもの文化芸術体験事業」に雅楽が加わったのは大きな前進であるが、文化環境全体の中で考えれば、まことにささやかな一歩と言えよう。

図5-7　伶楽舎による管絃の演奏（芝祐靖提供）

さらに、仮にたくさんの子どもが雅楽に興味を持ち、長じて雅楽演奏家になりたいと思ったとして、彼らがそれで生活できるかどうかの問題がある。宮内庁楽部の楽師になれるのは、毎年一人か二人であり、残念ながら、女性には門戸が開かれていない。また、楽師は社会的評価と身分としては安定しているものの、経済的な待遇の点で必ずしも恵まれているとは言えない。このため、明治以来、何人もの楽師が楽部を去っていった。(5) 一方、民間の伶楽舎などはさらに厳しく、雅楽演奏だけで生活を成り立たせるのは難しい状況である。

文化を継承し、育てることは、一部の熱意のある人に任せておくだけでなく、文化行政、経済政策を含め、社会全体で考える必要がある。その意味で、後継者に関する芝の危機感、あるいは、後継者が活躍できる場の整備がいまだ充分でない状況に対する芝の憂慮は、実は社会全体で共有されるべきなのである。これから未来に向けて、この貴重な音楽文化である雅楽を社会全体でどのように支えていくのか。芝や伶楽舎が切り拓いた雅楽の道をどのように継ぎ、発展させていくのかを、私たちは待ったなしで考えなければならない。

●創造する雅楽〜これからの千年に捧ぐ

二〇一六年、国立劇場は開場五〇周年を迎えた。国立劇場では、記念すべき年の第八〇回雅楽公演を「創造する雅楽〜こらからの千年に捧ぐ」と銘打ち、芝祐靖作曲〈招杜羅紫苑〉(演奏は伶楽舎)と〈雅門松濤楽《ちもんしょうとうらく》〉(演奏は十二音会)を上演した。前者はすでに述べたように、武満の〈秋庭歌〉に刺激されて一九八〇年に完成した芝の自信作、後者は、この公演のために国立劇場が芝に委嘱した新作雅楽作品である。国立劇場五〇周年に際し、芝がどのような思いを込めてこの作品を書いたのか、同公演のパンフレットをもとにすこし紹介しよう（図5－8）。

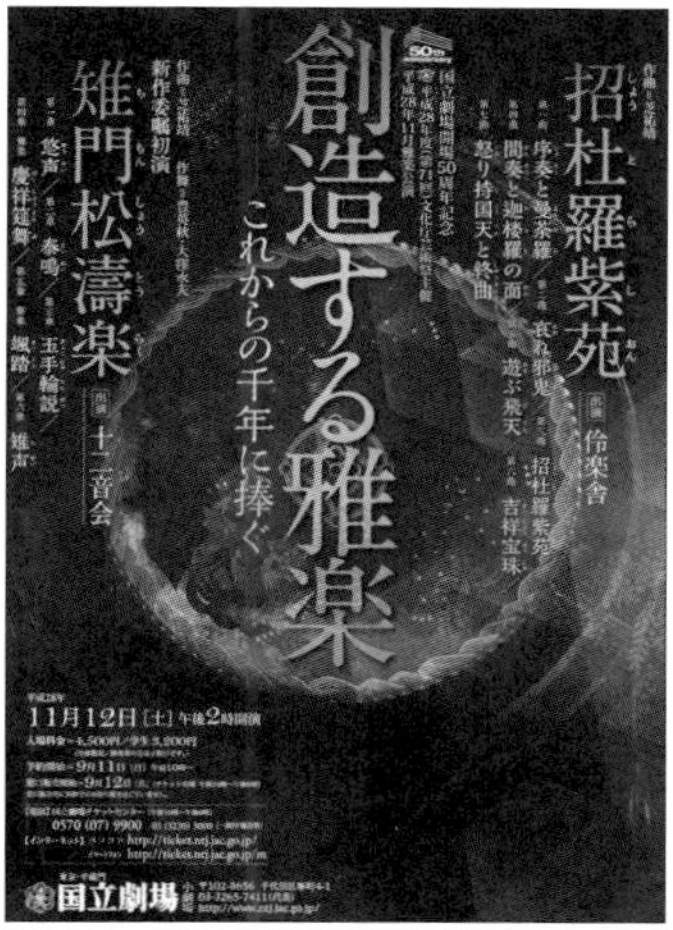

図 5-8　第80回雅楽公演のチラシ

〈雅門松濤楽〉は、「悠聲《ゆうせい》」「泰鳴《たいめい》」「玉手輪説《ぎょくしゅりんぜつ》」「慶祥筵舞《けいしょうえんぶ》」「颯踏《さっとう》」「雉聲《ちせい》」というそれぞれに凝った名前を持つ六楽章から成り、第四章「慶祥筵舞」と第五章「颯踏」に舞が入る大規模な作品である。舞は芝の宮内庁時代の後輩の豊英秋《ぶんのひであき》（一九四四〜）と大窪永夫《おおくぼながお》（一九四九〜）が担当した。両者とも十二音会の中心メンバーである。基本的に、音楽、舞とも古典雅楽の様式で、楽譜も伝統的な仮名譜（唱歌と指孔記号を用いる）で書かれている。古典の〈春鶯囀《しゅんのうでん》〉を意識した楽章構成だが、旋律、リズム、楽器編成は、独自に自由に創意工夫されている。

曲名は、皇居の濠と松林、皇居南西の三宅坂の地に立つ国立劇場の風景を想起しながら付けられた。「雉門」とは城の南門のことという。

「悠聲」では、桜田濠のさざ波と松林を渡る風、「泰鳴」は皇居が江戸城であった時代の管絃会《かんげんえ》の風景、「玉手輪説」はさらに時代を遡った平安時代の女人たちの優雅な箏の演奏、「慶祥筵舞」は江戸城本丸庭園での舞楽会[6]を想像して作曲された。「颯踏」は〈春鶯囀颯踏〉を踏まえつつ絃楽器を加えた管絃舞楽、そして「雉聲」

は舞人が退出する退出音声《まかでおんじょう》として作曲された。ここでもまた、具体的視覚イメージから音楽を組み立てる芝の手法が見て取れるが、そのイメージの根幹となっているのは、長く時を過ごした皇居（江戸城）とそこでの雅楽の風景であり、そこから芝の想像はさらに遠い過去（江戸時代や平安時代）へと飛翔している。その意味で、この作品は、国立劇場五〇周年を寿ぐ記念の作品であると同時に、雅楽の千年を振り返る作品でもあるのである。そして芝は、公演パンフレットの〈雅門松濤楽〉の解説中で次のようにも述べる。

古典楽曲に倣った雅楽の作曲や復曲には、かなり複雑な約束ごとがあって、長年の演奏経験が大切です。

今日、雅楽の新しい作品はとても少ない状況ですが、今後の雅楽発展には多くの楽曲が生まれる事を期待しております。

（芝祐靖「新作委嘱初演『雅門松濤楽』について」国立劇場第八〇回雅楽公演パンフレット、一二頁）

この〈雅門松濤楽〉のような作品をきっかけとして、古典雅楽の新作が今後多数生まれることを期待している。その意味で、この作品は、雅楽のこれからの千年の出発点でもあるのである。

この公演のパンフレットには、「雅楽の千年、国立劇場の五十年、そして雅楽のこれからの千年のこと」と題した、芝への長いインタヴューが掲載されている。その大部分は、これまでの国立劇場の雅楽公演のこと、芝自身の宮内庁時代のこと、復曲、作曲や伶楽舎のことなど、本書ですでに紹介した芝の歩みに重なるが、最後にインタヴュアーからの「これからの千年に捧ぐ」というコンセプトについて尋ねられた芝は、次のように述べている。

子供でも楽しめる曲や、「梁塵秘抄《りょうじんひしょう》」と雅楽を組み合わせた曲が巷に流れたりしたら良いな、と思います。雅楽というと、神社仏閣の音楽というようなちょっと敷居の高いイメージがありますが、その敷居を下げて、子供も含め、もっと広く親しんでもらえれば、と思います。

（芝祐靖氏特別ロングインタビュー「雅楽の千年、国立劇場の五十年、そして雅楽のこれからの千年のこと」国立劇場第八〇回雅楽公演パンフレット、七頁）

これは、すでに紹介した、子どものための雅楽曲に関する「これからは子供向けの雅楽を作っていきたいなと思っているんです。難しいことはやめて（笑）」という発言の続きにあたる部分である。「難しいことはやめて」という部分を、「難しい長大な雅楽作品はこの先、自分では書かない」という意味ととれば、芝が、ここへ来て、「軽み」の境地に達したのかとも思われる。「軽み」とは、言うまでもなく、芭蕉が唱えた、身近な題材に新しい美を見出し、それを平易に表現する理念である。本人も笑いながら述べているので、本当に「難しいことはやめて」しまうのかどうかは別として、ここで芝は、儀式張った長大な雅楽ではなく、短い平易な雅楽の中にも、雅楽の新しい魅力や美は発見でき、敷居の低い、「やさしい雅楽」をさらに開発していく必要がある、と主張しているように思われる。「子供でも楽しめる曲」は、先に触れた〈ポン太と神鳴りさま〉のような作品を、「『梁塵秘抄』（今様）と雅楽を組み合わせた曲」は、昔の貴族の酒宴乱舞の様子を管絃と歌謡の組曲に仕立てた「殿上淵酔《てんじょうのえんずい》」を念頭に置いていると考えられる。

これらの「やさしい雅楽」は、一見すると「難しい雅楽」への単なる入口のように見える。確かにそのような側面があることは否めないが、筆者には、雅楽の別の側面、すなわち「あそび心」を前面に押し出した、「楽しい雅楽」としての、より積極的な意味を内包しているように思われる。〈ポン太と神鳴りさま〉は雅楽器を、物語の状況に応じて擬態、擬音として使うなど、伝統的雅楽にはない手法で巧みに用いている。(7) それでいて、この作品には、実はあちこちに古典雅楽のフレーズがちりばめられていて、古典雅楽にもしっかりと馴染めるつくりになっている。雅楽の知識がない大人でも、聴いていて素直に楽しめる作品であり、雅楽を知っている大人にとっては、「あの古典曲をこんなふうに使うことができるのか、なるほど」と思わせる面白さがある。

殿上淵酔は、もともと宮中の正式儀式が終った後に、酒宴の席で貴族たちが自由に歌い、舞い、奏でる歌謡と管絃の催しのことで、芝は自らの「殿上淵酔」で、催馬楽、朗詠、管絃、雑《ぞう》芸《げい》(歌謡)を自在に組み合わせて、生き生きとした音楽の遊びの場を再現している。「殿上淵酔」は、二〇一六年一一月三〇日の伶楽舎第一三回雅楽演奏会(東京オペラシティ、コンサートホール)で、「露台乱舞《ろだいらんぶ》」として上演された(図5-9)。

今様は雑芸の一種で、もとは身分の低い女性芸能者が歌っていたもの、催馬楽はどちらかというと宮廷ではくつろいだ席で歌われる歌謡である。[8] 芝は、すでに一九七〇年代から廃絶した今様や催馬楽を折にふれて復元しており(巻末「芝祐靖作品一覧表」参照)、これらを組み合わせて、一九八八年には小野雅楽会の委嘱で「中世の美風II　露台乱舞」として、一九九五年には国立劇場で「殿上淵酔」として発表した。つまり、つねに時代の先端を切り開く、革新的かつ重厚な復元曲や新作雅楽を多数発表して来た一方で、芝は「遊び心」も忘れず、「殿上淵酔」など、「楽しい雅楽」の創作にも関わって来たのである。特に、二〇〇〇年代以降は、子どもとの関わりの中で、ますます「楽しい雅楽」の必要性を痛感したことであろう。二〇一七年五月二五日の、伶楽舎雅楽コンサートNo.32は、「新しい雅楽次の世代へ」と題して、山根明季

図5-9　伶楽舎第13回雅楽演奏会のチラシ

子、藤家渓子《ふじいえ》、北爪道夫、東野珠実、伊左治直ら現代作曲家によって書かれた子どものための雅楽作品を並べた演奏会であった。

もちろん芝は、伝統的古典雅楽を高い志を以て継承してほしいと思っている。また、新しい復元曲や創作曲もさらに生まれてほしいと願っている。だが、もうひとつ、芝が言いたいことは「楽しい雅楽のすすめ」であろう。わかりやすく、おもしろく、しかし、雅楽の神髄をしっかりと継ぐ楽しい雅楽が増え、それによってさらに多くの人が雅楽へと誘われ、雅楽を楽しむようになることを芝は願っている。そして、そのようなさまざまな雅楽を万人が楽しむことができる世界、それこそが、芝が望む「楽遊」の世界ではないだろうか。

注

1　一九五九年四月一九日、『週刊読売』の記事「青年楽師のお祝いの曲」で本人が解説。この曲を収めたCDにも同趣の解説あり。

2　復元伎楽は、一九八〇年一〇月、大仏殿の落慶法要で演じられた。演奏、演技は天理大学雅楽部。この時復元されたのは伎楽のうち〈行道乱声〉〈獅子（当曲・曲子）〉〈呉公破・急〉のみ。〈迦楼羅〉〈太孤〉〈崑崙〉〈婆羅門〉〈呉女〉〈金剛・力士〉〈酔胡〉はその後、一九八五～九二年にかけて、順次復元された。詳しくは巻末「芝祐靖作品目録」参照のこと。

3　CD『芝祐靖の音楽　呼韓邪單于』（二〇一二）、および、伶楽舎雅楽コンサートNo.24「芝祐靖作品演奏会その2」プログラム（二〇一二年一月二六日）より。なお、終曲〈仙境楽〉の解説「仙境で音声菩薩たちが王昭君の憂心を癒す〈仙境楽〉を奏でる」は、冒頭の前奏曲〈仙境楽〉のところに掲載されているが、物語の時系列としては終曲〈仙境楽〉の説明であるので、終曲の位置に記した。

4　雅亮会については第三章注1参照。南都楽所は、明治時代に設立された奈良楽会（一九〇三）が、奈良雅楽会、春日神社古楽保存会、春日古楽保存会と何度か改組、改称を経て、一九六八年に春日古楽保存会から雅楽部門が独立して成立した団体。

5　明治三〇（一八九七）年に、待遇改善を求めて大量の楽師が辞表を提出する事態も起こった（後に収拾）（塚原二〇〇九、二〇六～二一五頁）。また、戦前、戦後を通じ、楽部を辞して洋楽の道に進む楽師も少なくない（塚原同書、巻末付表「明治・大正・昭和戦前期の楽師一覧」参照）。

6　江戸時代、徳川幕府は、江戸城紅葉山の東照宮、上野の寛永寺と東照宮、増上寺、日光東照宮などで雅楽、舞楽を演奏させた。このため、江戸に関西の楽家の分かれの紅葉山楽人を置き、日光では神官・僧侶の何人かを楽人とした。『徳川実記』や楽人の記録（辻家『楽所録』、東家『南都狛姓楽家　東友弘家文書』、東儀文均『楽所日記』など）を見ると、日光で大規模な神忌・法会がある時は、関西から五〇人規模で楽人が日光に下向し、舞楽を奉納した。楽人たちはその帰路、江戸に寄り、江戸城でも舞楽、管絃を披露することがたびたびあった。

7　たとえば、ポン太が空から落ちる場面で、篳篥を悲鳴のように使ったり、神鳴りさま（の孫娘）が雨をふらせる場面で、箏のグリッサンドを鳴らすなど。

8　雅楽器と演奏者の身分の関係、楽器の場面による使い分けなどについては中川正美『源氏物語と音楽』などを参照のこと。

あとがきにかえて

本書は、現代の雅楽界を牽引してきた芝祐靖という稀なる才能の軌跡を、「私なりに」書き留め、紹介したものである。

芝先生は、私にとっては三〇年来の恩師であり、個人的心情としては、つねに「先生」である。本書もはじめ実際にお世話になった先生方、存じあげている関係者の方たちに「師」や「氏」をつけて書き始めたが、記述に客観性を持たせるため、最終的に、人物名は敬称を略して記すことにした。

本書の企画は、二〇一〇年に、拙著『雅楽の〈近代〉と〈現代〉』（岩波書店）が完成した後、ほど遠からぬ時期に動き出した。はじめは芝先生ご本人に自伝もしくは芸術論を執筆していただくつもりで、編集者・十時由紀子さん（当時、岩波書店に勤務）と粗い筋書きを携えて先生のお宅にうかがった。当時、先生は奥様を亡くされてちょうど一年たったころで、一人暮らしでお過ごしだった。「ぼく、本当に料理とかできなくて、お茶入れるのが精一杯なの」とおっしゃって、すこし苦めのおいしいお茶を出してくださった。その時私はすこし驚いた。なぜなら、先生は、万事配慮が細かく、筆まめで、楽器や楽譜も手作りで作ってしまう大変器用な方なので、台所まわりも当然こなしてしまうだろうと勝手に思い込んでいたからである。しかし、その時あらためて気がついた。先生の抜かりのない緻密なお仕事は、奥様のサポートがあってこそだったのだと。なんとなくがらんとしたお宅が、寂しそうに見えた。

出版計画をお話ししたが、すこし元気をなくされていたのか、相変わらず復元や演奏のお仕事でお忙しいからか、はたまた、筆者のようないい加減なヤツの企画には乗れないと思われたのか……、断られてしまった。その時お持ちした全体の構成案は、細部は多少異なっているが、大枠の流れは本書の構成と共通している。それを見て、先生は、「これ、ボクの追悼の時に書いたらいいんじゃない?」とおっしゃった。そんな……。しかし、その時、先生は、御自身の経歴や、それまで書かれた論文、エッセイ、プログラム・ノート、楽譜など、さまざまな資料をごっそり用意しておいてくださり、それを抱えておいとました。

その後、私自身も忙しく、何もせぬまま時間が経過したが、幸いなことに、二〇一三年の秋、勤め先から半年間、研究に専念できる時間をもらい、しまっておいた資料や、伶楽舎のプログラム、先生の復曲の楽譜など取り出し、頭の中の記憶をリジュームした。むう、こうなったら、自分で書くしかないか……。と書き始めたものの本書が世に出るまでさらに時間が経ってしまったのは、ひとえに筆者の怠慢のせいである。

二〇一五年に伶楽舎は創設三〇周年を迎えた。また、二〇一六年五月には日本伝統文化振興財団から「芝祐靖の音楽」シリーズ第三弾の『オーケストラ作品集　幻遥《げんよう》』も発行された。二〇一六年はまた、芝先生と伶楽舎にとって忙しい年であった。一一月一二日には、国立劇場開場五〇周年記念第八〇回雅楽公演で、芝祐靖作曲〈招杜羅紫苑《しょうとらしおん》〉と〈雉門松濤楽《ちもんしょうとうらく》〉が演奏された。さらに同月三〇日には、伶楽舎の第一三回雅楽演奏会が行われ（東京オペラシティ・コンサートホール タケミツメモリアル）、「殿上淵酔《てんじょうのえんずい》」を再編した〈露台乱舞《ろだいらんぶ》〉と武満の〈秋庭歌一具《しゅうていがいちぐ》〉が伶楽舎によって演奏された（〈秋庭歌〉には勅使河原《てしがわら》三郎、佐東利穂子の舞がついた）。伶楽舎はこの演奏会によって、第一六回佐治敬三《さじけいぞう》賞を受賞した。その贈賞理由に次のような一文がある。

芝祐靖氏による構成は、雅楽という、きわめてフォーマルで堅苦しい音楽を、当時の雑多な文脈の中に置き、想像力を働かせながら再構成するという遊びを見事に成し遂げており、結果として、聴き手をも巻き込みながらホールを独特のノスタルジーで満たすことになった。酔っぱらいの楽人などがあらわれるという細かい趣向にも念が入っている。

芝先生からすると、「楽しい雅楽」のねらい的中というところだろうか。

ところで、この贈賞理由の最後には、「老舗の団体ではあるものの、若々しい挑戦の意欲に満ちた本公演は、佐治敬三賞の精神を見事に体現するものであり、審査員一致で贈賞が決定した」とある。これまで筆者は、伶楽舎は、長い雅楽の歴史の中で、ひじょうに若く新しい団体だと思ってきたが、すでに社会（少なくとも音楽評論の業界）では「老舗の団体」と評価されていることを認識した。これが、三〇年の活動を通して確かな技術と深い解釈を身につけた、雅楽界におけるもっとも信頼できる演奏団体、という意味だとすると、伶楽舎にとっては、何よりの賛辞であろう。

そして、二〇一七年一一月、芝先生は文化勲章を受章された。

このような折に、本書がなんとか出版にこぎつけられたことは、筆者としては感慨深い。最初のきっかけを作ってくださった十時さん、実際の出版でさまざまお世話くださったアルテスパブリッシングの木村元さん、編集担当の沼倉康介さんのおかげである。もちろん、貴重な情報や資料をご提供くださった芝先生ご本人と伶楽舎の皆様には言い尽くせないご恩をこうむっている。また、宮内庁の初アメリカ公演のプログラムや関係者の昔の写真をご提供くださったロベルト・ガルフィアス先生、伶楽舎ニューヨーク公演の写真に関して便宜をおはかりくださったＭＦＪの三浦尚之氏にも心から感謝申し上げる。

本書では、芝先生の雅楽の演奏活動、創作活動の歴史や、それらの活動の根幹に関わる先生のお考えについて簡潔に紹介した。しかし、このほか、先生は、実際の楽器の演奏法や歴史に関する記述も多数執筆されている（参考文献表参照のこと）。このような実技のテクニックにかかわるきわめて実践的な論述は、本書ではほとんど紹介できなかったが、それらに助けられて、実技が上達した人も多いだろう。

また、先生は、軽妙なユーモアを交えて文章を書かれることが多い。語呂合わせやダジャレもちりばめて、文章は、独特の「祐靖節」というべき雰囲気を醸し出している。特に、天理大学雅楽部の演奏会に寄稿された文章は、そのようなのびのびとした雰囲気のものが多い。詳しくは、本書のコラムをお読みいただくとして、ここですこし取り上げてみよう。

「トリとめのない話」

天理大学雅楽部による新企画の「テーマのある雅楽演奏会」も、第三回を迎えて、すっかり世間に定着したものか、前の演奏会が終ると次は何をテーマにするのかが楽しみの一つとなりました。一昨年は「酒」昨年は「花」そして今年は「鳥」、こうしてみますと、なにか三題ばなしでも出来そうな気がします。

――仕事の帰り途、骨休めに軽く一杯のつもりで立寄った飲み屋で、どういう訳か大いにもてて両手に花、すっかり調子にのって、ついつい飲みすぎてしまい、帰るころにはもうふらふらの千鳥足――なんて言うところでしょうか。(全文はコラム②参照)

何とも軽妙な調子で文章が始まるが、この後〈青海波〉の装束にあしらわれた千鳥の文様や、唐楽《とうがく》、高麗楽《こま》、歌ものの中の「鳥」にちなんだ楽曲を解説している。最後のほうで、再び(サラリーマンが先生に乗り移り?)、焼き鳥屋で一杯……のオチがあり、文章が閉じられる。サービス精神に満ちた、先生のおちゃめな一面が垣間見える文章であるが、雅楽における「鳥」にまつわる情報量はたいへん豊富である。
一方で、批判的な見識を述べるときの文章は、非常に率直で、かつ、手厳しい。

「浄めよう雅楽」

（…）明治天皇の命令で関西の地から、なかば、強制的に東京に住まわされ、神事の奏楽、雅楽の統一と伝習、西洋音楽の習得、あげくの果てに安月給ときていればただ泣きっ面に蜂というところです。この苦境を乗り切ったのは、明治男の気骨と「伝統雅楽の継承」への責任感と意気込みがあったからでしょう。太平洋戦争後の宮内庁楽部のピンチを救ったのも明治男の情熱で、私たち軟弱な昭和生まれを厳しく指導して下さいました。

　しかし、雅楽の近代化（浄化）をなしとげた明治時代も、その精神も次第に遠くなってしまった昨今です。最近、身の廻りの雅楽界の動向を見ますと、「平穏

東京藝大の藝術祭後の打ち上げで（1982年頃）

の水たまり」という感じがします。平穏は結構なことですが、平穏の池も時が経つにつれ苔がはえ、水は濁り、害虫が発生します。そうなる前に叡知（浄化）の清水を流し込んで濁り水を取り除く英断が必要なのではないでしょうか。（全文はコラム⑤参照）

私が芝祐靖という音楽家の活動に注目した理由は、もちろん、その龍笛《りゅうてき》演奏や作品、そして伶楽舎の創設が、現代雅楽史においてひとつの画期を成しており、その歴史的意義を強く認識したことにある。しかし、その人柄も、もうひとつの大きな理由である。先生は、繊細かつ緻密なお仕事をする反面、時に非常に大胆な行動に出られる。また、皇室と雅楽の伝統に限りない敬愛を抱き、大切にする一方、古い制度や伝統を打ち破る反骨精神を示される。繊細と大胆。恭順と反骨。多様で奥深い音楽表現とあいまって、芝祐靖という人物は限りなく魅力的なのである。

はじめに書いたように、本書は「私なりに」芝祐靖という人物の活動をまとめたものである。ひと昔前に「直子の代筆」なる自動作文ソフトが発売されたが、本書はほとんど芝先生がお書きになった資料に拠って（先生の代わりに）筆者が執筆した、という意味で「直子の代筆」なのかもしれない。しかし、先生ご自身や、先生と日頃接する機会の多い伶楽舎の方々から見ると、「ここ、違うんじゃない？」と思われる部分が多々あろう。その点、筆者の独断と偏見に満ちた「芝祐靖伝」になっていることを幾重にもお詫びする。そもそも、学生時代に、ほんのすこし先生に教えていただいただけの者が「芝祐靖伝」を書くこと自体、不遜で無謀なことだろう。しかし、すこしだけ開き直りをお許しいただければ、時に、無謀な性格ゆえにできることもあるのではないか、と思っている。

現在、先生は、建築家の息子さんがデザインした素敵なお宅に、息子さんのご家族と暮らしておられる。時々コンサートにも出演されるし、作曲もされる。また、聞くところによると、アマチュアの雅楽愛好会での指導も行っているという。

近年のコンサートで筆者の印象に残っている先生の演奏は、「芝祐靖構成〈朱雀門梁震《すざくもんりょうしん》〉（盤渉調萬秋楽《ばんしきちょうまんじゅうらく》より）」である（伶楽舎 雅楽コンサートNo.26、二〇一二年一二月二七日）。これは、盤渉調〈萬秋楽〉の旋律を抜き出し、二管の龍笛の掛け合いで演奏したものである。この作品は、平安時代の雅楽の名手・博雅三位《はくがのさんみ》が、月夜の度に朱雀門で笛の名手と笛を吹き合い、ついには互いの笛まで交換したが、実は、相手はこの世のものならぬ朱雀門の鬼だった、という伝説に想を得ている。先生と八木千暁さんの演奏だったが、深遠でどこか怪しい説話世界へと誘ってくれる、すばらしい「笛の対話」だった。

もっとも最近の作曲作品は、第五章で紹介した国立劇場五〇周年記念委嘱作品〈雅門松濤楽〉である。途中で舞も入る大きな作品で、重厚でのびのびとした響きを堪能することができる。この公演には「創造する雅楽〜これからの千年に捧ぐ」というタイトルが付されていたが、これはまさに「芝祐靖」という人と活動そのものを表していると言えよう。

このコンサートの半年くらい前にご連絡をいただいた折には、この作曲について「小生の悪あがきもこれで最後になり、雅楽界も静かになることでしょう」などとお書きになっていたが、この「悪あがき」というところに、いつもの「祐靖節」健在、と見た。芝祐靖ファンとしては、まだまだ「悪あがき」が続くことを願わずにはいられない。

本書を読んで、読者の方々が、古典雅楽、復元雅楽、新作雅楽、子どものための雅楽……、芝祐靖という音楽家が切り拓いた多様で豊かな雅楽の世界を、もっと知りたい、聴いてみたいと思ってくださるならば、これに過ぎる幸せはない。

寺内直子

雅楽よもやま話

芝祐靖

以下のコラムは、天理大学雅楽部演奏会に寄稿された文章から、いくつかを抜粋したものである。原文の横書きを縦書きにし、一部仮名遣い、改行、数字の表記などを改めた（編者）。

コラム①

雅楽と酒

（一九八三年公演パンフレット、テーマ「酒」）

もう十年程前のことになりますが、楽部の先輩より、「新橋の焼鳥屋（ちょっと高級な）で、雅楽を店に流したいと言っているので、適当な曲をテープに入れてくれ」とたのまれました。随分と風流なことをやるなあと思いながら数曲、催馬楽《さいばら》なども含めて一時間程、手持ちのテープをコピーして渡しました。早速店に持っていったそうですが、一週間もたたないうちに、「あれはだめだった」とのこと。訳を訊きますと、雅楽を店内に流して以来、売り上げががったり減少したということでした。考えてみれば無理もないことで、焼鳥屋で一杯やる人々は、サラリーマンがほとんどです。昼間の労働の疲れを癒しに、また上司へのウップン晴らしや、ゴルフ談議に花を咲かせに集まってくるわけですから、聴こえてくる音楽も楽しいリズムの音楽で、盃を重ねたいわけです。雅楽の重苦しいリズムを聴かされたのでは、気が滅入ってしまって、盃を傾ける回数が少なくなるのも当然です。お店も商売ですから、売り上げ回復のため、結局今までの民謡や演歌にもどしたそうです。

私達の場合でも、酒と縁のある雅楽の演奏は、あまりありません。曲名や舞楽の舞振り

に酒と関係のある行事は、新嘗祭《にいなめさい》、御神楽《みかぐら》と四月二九日の天皇誕生日祝宴ぐらいのもので
す。天皇誕生日の場合は、天皇陛下より御招待を受けた高位高官の方が御酒御膳の接待を受けるなかで、私共が、〈平調音取《ひょうぢょうねとり》〉、催馬楽〈伊勢海《いせのうみ》〉、〈五常楽急《ごしょうらくのきゅう》〉、〈雞徳《けいとく》〉を管絃で演奏します。明治宮殿以来のしきたりでしょうが、日頃、雅楽に親しまれている方がおられるわけでもなく、祝宴としては、なんとなく白けたムードです。一方、賢所《かしこどころ》で行われる新嘗祭と年三回の御神楽も多少酒とかかわりがあります。新嘗祭（天皇陛下が神様とともに新穀を食する儀式）は祭典が宵《よい》（六時～九時）、暁《あかつき》（一一時～午前一時過ぎ）に別れています。その間、二時間程の休憩の時に、「白酒《しろき》」「黒酒《くろき》」という濁り酒が掌典職より下がってきます。白酒は最近市販されている「濁り酒」に似ていますが、もう少し濃くドロドロした原液のようなものです。黒酒は、その白酒に炭の粉を入れて灰色にしたものですが、どうも作り方がまずいせいか、両方ともとても酸っぱくて一口飲むのがやっとです。

　御神楽の夜にも、一合ほどの神酒《みき》と酒肴《しゅこう》が下賜されるのがしきたりで、現在でも続いております。最近は御神楽が終りますと、ほとんどの楽人がマイカーで帰宅するので、御神酒を口にする人が少なくなってしまいました。二〇年程前は、御神楽が終ると真夜中に楽部庁舎まで戻り、だるまストーブをかこんで御神酒や酒肴をあけて、茶碗酒で明け方まで音楽論をたたかわせたものでした。

　この「御神楽の儀」の濫觴《らんしょう》は、例の「天《あま》の岩戸《いわと》」の前の酒盛りで、神々が篝火《かがりび》をかこん

で車座となり、大盃を廻し飲みし、琴を弾じ、桶を打ちならし放歌高唱、宴たけなわには天鈿女命《あめのうずめのみこと》の艶舞まで飛び出して、「酒・女・歌」を地でいった大変な騒ぎであったものと想像できます。これが次第に儀式化されて古代神楽となり、平安時代には「酒と女」は縁が切れて神聖化してしまいました。現行の神楽歌の歌詩に女っ気は少しあるものの酒に関するものはまったくありません。

唐楽においても、唐の俗楽（宴楽）時代には、宴会の音楽として、酒とは深い関係を保っていたはずです。〈傾盃楽《けいばいらく》〉〈回盃楽《かいばいらく》〉〈胡飲酒《こんじゅ》〉〈酒胡子《しゅこうし》〉〈酒清司《しゅせいし》〉〈飲酒楽《いんじゅらく》〉などが曲名として残っていることからみてもよくわかります。日本に輸入されてから、「靡漫鄭邪《びまんちょうじゃ》ハ衰微ノ音」（『五重記』）と格調高い楽舞に仕立てられました。

平安時代までは教養と娯楽を兼ねて持て映された雅楽も、室町時代には今様や白拍子《しらびょうし》の出現によって酒宴の席から次第に姿を消し、寺院の法要や神社の祭典音楽となり、荘重感をかもし出すために、やたらとリズムはスローになって、もとの宴会用の楽舞とは異質なものとなりました。考えようによっては、それだからこそ千年の伝承が可能になったとも言えますが、芸術文化として、なにか本質が失われたように思えてなりません。

筆者もだいぶロレツ（呂律）が廻らなくなってきましたので、終りに、中世の貴族や殿上人による「酒と雅楽」を、室町時代に記された「五節間郢曲事《ごせちのかんえいきょくのこと》」（綾小路俊量《あやのこうじとしかず》）から拾ってみました。平安時代より宮中では一一月の丑・寅・卯・辰・巳・午の日にさまざまな行事が行われました。寅の日と卯の日は「殿上淵酔《てんじようのえんずい》」というのがあり、盃を乾しながら、朗詠の〈令月《れいげつ》〉、〈徳是《とくはこれ》〉、〈新豊《しんぽう》〉を唱い、今様の〈霊山御山《りようぜんみやま》〉、〈蓬莱山《ほうらいさん》〉、〈鶴之群居《つるのむれい》〉などが次々に唱われました。宴もたけなわになると萬歳楽《まんざいらく》が乱舞される次第となっています。この頃には大分酔も廻ってメロメロな卑猥な舞であったようです。

巳の日には、清書堂《せいしよどう》で御神楽が行なわれ、そのあと引続いて御遊《ぎよゆう》の管絃があり、(呂の)〈安名尊《あなとう》〉、〈蓑山《みのやま》〉、双調《そうぢよう》〈鳥破《とりのは》〉、〈鳥急〉、(律の)〈伊勢海〉、平調〈萬歳楽〉、〈五常楽急〉が奏されていますが、このとき酒が出たかどうか記されていません。もしかしたら、休肝日だったのかもしれません。

コラム②

トリとめのない話

（一九八五年公演パンフレット、テーマ「鳥」）

天理大学雅楽部による新企画の「テーマのある雅楽演奏会」も、第三回を迎えて、すっかり世間に定着したものか、前の演奏会が終ると次は何をテーマにするのかが楽しみの一つとなりました。

一昨年は「酒」、昨年は「花」、そして今年は「鳥」、こうしてみますと、なにか三題ばなしでも出来そうな気がします。

――仕事の帰り途、骨休めに軽く一杯のつもりで立ち寄った飲み屋で、どういう訳か大いにもてて両手に花、すっかり調子にのって、ついつい飲みすぎてしまい、帰るころにはもうふらふらの千鳥足――なんて言うところでしょうか。そろそろ五十路の男が、いい歳をしてこのようなことを申し上げると、お読み戴いている方々から馬鹿らしくて鳥肌がたつと言われてしまいそうです。

千鳥足と言えば、源氏物語「紅葉賀《もみじのが》の巻」で、頭中将《とうのちゅうじょう》と光源氏が御前にて試楽したことで有名な〈青海波《せいがいは》〉の装束は、舞楽装束の中でももっとも絢爛豪華なものとして、知られていますが、その〈青海波〉の装束の一番上に着装する波形の顕紋沙《けんもんしゃ》の袍《ほう》に、沢山の「千鳥」が刺繍されています。

さて、この千鳥は何羽いるか御存知でしょうか？　またまた馬鹿気たことを言い出して恐縮ですが、一領の袍に、なんと七十八羽が刺繍されているのです。それらは一羽々々異なった飛び姿にデザインされており、その色糸の配色もそれぞれに工夫されているので、色鮮やかな小鳥たちが、いかにも軽やかに波の上を交叉しながら飛んでいるように見えます。〈青海波〉の千鳥はこれだけではありません。鳥甲《とりかぶと》の飾り金具や、太刀《たち》を結ぶ平緒にも波と千鳥の模様がありますし、太刀の鞘には波間に遊ぶ千鳥が螺鈿《らでん》細工で見事に描かれています。

また楽曲の上でも打楽器（うちもの）の奏法に「波返し」とともに「千鳥掻《ちどりがき》」や「千鳥《ちどり》懸《がけ》」があり、青海波は、まさに鳥づくめの様相を呈しています。こうしてみますと、雅楽と「鳥」の因縁は決して浅いものではないようです。唐楽《とうがく》や高麗楽《こまがく》の曲名の中にも〈春鶯囀《しゅんのうでん》〉、〈迦陵頻《かりょうびん》〉、〈雞徳《けいとく》〉、〈古《こ》鳥蘇《とりそ》〉、〈新《しん》鳥蘇〉が見られますし、古くには〈放鷹楽《ほうようらく》〉、〈鳥向楽《ちょうこうらく》〉、〈承燕楽《しょうえんらく》〉、〈鶏鳴楽《けいめいらく》〉、〈鳥歌万歳楽《ちょうかまんざいらく》〉などもあったようです。

また、舞い振りや装束、面で鳥を象っている曲で〈万歳楽《まんざいらく》〉（鳳凰《ほうおう》）、〈青海波〉（千鳥）、〈八仙《はっせん》〉（鶴）などが有名です。

そのほか楽器や、その奏法にも鳥に関した名称が付けられているものがあります。

一方、古代歌謡のなかにも数々の鳥たちが登場しています。その中でももっともよく知られているものに風俗歌《ふぞくうた》の「大鳥」があります。

大鳥の跳ねに　やれな　霜降れり　やれな　誰かさ言ふ　千鳥ぞさ言ふ
かやぐきぞさ言ふ　蒼鷺《みとさぎ》ぞ　京より来てさ言ふ

ここで言う大鳥は「鸛《こうのとり》」のことを指しているそうですが、「かやぐき」「みとさぎ」など珍しい鳥の名が歌われています。

この歌の他にも、鴛鴦《おしどり》、たかべ、鴨、白鳥などの歌を見ることができます。これらを見てもわかることですが、私達の祖先はかなり古くから「鳥」の存在をことさら意識していたように思われます。鳥たちが空を飛べるということは、すなわち天空の神の居所に行けるという意味に通じ、鳥を神の使者としてあがめ、また、愉しげで清らかな鳥たちのさえずりを神の声と聴いていたことでしょう。

古代楽器である石笛《いわぶえ》や土笛の発生も、その音色から想像しますと鳥たちの鳴き声に似た音声を発するように作られているように感じられます。古代の人は、これらの笛を演奏することによって神様と会話ができると信じていたのでしょう。

「鳥のように空を飛べたらなあ……」という思いは、古代から現代まで、常に人間の想いの中に存在しています。鳥に対する人間のこうした憧憬的意識の現われの一つとして、雅楽の中にも、多くの鳥が存在するようになったのではないでしょうか。

最近はバード・ウォッチングなるものが盛んなようです。自然の中の小鳥たちの姿を観察しながら、森林浴を楽しもうという大変結構な運動で、私も是非一度行ってみたいと思っていますが、しかし、よ〜く考えてみますと、私などはその帰りには当然、焼鳥と鳥刺しで一杯やることは必定で、我ながらあまりの軽薄さ、身勝手さに呆れる次第です。「鳥」をテーマとした本日の天理大学雅楽部公演の意義の片隅に、人間に喰べられてしまった小鳥たちへの供養も盛り込んでいただくようお願いいたしたいと存じます。

まったくトリとめのないことを述べましたが、終りに昨年と同様「調子」に鳥をあてはめてみました。皆様も可愛らしい小鳥を選んで当ててみて下さい。

	五声	**方角**	**色彩**	**季節**	**草花**	**鳥類**
壱越調	宮	中央	黄	四季	菊	鳳凰《ほうおう》
平調	商	西	白	秋	尾花	鶺鴒《せきれい》
双調	角	東	青	春	藤	鶯《うぐいす》
黄鐘調	徴	南	赤	夏	紅花	時鳥《ほととぎす》
盤渉調	羽	北	黒	冬	水仙	百舌鳥《もず》

コラム③

欲しい力・要らない力

（一九九二年公演パンフレット、テーマ「力」）

天理大学が雅楽部を創設して四〇周年ということで、まことにおめでとうございます。貴雅楽部の近年の活躍振りはまことに目覚ましく、雅楽関係者の一人として心より嬉しく思っております。

さて、貴雅楽部創立当時の四〇年前を個人的に振り返ってみますと、昭和二六年、ちょうど私が宮内庁楽部の予科楽生から本科楽生になった年です。戦前、宮内庁楽部には「予科楽生」という制度は無かったのですが、昭和二二年から新制中学制度が施行されて中学が義務教育となったため、楽部の楽生制度も小学校卒業採用から中学校卒業採用に改められました。しかし、楽部内の空気は従来どおり一二、三才からの教育を望んでおりましたので、該当新制中学生には、学校を週一日休ませて「予科楽生」として楽部の稽古に通わせるというやや強引な手段を取っていました。

昭和二三年四月から私も週一回水曜日に、中学校を休んで楽部の稽古に通っていましたが、中学校の水曜日だけの授業だった図工と音楽の先生から睨まれ、いじめられて、毎学期、成績表は不可「1」でした。頭の悪い私が、一層勉強嫌いになった一因がこの辺にあったかもしれません。現在でも楽部の予科楽生制度は続いていますが、二〇年後の昭和四二年から土曜日の午後を予科楽生の稽古時間にあてることにしたため、予科楽生が学校に引け目を感じる事はなくなりました。その代わり四名の担当楽師が土曜の午後に居残りをしなければならない羽目になり、私も数年間、土曜の居残りをさせられました。

話がそれてしまいましたが、昭和二六年、私が楽部の本科楽生に入学したころの楽部は、戦中戦後の混乱（戦死者、退職者）から立ち直り、再び「雅楽の殿堂」としての責任を果たすべく活動し始めたころに思えます。我が国の雅楽界における宮内庁楽部の存在に、確固たる意識を持っている明治生まれが上層部にデンと控えていて、演奏や指導に盤石な態勢を整えていたように思えました。

楽長に薗廣茂《そのひろしげ》先生、安倍《あべ》季厳《すえよし》先生、楽長補に東儀《とうぎ》兼泰《かねやす》先生、薗廣進《ひろゆき》先生、芝祐泰《しばすけひろ》（父）、また楽師の上位に辻寿男《つじとしお》、東儀和太郎《まさたろう》、豊雄秋《ぶんのかつあき》、多久尚《おおのひさなお》、林多美夫《はやしたみお》の諸先生方がおり、私たち当時の楽生にとってはかなり厳しい毎日の稽古でしたが、振り返ってみますと、今日、雅楽人の一人として生きられるのは、これらの諸先生方のご指導によるものがすべてであると感謝している次第です。

楽生卒業後、諸先輩の演奏の場である賢所《かしこどころ》の御《み》神楽《かぐら》のご奉仕、楽部の演奏会などに末席を与えられて演奏の体験ができましたことが貴重な財産となっています。昭和三四年の雅楽界初の海外公演（アメリカ）を中心とする国内外の雅楽公演をはじめ、昭和四一年に創立した国立劇場での雅楽公演に〈春鶯囀《しゅんのうでん》〉、〈萬秋楽《まんじゅうらく》〉、〈蘇合香《そこう》〉、〈新鳥蘇《しんとりそ》〉などの大曲舞楽の再興演奏を行い、〈昭和天平楽《しょうわてんぴょうらく》〉＝黛敏郎作曲、〈秋庭歌《しゅうていが》〉＝武満徹作曲などの新作雅楽曲を初演しました。これら昭和の雅楽史にのこる画期的な活動の中心となった方々はやはり明治生まれの諸先生方でした。安倍楽長をはじめとする明治生まれの楽人の指導力、団結力、そして雅楽発展への気迫と実行力はまことに素晴らしいものでした。

（左から）東儀兼泰、芝祐泰、薗廣茂、安倍季厳、薗廣進

それから四半世紀が過ぎ、最近の「雅楽」は若い人達の愛好家がかなり増えて、静かなブームといわれていますが、何か一本芯が通っていない不安な状態に感じられます。これは雅楽を支える世代が明治から大正・昭和と移行し、雅楽の基本理念や宗教意識、芸術意識を次第に見失ってしまった結果と言えましょう。

かく申す私も、基本理念や宗教性はほとんど学ばず、ただ、技量を保つことばかりに気を取られて演奏したり指導をしてきましたので、明治生まれの先輩から「何をやっているんだ！」と怒鳴られそうです。

昨今の雅楽界の状況から見て、雅楽が急に衰退するとは思えませんが、日本の古典芸術の「極」として存在し続けるには、雅楽関係者が技量とともに基本理念、宗教意識、芸術感などの根本精神をしっかりと身につけることが望まれます。

テーマ「力」とはあまり関係ないことをつらつら書きましたが、何となく最近の雅楽界に頼りなさを感じ、明治生まれの先達の結束力、指導力、実行力を思い出し、あらためて感じ入った次第です。

さて、それこそ「力」のない私に、力について書く資格はありませんが、笛と力の関係を少し記してみましょう。

初めて笛を持った人は、指穴の開閉のたびに笛が落ちそうになるので、指に力が入り、次第に肩にも力が入って、その結果、指は痛くなり肩はコリコリになってしまいます。また一生懸命に鳴らそうとして、唇にやたらと力を入れ、喉から遮二無二息を吹き出そうとするので、ただシューシューというだけで音にならず、くらくらと目眩《めまい》を起こしてしまいます。笛吹の方なら、どなたでも一度は経験しているはずです。

指のほうは二ケ月もすると指穴に慣れて痛みもなくなりますが、唇のほうはなかなか力が抜けません。笛を鳴らすには、無駄な力のない自然の唇の状態と、それに合った息遣いが肝要です。しかし実際には、うまく音を出そうとすればするほど無意識のうちに唇に力が入って良い音は出ません。この唇に入った「力」こそ、横笛演奏の大敵なのです。

お弟子さんを指導するとき「唇の力を抜いて！」と怒鳴る私自身、いざ演奏となると唇や肩に力がはいり、それを抜くのに大変苦労します。ただ、唇の力を抜けといっても、初心者はどうしたら良いか戸惑うばかりで、唇の力だけをぬくことが出来ず、全身の力すべてを抜いてしまい、息まで出なくなってしまいます。これでは更に音は出ません。「力」は笛の演奏にとって厄介なものです。その力を抜く秘訣はあるのでしょうか。

「丹田《たんでん》に　力を篭めて　吹く息は　清く正しく　幅ひろくあれ」（夢笛）

唇、指、肩など上半身に入った力は、正に邪魔ものです。この力をそっくり包んで丹田に埋めてみましょう。そうです。下腹部にグッと力を入れてみて下さい。上半身の無駄な力が抜けるのがお解りでしょう。もし出来ない方は、椅子に腰掛けて両手で座っている板の部分を上に持ち上げるようにしてみてください。絶対に持ち上がりはしませんが、両腕の力と同時に、下腹部に力が入ります。

この感覚をしっかり憶えて、今度は笛を構えて下腹部だけに力を入れてみましょう。スポーツではよく言われていますが、笛の場合でも、力をコントロール出来れば良い結果がうまれるでしょう。

コラム④

戯楽「嘯風輪舌《しょうふうりんぜつ》」とは何ぞや

（一九九三年公演パンフレット、テーマ「風」）

例年にない猛暑に見舞われた今年の夏は、大学の夏期講習や雅楽会の合宿、そして作曲、編曲の仕事が重なり、夏休みが終わってみれば自分の休みは全く取れずじまいだった。いつものことだが、自分の「仕事振り」の手際の悪さに自身呆れている。才能があれば半分か三分の一の時間で済むのに、と恨めしく思っている（最初から愚痴で恐縮）。まあ結果、休みは取れなかったものの、それなりの成果？はあったと自らを慰めている。

その成果の一つは、昭和五五年以来続けている（実は天理大学雅楽部に続けさせられた）伎《ぎ》楽《がく》の最終曲「酔胡《すいこ》」が出来上がったことである。昭和五五年、東大寺大仏殿昭和大修理落《らっ》慶法要《けいほうよう》の奉納演奏に際し、NHKの堀田謹吾氏より復曲・作曲のチャンスを与えられてから、なんと一三年の歳月が過ぎてしまったが、〈行道乱声《ぎょうどうらんじょう》〉〈獅子《しし》・曲子《きょくし》〉〈呉公《ごこう》・呉女《ごじょ》〉〈迦楼羅《かるら》〉〈崑崙《こんろん》〉〈婆羅門《ばらもん》〉〈金剛《こんごう》・力士《りきし》〉〈太孤《たいこ》〉〈酔胡《すいこ》〉がやっと揃って伎楽一具が完成した。この伎楽の復曲・作曲の功罪については、別の機会に述べるとしよう。

さて、次なる第二の成果は「実験コンサート」のための作品である。この実験コンサートを企画したのは、現代音楽作曲家の中でも特異な存在である高橋悠治氏。「管絃心戯《かんげんしんぎ》」と銘打つこの試みは、東京渋谷の東急文化村にある劇場「シアターコクーン」のスペースで今秋（一九九二年）一〇月下旬、四日間行われる。出演者は、石川高（笙《しょう》・竽《う》）、八百谷啓（篳篥《ひちりき》・メイ）、芝祐靖（龍笛《りゅうてき》・排簫《はいしょう》）、松井久子（箜篌《くご》）、高田和子（三弦）、仙波清彦（鼓）、三宅榛名（二弦琴）、高橋悠治（コンピュータ）の八名。午後三時から九時まで延々六時間のマラソンコンサートである。メインとなる曲は高橋悠治氏、三宅榛名さんと芝祐靖がそれぞれ三〇〜四〇分の曲を作り、それを六時間の前・中・後に配し、その間を独奏や二重奏で繋ぐ。

　では私の作品、戯楽〈嘯風輪舌《しょうふうりんぜつ》〉について少し述べさせていただこう。伽於須（カオス）調？に属する〈嘯風輪舌〉のほとんどは図形楽譜によって演奏される。私の作品として最初の図形楽譜であるこの曲の構造と思考は、日本音楽の《音の仕組み》に焦点をあてたものであるが、これは、国立劇場の木戸敏郎氏のコンセプトとアスペクトに感化されている部分が多い。日本の音楽が天地の神祇《じんぎ》をまつる祭祀にくみこまれて演じられていたころ、祭祀そのものが方位や季節に則って構成されていたために、「音」に宇宙のさまざまな現象と意味を担わせ、その巧みな組み合わせによって天地を支配する宇宙の秩序を再構成する役割を演じていた。これは東洋文化の根底に存在するインド哲学、中国の思想などの形而上学の影響によるもので、現にインド音楽から日本の雅楽まで共通した四季感や方位に支配されている。日本の音楽文献で、これら形而上学についての研究記述は鎌倉時代に盛んに行われていたようである。中でも北山隠倫涼金《きたやまいんりんりょうきん》撰（文治元年＝一一八五年）の『管絃音義《かんげんおんぎ》』は楽書として特異な存在で、宇宙の森羅万象が「音の仕組み」として見事に組み立てられている。「それ管絃は萬物の祖なり。天地を絲竹の間に籠め、陰陽を律呂の裏に和す。乾闥緊那《けんだつきんな》も同じく翫《もてあそ》び、鬼物人倫も等しく感ず。……すなわち且《しばら》く中笛の図に就きて調子の名義を明かす。その首尾あい合して一巻、これを名付けて管絃音義という。此に五音七声あり。七は則ち天の七星に配し、五は則ち地の五岳に応ず。」およそ我が国における音楽理論の専門書として書かれたもののうち、おそらく最も古いものと考えられる。音楽理論第一号でありながら、音楽理論の内容そのものが今日の常識を持ってするものとは甚だかけ離れていることに、この書物の特異性が示されている。今回の作品、伽於須調〈嘯風輪舌〉は、この『管絃音義』の学説の中枢をなす陰陽五行説に、日本の芸能の五態を組み込ませた図譜を作り、五行説にしたがって演奏をするものである。図譜（次頁の参考譜参照）に見られるとおり円（宇宙）は五つに仕切られ、中心にカオスが存在する。五行（木、火、土、金、水）は形而下の芸能五態（打鼓、弾絃、乙舞、歌唱、吹管）に置き換えられるが、図譜の進行と演奏は五行説（天地の間に循環流行して停滞しない元気、万物組成の元素の運行）に従う。

次に演奏例を示す。例えば横笛。この図譜で「吹管＝管楽器」は最初、五音《ごいん》の「徴《ち》」にあたり、五行の「火」となる。横笛は黄鐘調《おうしき》の音階（黄鐘均羽調《こうしょうきんう》＝ＡＢＣＤＥF#Ｇ）を用いて現代を象徴するマークシンボル（桑山弥三郎マークシンボル２）からのイメージを即興演奏、または外周の古楽譜に倣って古典楽曲を演奏する。芸能五態は、自らの音階と相生、相克を見極めて、ゆっくりと右回りに回転し五行を移行しながら音響色彩を変換していく……と言うような「わけの分からない定義づけ」をして張り絵のようにして楽譜を作り上げた……。

図形楽譜による私の最初の作品が、どのような結果をもたらすか判らないが、このような《遊び心》が古の雅楽にあったような気がするし、今日の雅楽にもあって欲しいと思いつつ記した。

芝祐靖 作曲

伽於須《かおす》調《ちよう》「嘯風輪舌《しようふうりんぜつ》」 楽譜の一部

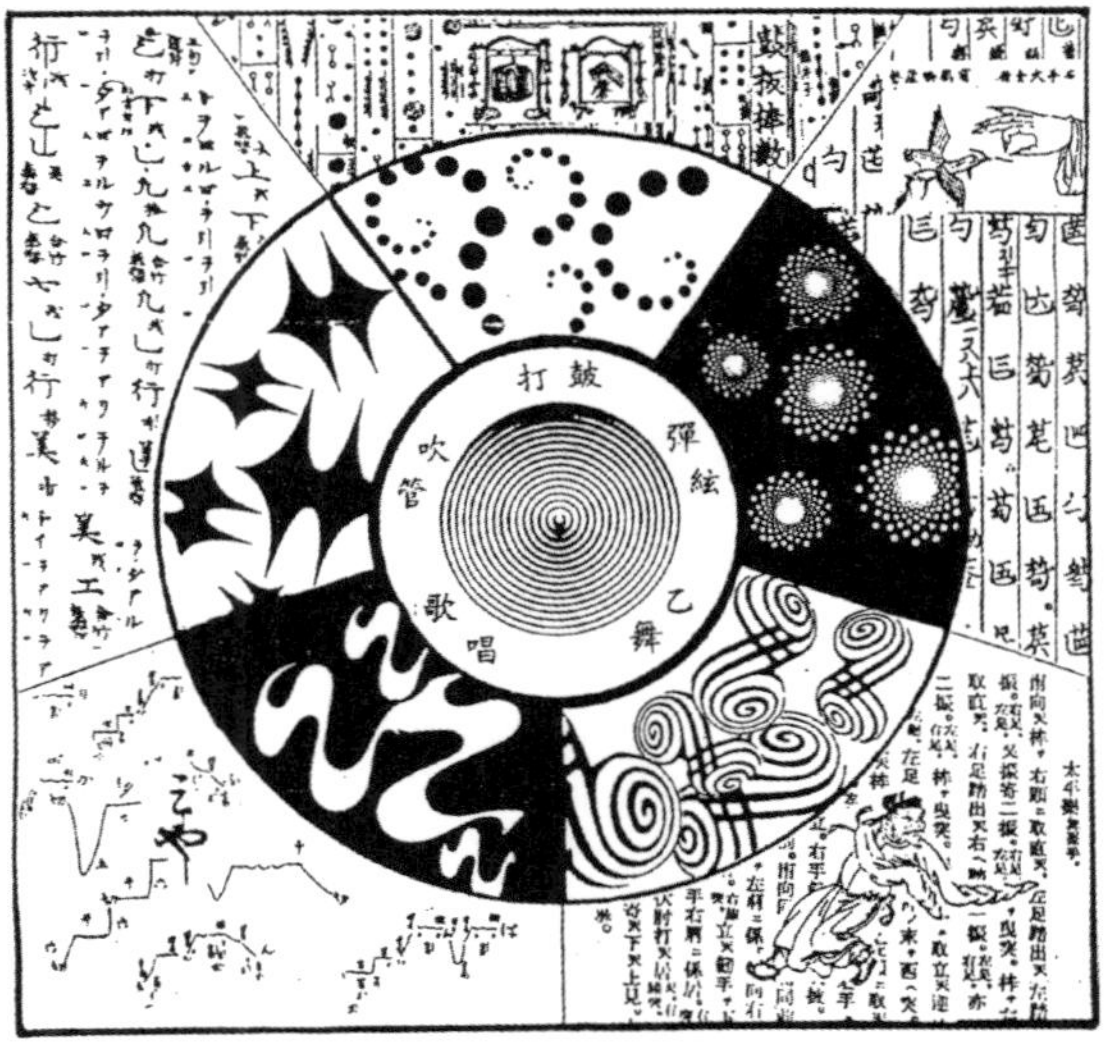

嘯風…詩歌、風流に心をたのしませること。

輪舌…楽譜に定められた以外の（即興）演奏。

乾闥《けんだつ》…乾闥婆《けんだつば》、八部衆《はちぶしゆう》の一、香神《こうしん》、伎楽を奏する。

緊那《きんな》…緊那羅《きんなら》、音楽天、人首鳥身につくり鼓笛を為す。

黄鐘均《こうしようきん》…黄鐘《こうしよう》、古代中国十二律の一（C）。均は音階。

コラム⑤

浄めよう雅楽

（一九九八年公演パンフレット、テーマ「浄め」）

世紀末を迎えた日本は、国を挙げてクレージー&カオスの症状を示しているようです。政界しかり、金融界しかり、そして青少年犯罪の急増加などなど、新聞は暗い話題ばかりが紙面を飾っていて、二一世紀への明るい展望は全く見当たりません。ほんとうに日本はどうしてしまったのでしょうか。

このようなときに天理大学雅楽部が雅楽演奏会のテーマを「浄め」にしたことは大変タイムリーと思います。どなたのご発案か存じませんが、発案者はきっと雅楽の世界も浄化が必要と感じられたのでしょう。

鎌倉、室町時代以後、衰退と再興を繰り返しつつ、細々と伝承されてきた雅楽は、明治のご維新を背景に「雅楽譜統一」という一大改革をなしとげました。この統一雅楽譜（明治撰定譜）の完成こそ、画期的な雅楽界浄化と活性化となって、その後の雅楽の隆盛につながったのです。しかし、これはかなり難事業だったでしょう。京都、奈良、大阪の各楽所の集合体である雅楽局（当時）における雅楽譜の統一は三方楽所《さんぽうがくそ》それぞれの威信と名誉がかかっているとも言えるので、作業に携わった方々（特に選ばれた経験豊富な楽人）の苦労と心労は想像を絶します。

六年の歳月をかけて明治九年に第一期の明治撰定譜が完成したわけですが、一方、演奏方の楽人にとっても、長年慣れ親しんで暗譜して手中の楽曲となっているものを、新しく統一楽譜のものに再暗譜しなおし、合奏訓練を重ねる苦労も大変なことであったろうと推察しています。

そしてこの混乱期に楽人は、舶来礼讃の風潮をバックにしたお役人（式部寮）から欧州楽（西洋音楽）の演奏も命じられ、やむなく洋楽器の練習も始めました。明治政府によって雇用されているとはいうものの、かなりのオーバーワークです。

明治天皇の勅令で関西の地から、なかば強制的に東京に住まわされ、神事の奏楽、雅楽の統一と伝習、西洋音楽の修得、あげくの果てに安月給ときていれば、ただ泣きっ面に蜂というところです。

この苦境を乗り切ったのは、明治男の気骨と「伝統雅楽の継承」への責任感と意気込みがあったからでしょう。太平洋戦争後の宮内庁楽部のピンチを救ったのも明治男の情熱で、私たち軟弱な昭和生まれを厳しく指導して下さいました。しかし、雅楽の近代化（浄化）をなしとげた明治時代も、その精神も次第に遠くなってしまった昨今です。

最近、身の廻りの雅楽会の動向をみますと「平穏の水たまり」という感じがします。平穏は結構なことですが、平穏の池も時が経つにつれ苔がはえ、水は濁り、害虫が発生します。そうなる前に叡知（浄め）の清水を流し込んで濁り水を取り除く英断が必要なのではないでしょうか。

古典雅楽曲は世界の芸術音楽のトップにランクされる作品ばかりです。先達が辛苦の末に伝え残してくれた宝ものです。神仏に供える時も、観衆に披露するときも、そして次世代に伝える時も、よくよく心身を浄めて雅楽に取り組んでいただきたいと思います。

コラム⑥

420ヘルツへの回帰
君は真の楽音を聞いたか

（一九九九公演パンフレット、テーマ「老い」）

天理大学雅楽部からの投稿依頼書を見たのは六三歳になった誕生日の翌日でした。恒例のテーマコンサートを楽しみにしており、今年のテーマは何かな、とやおらテーマを見たところ、「老い」という文字が目に入りギョッとしました。「オイオイ、いい加減にしろ！」と思わず叫びました。

笛を吹けば息苦しく音に艶がない。舞を舞えばひざが笑う。それなりに鍛錬しているつもりでもダメです。そう、老化なのです。いよいよ死へのスロープを昇り始めたな、という寂しさを実感している時に「老い」のテーマは強烈な追い打ちとなりました。まあ、そんなことをクドクド言っても仕方がないので、以前から思っていたことを少しばかり記してみましょう。

私の手元に「御嶽丸《みたけまる》」という古い龍笛があります。これは先祖伝来の楽器ではなく、昭和二七年ころ、彦根城の楽器調査を依頼された亡父、芝祐泰が調査の謝礼として、当主、井伊《いい》直愛《なおよし》氏から送られたものです。

花菱蒔絵の笛筒に入った龍笛には、次のような鑑定書があります（次頁掲載）。この鑑定書が書かれた文化一二年は西暦一八一五年で、丁度大老、井伊直弼《なおすけ》が生まれた年に当たります。そしてそれより四〇〇年ほど前の楽器といいますから、一四〇〇年代、室町時代の作となります。かなり吹き込んであり、歌口のあたりの竹が擦れていますが、大切に扱われていたものと見えて、樺巻《かばまき》の損傷がなく、見事な龍笛です。

では、この御嶽丸の吹き心地と音色について記しましょう。吹き心地は実に爽快です。ただ、かなり息の要る楽器で、永年横笛を吹いている私でも目眩を感じるほど息が要ります。吹き込んだ瞬間の音の出具合は実に気持ち良いものですが、その音色を持続させるにはかなりの体力を必要とします。

奏者の私は自身の演奏の聴き手には回れませんが、以前（一九八八年）東京文化会館小ホールのリサイタルで「蘇合香《そこう》」の序一帖を独奏した時のお客様の反響は、「幅広く厚みがあり、そして優しい響き」と御嶽丸の音色の良さばかりでした。

ただし、この音色良い楽器はピッチが四半音ほど低く（A＝420ヘルツ）今日の管絃合奏には使用できません。どうしてピッチの低い龍笛が造られ、吹き込まれてきたのでしょうか。そうです。当時のピッチは現在のピッチより低かったのです。

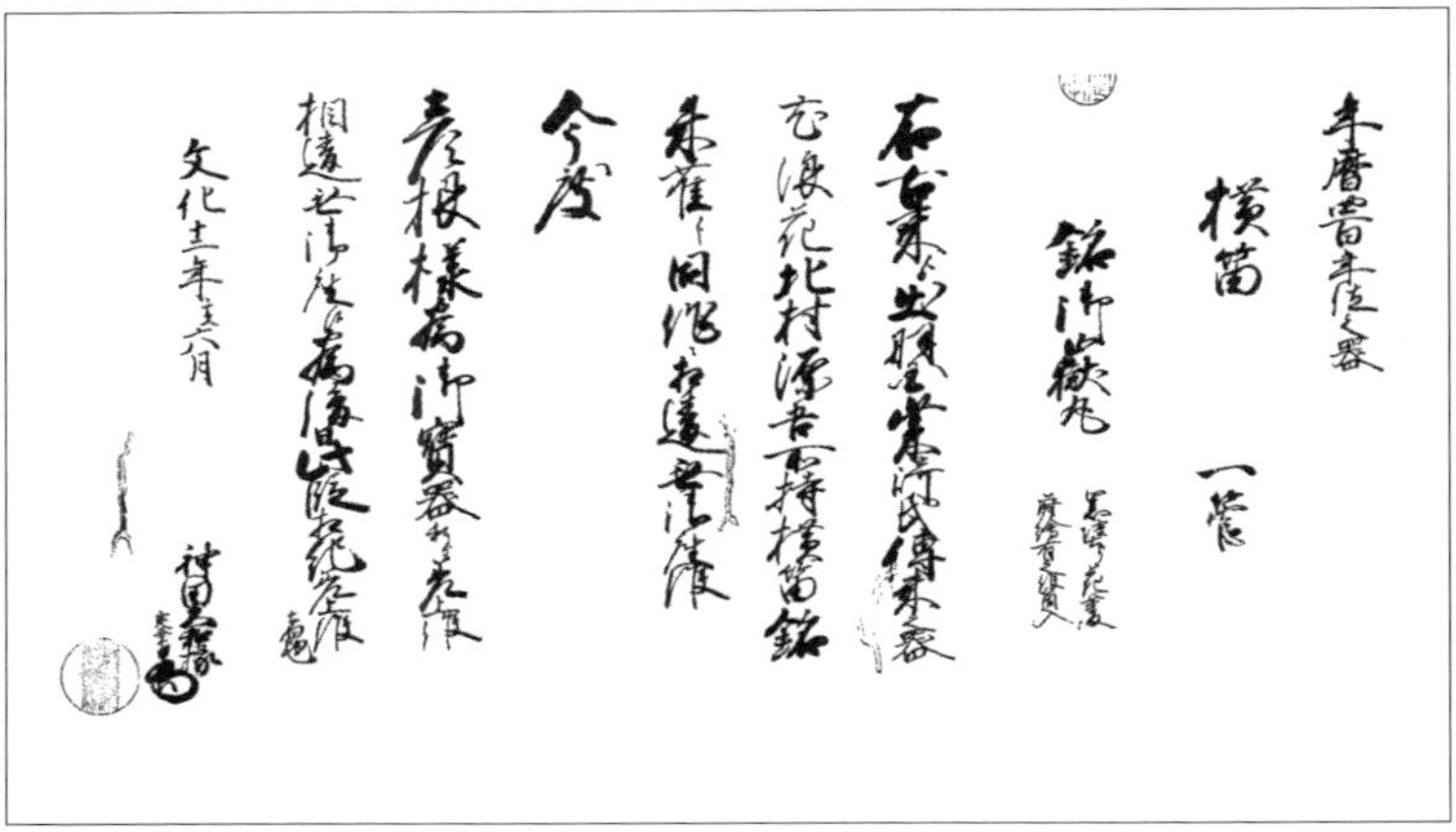

御嶽丸鑑定書（原文）

年暦四百年位之器

横笛　一管

銘御嶽丸　黒塗り花菱蒔絵有之候筒入

右古来ゟ出羽国柴崎氏伝来之器

尤浪花北村源吾所持横笛銘

朱雀ト同作ニ相違無御座候

今度

彦根様為御寳器私ゟ差上候

相違無御座候為後日此段御記差上候者也

文化十二年亥六月　神田大和掾（花押）定幸

御嶽丸鑑定書（書き起こし）

ではどうしてピッチが上がってしまったのでしょうか。

これは明治初期に導入された欧州楽（西洋音楽＝当時430ヘルツ）と雅楽を合奏させよう、という、無茶な発想によるもので、もともと420ヘルツの雅楽器を無理やり430ヘルツに上げてしまいました。「たった四半音ぐらいのことで大騒ぎするな」と思われますが、実はこれが雅楽にとっては致命傷ともいえる音色変化をもたらし、笙、篳篥、龍笛、琵琶、箏すべての雅楽器の響きは、堅く、冷たく、軽薄になってしまいました。以来百数十年、軽薄な響きで伝習し演奏を行ってきてしまっています。

私自身、昭和二三年ころから雅楽の修行を始めたので、430ヘルツのピッチになんの疑問も持たず、三〇年間「このようなものか」と演奏を続けてきました。しかし、御嶽丸の発音の手応えや響きによって「現在の雅楽の響きは、古制の雅楽の響きではない」と疑問を持つようになったのです。西洋音楽のピッチは更に上がって、442ヘルツに定着した今日、雅楽器が音色の悪い430ヘルツに留まっている理由はありません。

420ヘルツで調律された雅楽器の合奏は、きっとまろやかで暖かく古制の響きを醸し出してくれることでしょう。大英断を以て古制の420ヘルツへ戻すべきだと思います。

編者注：鑑定書に見える「神田大和掾 定幸」は一八〜一九世紀に活躍した楽器師・神田家の人。神田一族による同様の鑑定書が紀州徳川家旧蔵楽器群の中にも多数見られる（国立歴史民俗博物館『紀州徳川家伝来楽器コレクション』二〇〇四）。

コラム⑦

ちょっと難しい「輪」

（二〇〇〇年公演パンフレット、テーマ「輪」）

昨年のテーマ《老い》にはいささか気分を害していた。しかし、東京公演の「採桑老《さいそうろう》」を拝見すると、詠を復活し余命を手燭《てしょく》で表すなど、とても素晴らしい演出で、すっかり気分を良くした。

今年の《輪》の寄稿は多少お堅い内容となってしまったことをあらかじめお詫びする。

小生宅に「芝宗家文庫」と書かれた縦五〇センチ、横一メートル、高さ八〇センチ程の杉板製、九段重ねの書棚がある。江戸期の写本と思われる仁智要録《じんちようろく》、三五要略《さんごようりやく》、信西古楽図《しんぜいこがくず》、管絃音義《かんげんおんぎ》、教訓抄《きょうくんしょう》、體源抄《たいげんしょう》、楽家録《がっかろく》などの古楽書のほか、掌中要録《しょうちゅうようろく》、周伶金玉抄《しゅうれいきんぎょくしょう》、鳳管抄《ほうかんしょう》、龍吟抄《りゅうぎんしょう》などの古譜が雑然としまい込まれている。

これらの書物は芝総本家である芝葛鎮《ふじつね》（明治時代の楽長）の所蔵であったが、本家筋が楽道を離れたために分家の祐泰《すけひろ》（亡父）のところで管理することとなり、昭和三〇（一九五五）年九重の木棚を作って書物を収めた。父の死後、小生の所で預かっているものの、湿気の時期には除湿機をつけっ放し、紙魚《しみ》の心配もあるので半年ごとに樟脳を入れ替えている。また火事で焼いてしまったら大変と心が休まらず、結構厄介ものである。

過日、白露も過ぎたので、一段ずつ樟脳を入れてみたが、三段目に無題の奉書包みがあり、何かと開いてみたところ、出て来たのがこの「呂律輪転図《りょりつりんてんず》」であった。輪転図は二重線の内円は回転し、更にその上にもう一枚、呂律を決める円盤がある。則ち三重の円盤となっている。

正確にいつ頃のものか不明であるが、書体は芝葛鎮のものなので、ある程度の時期は解る。葛鎮は嘉永二（一八四九）年奈良で生まれ、明治三（一八七〇）年に明治政府（太政官）雅楽局に入る。明治一三年に文部省音楽取調掛《おんがくとりしらべがかり》併任とあるので、この「輪転図」は明治一〇（一八七七）年ころの作製と思われる。葛鎮二八歳、世は文明開化の真っ盛り、宮内省雅楽課は雅楽曲の統一と欧州楽導入でてんやわんやの時期である。そこへ音楽取調掛からの依頼で、幼児のための保育唱歌作曲が課せられた。雅楽伝承と欧州楽の練習で手一杯の雅楽人にとって、洋楽風の保育唱歌の作曲は難問であった。そこで、ピアノの経験のある葛鎮が、和洋の音律対照と雅楽の呂律音階、そして雅楽管楽器の保持音律の「早わかり表」として製作し先輩や同僚に示したものと推察する。

楽書が割合簡単に見られ、知識豊富な今日の雅楽人も、いざ「呂律音律論」となると尻込みしてしまう。ましてや口伝至上の時代、そして洋楽導入期の当時の雅楽人にとって、和洋音律比較は至難であったであろう。この「輪転図」がどれほど活躍したかは計り知れ

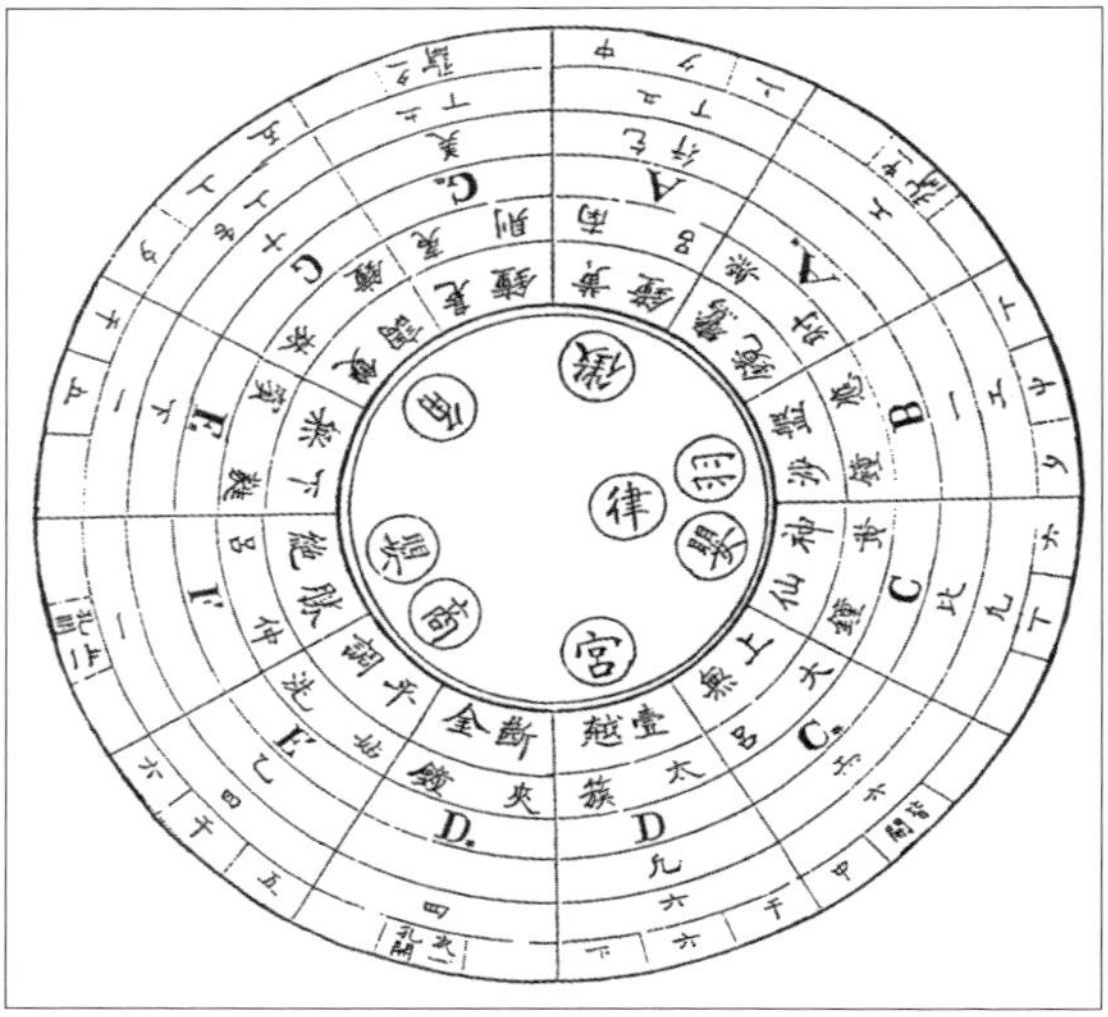

呂律輪転図（1/10 縮小）

ないが、「音律早わかり」の道具としては画期的なものである。

この「呂律輪転図」を眺めて、「アレ！おかしい」と思った方は大変な音律通である。中心の輪は「壱越宮律旋《いちこつきゆうりつせん》」を示している。唐楽《とうがく》の壱越調は呂旋《りょせん》であるはずだ。その通りである。ではこれは何なのだろうか。これは保育唱歌をつくるために新しい音階を作ったのだと私は考える。そしてあの《君が代》も、この「壱越宮律旋」で作られた。

さて、許された字数をオーバーしたし、これより先へ進むと話が《輪》をかけて難しくなるので、この続きはいずれ改めて記すこととしよう。

コラム⑧

一冊のパンフレットから（楽部の黄金時代）

（二〇〇一年公演パンフレット、テーマ「笑い」）

毎年夏になると、そろそろ天理大学雅楽部の寄稿依頼がくるのではと思っていますが、今年は丁度誕生日にハガキが舞い込みました。

寄稿承諾はしたものの、なにを書こうかと考えるのは毎年のことです。頭に浮かぶのは、過ぎた日（楽部時代）の思い出ばかりです。まさに歳をとった証拠ですね。

昭和一〇（一九三五）年生まれなので六五歳、体力的にかなりくたばってきたなあと感ずるこのごろですが、同じ一〇年生まれでも、バリバリ現役が沢山おります。世界的な指揮者、小澤征爾さん。プロ野球、阪神の野村監督。たしか、オリックスの仰木監督も一〇年生だと思います。私の身近にも、琴古流尺八の青木鈴慕《れいぼ》さん（人間国宝）、歌舞伎囃子の堅田喜左久《かただきさく》さん（人間国宝）など皆さん大活躍されています。新世紀に向かって、彼らの爪のアカでも煎じて飲みたいものと思っています。

すっかり前置きが長くなりました。今回はなにを書こうかと書棚の過去のパンフを探っていましたところ、一番右隅にひっそりと三〇数年間挟まれていたパンフがあり、眺めていますと若き良き時代が蘇ってきましたので、その想い出を記したいと思います。

パンフレットの表紙は安摩《あま》の雑面《ぞうめん》そのままという当時としてはユニークなものです（寺内注・五八頁参照）。ただし時の経過でセピア色になっています。ページをめくると、国家指定芸能特別鑑賞会「舞楽公演」といういかめしいタイトル。そして、

主催・東京都教育委員会　㈶演劇研究会
後援・文化財保護委員会
出演・宮内庁式部職楽部部員（パンフのまま）

こうなれば、いかめしいのももっともです。

［日時］昭和三九（一九六四）年三月七日
［場所］東京文化会館大ホール
［演目と配役］
①振鉾（えんぶ）　左方　薗《その》　廣茂《ひろしげ》
　　　　　　　　右方　多《おおの》　久尚《ひさなお》

②安摩（あま）

二《に》の舞《まい》

③蘭陵王（らんりょうおう）

④納曽利（なそり）

⑤太平楽一具（たいへいらく）

⑥長慶子（ちょうげいし）退出《まかで》音声《おんじょう》

「管方」

笙《しょう》

篳篥《ひちりき》

多　忠麿《ただまろ》

芝《しば》　祐靖《すけやす》

東儀《とうぎ》信太郎《しんたろう》

薗　廣晴《ひろはる》

辻《つじ》　寿男《としお》

林《はやし》　多美夫《たみお》

山田《やまだ》清彦《きよひこ》

東儀信太郎

薗　廣晴

多　忠麿

芝　祐靖

豊《ぶんの》　雄秋《かつあき》

林　廣一《ひろかず》

東儀和太郎《まさたろう》

東儀良夫《よしお》

薗　廣育《ひろやす》

薗　隆博《たかひろ》

東儀　博《ひろし》

東儀兼彦《かねひこ》

笛　上《うえ》　近正《ちかまさ》　芝　孝祐《たかすけ》
　東儀文隆《ふみたか》　山田清彦
　東儀　勝《まさる》
鞨鼓《かっこ》＝安摩二の舞・太平楽・長慶子　安倍《あべ》季厳《すえよし》
鞨鼓・三の鼓＝蘭陵王・納曽利　東儀兼泰《かねやす》
太鼓＝安摩二の舞・太平楽・長慶子　蘭　廣進《ひろゆき》
太鼓＝蘭陵王・納曽利　多　久尚
鉦鼓《しょうこ》　鶴川《つるかわ》　滋《しげる》

ざっと見ますと三一名。楽師も結構人数がいるように見えますが、一人二役が六名いますので、実質は総勢二五名です。

さて、この演奏会の配役が楽部の掲示板に出たのは、会の半年以上前だったと思いますが、それを見たとき「アレー！　どうしよう」と仰天しました。舞の苦手な私にとって、一晩に〈安摩〉と〈太平楽〉一具を舞うのは、とても無理だと思いました。幸い、楽生時代、通して舞をご指導戴きました恩師蘭廣茂先生が、ご退官後も技術指導員として、楽道全般に亘って指南役をされておられましたので、安摩をこまかくご指導いただきました。

一臈《いちろう》の忠麿先輩は、舞が得意でしたので憶えが早く、どんどん進みますが、私は憶えが遅く「相変わらずダメだな〜おまえは」と廣茂先生に叱られながら少しずつ習いました。「出手」から「乱序」そして「囀」にかかったとき、さしもの多忠麿さんも「これは大変」と思ったのか、「舞譜を書こう」と提案してきました。私も大賛成でしたので大学ノートを用意し、習った順に「出手《でるて》」、「乱序《らんじょ》」、「囀《さえずり》」、「笏指手《しゃくさすて》」、「登手《のぼるて》（鹿婁《ろくろ》）」、「入手《いるて》」を交替で書き留めました。後に見直してみるとまるで幼稚な譜で、国宝的?・舞譜「東儀信太郎左舞譜」には比べるべくもありませんが、書き記した作業によって舞が身に付いたことは確かでした。

一方、〈太平楽〉も一具（全曲）演奏ということで大変でした。一臈を舞う東儀信太郎師にご指導いただき、なんとか手順は憶えましたが、四人の舞人の鉾や太刀の動きをそろえるのに苦労しました。ご承知のように、〈太平楽〉は道行＝朝小子《ちょうこし》、破＝武昌楽《ぶしょうらく》、急＝合歓《がっか》塩《えん》の組曲形式で、特に「破」は延八拍子《のべやひょうし》（二分の四拍子）で拍子二〇（四〇行）という現行雅楽曲の単独曲の中で最も長い曲です。通常、〈太平楽〉を演奏する時は、「破」を半分（逆鉾《さかほこ》）を省略し、「急」も略法で演奏しますが、このときは、安倍楽長の指示で「全曲演奏」となりました。

演奏会も近くなり、本番と同じ装束を着けての稽古をした際、シャツ姿での練習時とあまりにも違うのが驚きでした。〈安摩〉にかぶる紙製の雑面が意外に息苦しかったり、走舞のような舞振りのある〈安摩〉では、襲装束《かさねしょうぞく》の裾がやたらと足に絡み付くこともわかりました。また、〈太平楽〉装束は鎧《よろい》、肩喰《かたくい》、魚袋《ぎょたい》、胡簶《やなぐい》、帯喰《おびくい》の紐類ががんじがらめに身体に纏わり付き、動くたびに身体を縛り上げてくるのに驚きました。以後、〈太平楽〉を着装した時は、出番まで胡床に腰掛け、静かに動かないことを覚えました。兜の重さにびっくりです。二キロぐらいあるのでしょうか。舞の振りに「見る」という首を振る作法がありますが、まともに首を振ると、兜の重さで首がねじれて首筋を痛めることも体験し、「見る」は目で表現すればいいんだ、と先輩から言われました。演奏会当日、舞台稽古はせずに軽く場当たり程度として本番に臨んだように記憶しています。

とても辛い大変な体験でしたが、今思い起こせば、この時こそ、戦後の楽部の黄金時代の幕開けのように思います。間もなく国立劇場が開場し、昭和四二（一九六七）年には歴史的な演目、薗廣茂再興〈大曲・春鶯囀《しゅんのうでん》一具〉と安倍季厳再興〈胡徳楽《ことくらく》〉が上演され脚光を浴びました（第二回雅楽公演）。

廣茂先生、季厳先生のコンビでの復曲再興はその後も続き、〈萬秋楽《まんじゅうらく》〉、〈皇仁庭《おうにんてい》〉、〈蘇合香《そこう》〉、〈蘇志摩利《そしまり》〉が上演されました。またその間、若い楽師（上明彦、豊英秋、安倍季昌《すえまさ》、安斎省吾、大窪永夫、池辺五郎といった優秀な若者）が増えて、ここに戦後の楽部の黄金時代を迎えたわけです。

以来三〇余年が過ぎました。古くなったパンフレットを眺めていると当時が蘇り、気持ちも若返ります。しかし諸行無常、現実は厳しく、出演メンバー二五名のうち過半数の一三人の方々が既に他界されておられ、まことに寂寥の念を禁じ得ません。新世紀を迎え、きっと宮内庁の楽部に第二期黄金時代が来ることと思います。願わくば私の目の黒いうちに。

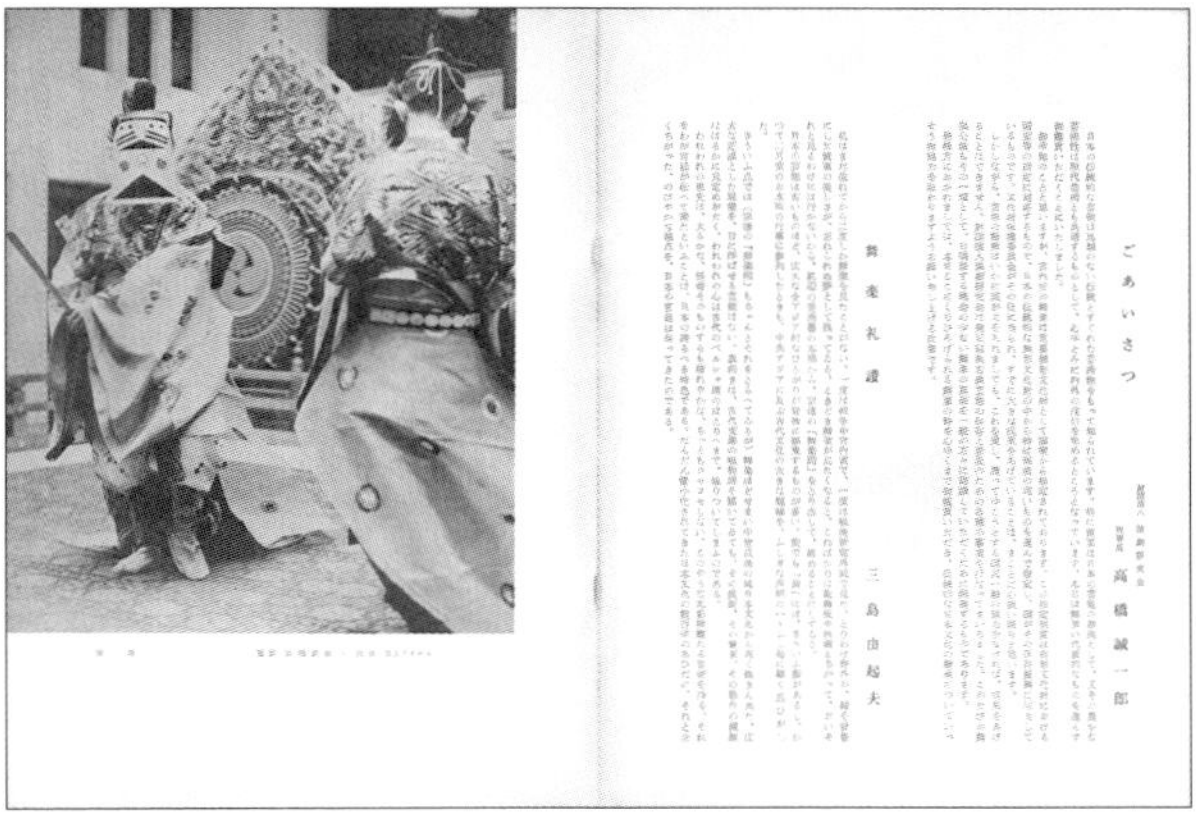

ごあいさつ

高橋誠一郎

舞楽礼讃

三島由紀夫

舞楽について

田辺尚雄

「国家指定芸能特別鑑賞会 舞楽公演」パンフレット、安摩（上）と二の舞（下）

コラム⑨

子供たちへの雅楽を考える

（二〇〇四年公演パンフレット、テーマ「相思千二年・源氏物語Ⅲ」）

《雅楽体験教室で思うこと》

遅まきながら二年ほど前より二～三回、ボランティアで小・中学校で雅楽体験教室を行っています。

始めに雅楽の伝来の様子や伝承の流れなどを簡単に説明して、ＣＤや生演奏で〈越天楽《えてんらく》〉を聴いてもらいますが、子供たちは「不可思議な音が鳴っている」という程度の反応しかありません。しかし、龍笛、篳篥、そして琵琶や箏に触れてもらって音が出るようになると、彼らは急に興味を示し、目を輝かして楽器を鳴らし、離そうとしません。

雅楽器に対しては鋭い反応を示しながら、聞いた音楽（越天楽）にはほとんど反応を示さないのは、そこに何か彼らを満足させることの出来ない理由があるのでしょう。聞き馴れない音色、リズムが感じられないほどのスローテンポ、抑揚のない響きなど、子供にとってはどれも苦手と思われます。

《悠長な雅楽のテンポは伝統か？》

私は一三歳のときから宮内庁楽部で雅楽を修業し、人生のほとんどを雅楽三昧で過ごしております。明治生まれの師匠から指導を受けた雅楽は、早《はや》拍子も延《のべ》拍子もすべて「スローテンポな雅楽」でした。師匠や先輩の演奏が伝統のすべてという楽部の掟に従って、この悠長な雅楽を疑う事なく五〇年余り演奏をし、そして後輩を指導してきました。

ところが近年の子供たちへの雅楽体験教室で、演奏しながら「こんな悠長なテンポでは、〈越天楽〉のメロディーやリズムが伝わらない。もう少し軽快なテンポで演奏したら子供たちも乗って来てくれるはず」と思うようになり、過去の雅楽演奏の速度（テンポ）を調べてみようと考えました。

《楽家録の的々《てきてき》拍子》

江戸時代の楽書『楽家録《がっかろく》』（安倍季尚《あべすえひさ》撰）に、雅楽の速度は脈拍を当てて示すという記述がありますが、それをあらためて見直しますと、「早楽《はやがく》には的々拍子を用いる」と記されています。「的々拍子」は現在ではまったく用いられなくなった雅楽用語ですが、「的々」を漢和辞典で見ますと「明るく輝くさま」とあります。この「的々拍子」こそ求めていた軽快なテンポ、と意を強くして、当時の楽譜を探しました。（次頁の参考譜参照）

すると享保元年（一七一六年＝江戸中期）岡昌倫《おかまさとも》撰『龍笛枢要譜《りゅうてきすうようふ》』という楽譜の中に、楽

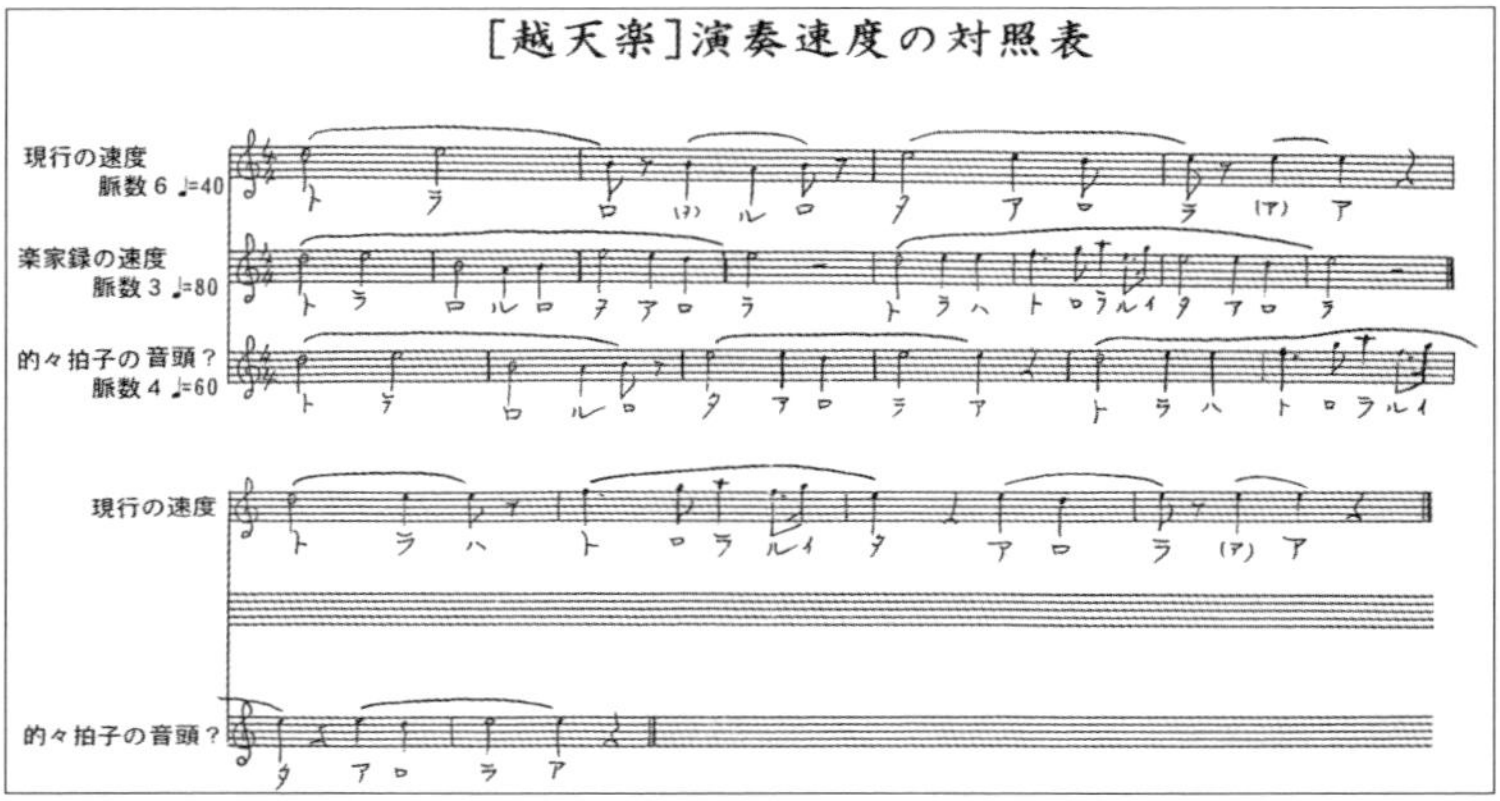

〈越天楽〉演奏速度の対照表（私家版解説書「幻のテンポ「的々拍子」復活の試案」より）

曲の息継ぎが示してありました。それによりますと、一フレーズ一息となっており、現在のような仮の息継ぎはありません。一息ということは当然早い間合いで吹奏したのでしょう。また、明治初期の楽人である上真節《うえさねたけ》、林廣守《はやしひろもり》、芝葛鎮《しばふじつね》などの共著『雅楽略解』にも一フレーズ一息が解説されています。

本稿は要旨ばかりでしたが、軽快なテンポ「的々拍子の雅楽」を子供たちに聴かせたく思い、記述しました。なおこの事に関しまして本年春に小冊子をまとめました。興味のある方はご一報下さい。

編者注：上記の対照表は、最後に触れられている「小冊子」からの転載である。

コラム⑩

管絃に［安名尊《あなとう》］を　その1

（二〇〇六年公演パンフレット、テーマ「源氏物語Ⅴ」）

呂の催馬楽《さいばら》（〈安名尊《あなとう》〉、〈山城《やましろ》〉、〈席田《むしろだ》〉、〈美濃山《みのやま》〉）が演奏会プログラムから敬遠されているのは寂しいことです。その主な原因は、伝承歌謡の歌唱音階と管絃付物《つけもの》譜（明治撰定譜）の音階が異なっていて合奏音楽にならないからです。まったく不思議な現象ですが、ここではその現象を探ることはせず、どうしたらお互いに歩み寄れるかを考えてみたいと思います。

私が薗廣進《そのひろゆき》先生から催馬楽〈安名尊〉歌唱のご指導を戴いたのは、たしか楽部の楽生六年（昭和二九）の頃です。ちょっとコブシを効かせた廣進先生の歌い回しは絶妙でした。そして安名尊を少しずつ習ったわけですが、さすがに中世歌謡の名曲、その歌い易さ、気品に満ちた優美なメロディーをすっかり気に入ってしまいました。もっとも先生は「安名尊　今日の尊さや　いにしえもはれ」という一段目の歌詞を、伝統歌唱法?・「アナタフト　ケフノタフトサヤ　イニシヘモ　ハレ」と歌われたので、意味はまったくわかりませんでした。

それから七年後、昭和三六年『雅楽大系』というレコードの収録が計画され、その曲目に〈安名尊〉がとり上げられました。〈安名尊〉のメロディーは覚えているものの、付物としての龍笛の吹き方に自信がなかったので、平生見る事のない明治撰定譜の催馬楽〈安名尊〉墨譜と付物譜に目を通してみて「これは何だ！」とびっくりしました。

明治撰定譜の歌譜に記きこまれている音律は、廣進先生に教えていただいたメロディーとまったく違いました。三管の付物譜そして両絃譜を見ても習い覚えた旋律はまったく見当たりません。そこで先輩方にお願いして明治撰定譜の〈安名尊〉付物譜を合奏してみました。すると三管・両絃はぴったりと合い、そして歌譜と合うことが判明しました。しかし、そこに現れた音楽は、双調音階そのものの「唐楽曲《とうがくきょく》」の旋律でした。

〈安名尊〉の演奏法に思案投げ首していたところ、『雅楽大系』の監修をしていた芝祐泰《すけひろ》(亡父)が昭和一七年にまとめた「双調宮催馬楽・管絃付物譜」なる書き物のコピーを持参して演奏者に配りました。その管絃付物譜は、伝承の〈安名尊〉メロディーに合わせてあるものの、笙は勝絶《しょうぜつ》(F)、鸞鏡《らんけい》(A#)、断金《たんぎん》(E♭)などの特殊音が出るように調律し、また箏と琵琶の調絃法も〈安名尊〉のメロディーに合うような特殊な調絃法が示されていました。演奏者一同は聴き慣れない響きに戸惑いながらも、この楽譜に基づいて〈安名尊〉を収録しました。

しかしこの改訂付物譜は伝承の双調(呂)催馬楽のみに通用する特殊な調律の必要があ

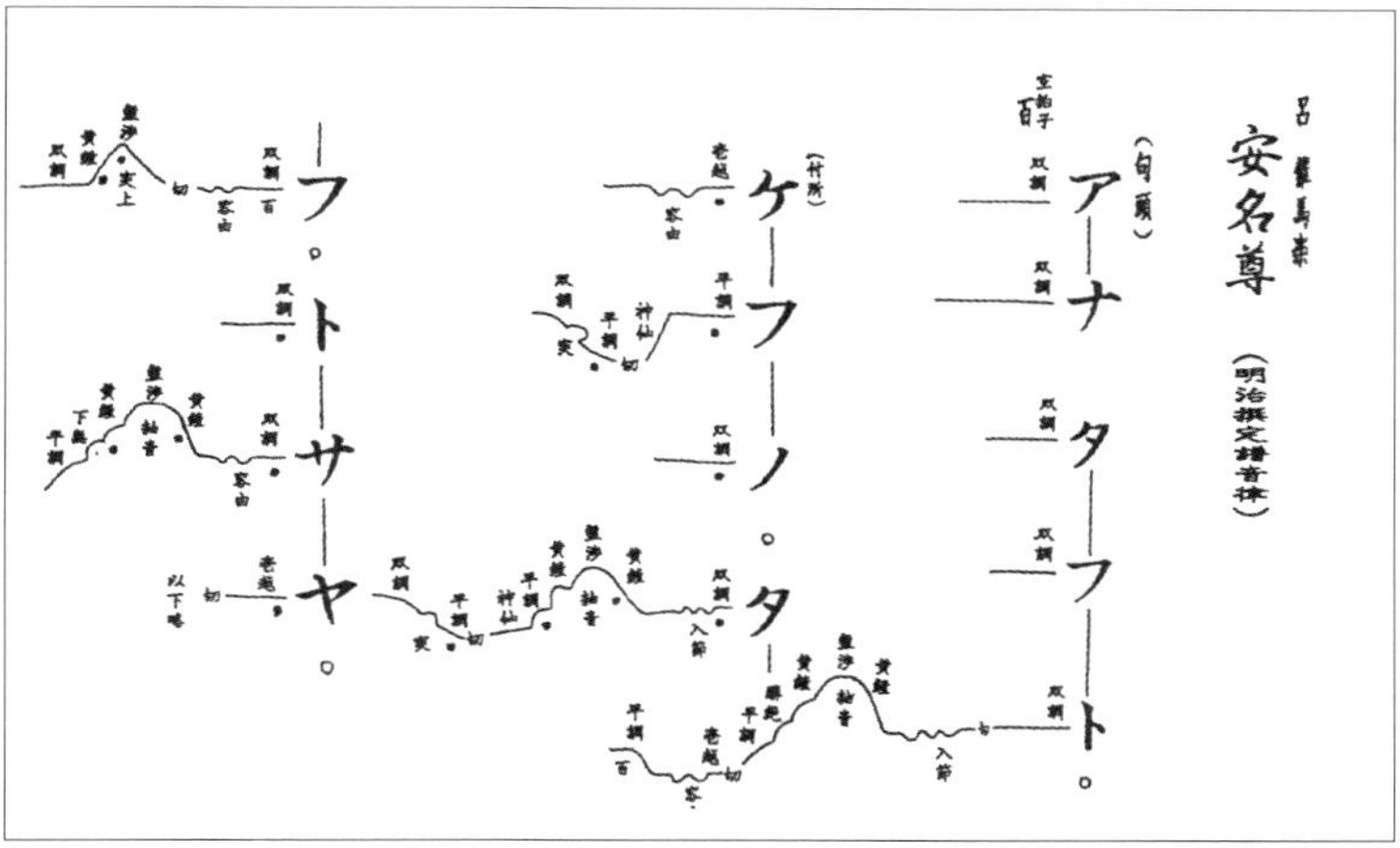

〈安名尊〉墨譜

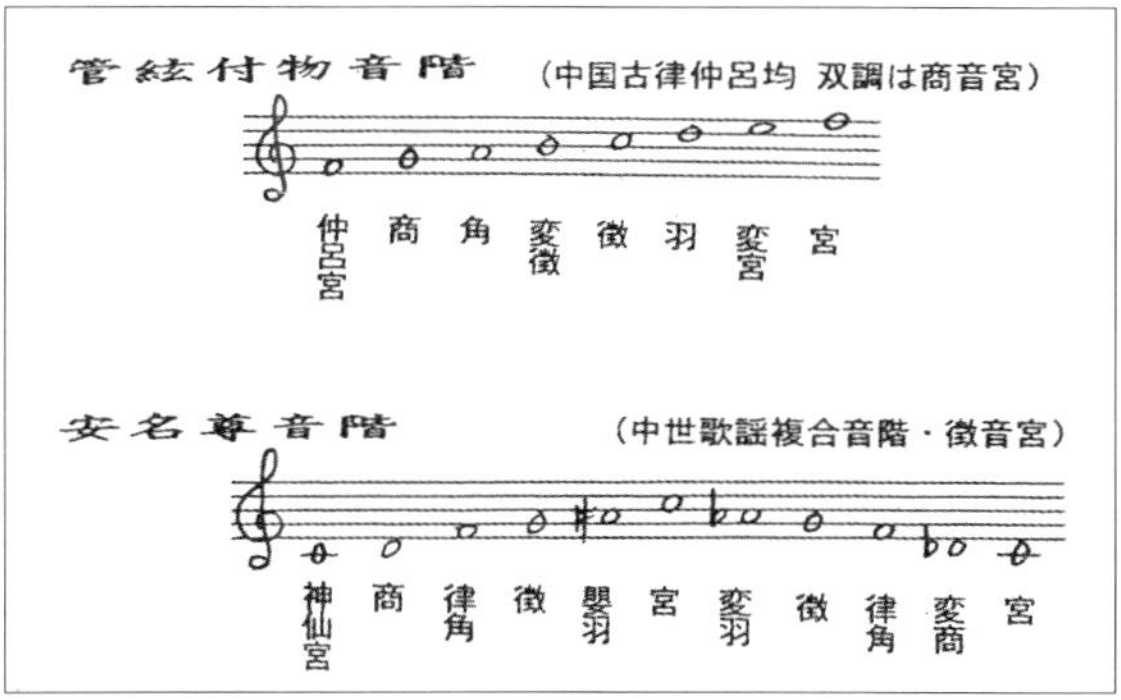

音律対照表

り、通常の管絃において双調楽曲とともに演奏するには不向きです。〈安名尊〉の伝承歌謡旋律を変えず、また笙の調律、両絃の調絃も変えず、管絃の双調曲とともに演奏するにはどうしたら良いか考えてみました。その結果は……。

丁度制限字数となりました。結果は次回に記しましょう。

コラム⑪

管絃に［安名尊《あなとう》］を　その2

（二〇〇七年年公演パンフレット、テーマ「源氏物語Ⅵ」）

［前回のあら筋］

呂の催馬楽《さいばら》〈安名尊《あなとう》〉は祝いの雰囲気に溢れ、気品の高い名曲ですが、近年では管絃の演奏に取り上げられることはほとんどありません。中世歌謡のなかでも、特に歌い易い優美な旋律を持っています。それなのに管絃に取り上げられないのは、不可解な現象があるからです。『明治撰定譜』の七不思議（もっとたくさんあるかも？）の一つです。それは伝承の歌謡旋律と付物（伴奏楽器）の楽譜とが異なっていることです。私は十代に師匠より習い覚えた旋律がとても好きですし、先輩楽師もきっと〈安名尊〉の歌謡旋律を、好んでいると思います。伝承の歌だけ歌っていれば問題はないのですが、管絃合奏に催馬楽を組み入れたときには笙、篳篥、龍笛、琵琶、箏の伴奏楽器が入ります。その伴奏楽器の楽譜に示された音律が、歌のメロディーと違っているので、合奏が不可能なのです。例えて言うとト短調（♭二つ）の歌にト長調（♯一つ）の音階で伴奏をしているようなもので、合奏になりません。

伴奏楽器のみの合奏音楽は、双調《そうぢょう》楽曲として、それなりの形を成していますが、この「水と油」の両者をいかにしたら交ぜ合わせられるか、双調に調絃した琵琶や箏（ト長調）と歌唱旋律（ト短調）の共存を探ってみました。

［歌謡と付物の歩み寄り］

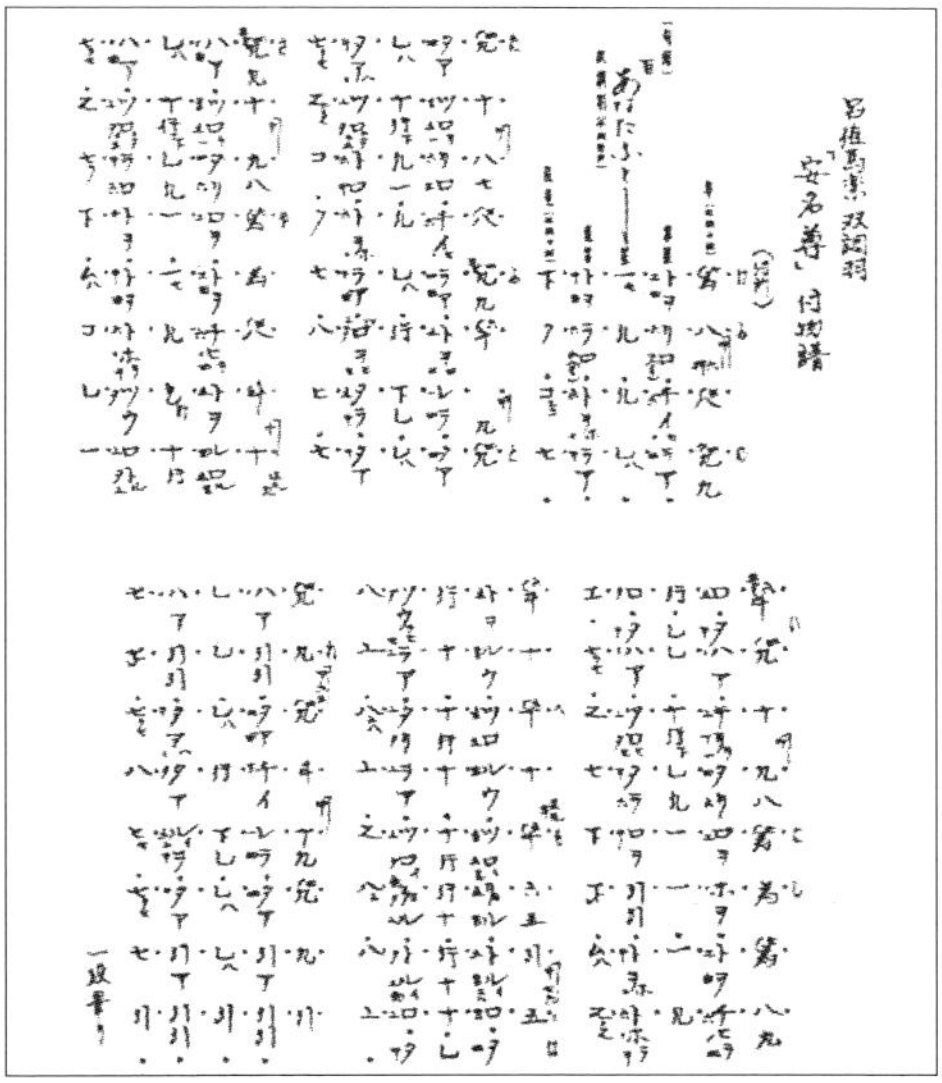

芝祐靖考案〈安名尊〉付物譜

子どもの頃より歌い馴れた〈安名尊〉のメロディーを損なうことは受け入れられないとする一方で、双調管絃の時に琵琶、箏の双調調絃を変えることは出来ないという、互いに譲れない条件がある中で如何にすべきか、かなり時間をかけて考えてみました。そこで見出したのが、まず〈安名尊〉歌謡全体の音高を移動してみることです。歌謡全体の音高を上下するのは、旋律そのものが変わるわけではないので、安易なことです（カラオケで歌い手に合わせてピッチを上下させるのと同じです）。そして双調調

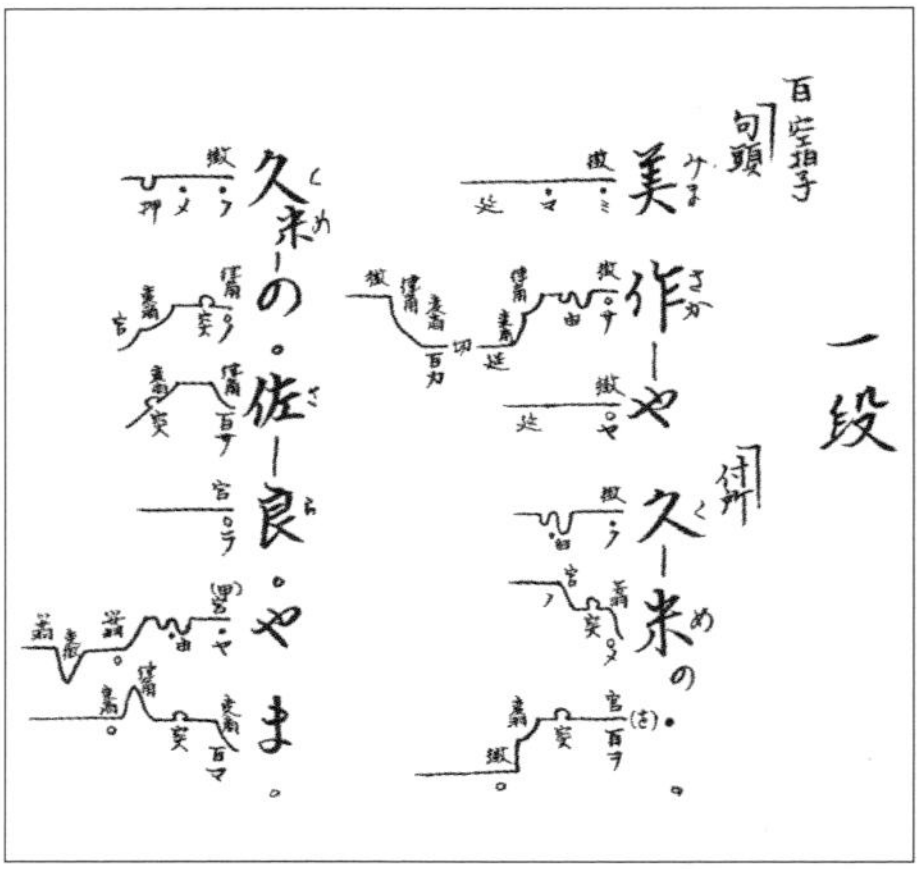

呂の催馬楽〈美作〉一段　墨譜

絃の箏の保持音に合う音高を探りました。色々探った結果、短三度下げたミ音（平調）から歌い出すと、双調調絃の箏の保持音にほとんど合うことがわかりました。これで解決したわけではなく、歌を短三度下げたので、付物（伴奏楽器）も短三度下げることとなり、明治撰定譜がまったく使えなくなり、三管・両絃ともに短三度下げた楽譜を新たに作る必要が生じます。多少手間のかかる作業ですが、こうしますと双調の管絃曲演奏に〈安名尊〉を組入れても、調絃を変えたり、笙の調律をし直さなくても済みます（ぜひお試し下さい）。

こうは申しても、「〈安名尊〉は双調で歌うもの」と主張される方（絶対音感の持ち主）や、明治撰定譜の付物にこだわる方もおられると思います。それももっともだと思います。しかしその場合は歌だけで唱和するか、明治撰定譜の付物のみ合奏演奏にするのかの二者択一となるでしょう。その結果、結局今までと同様、双調管絃時に安名尊が歌われることは、ますます遠のくこととなるでしょう。

コラム⑫

また始めた［手習い］

（二〇一〇年公演パンフレット、テーマ「源氏物語Ⅸ」）

もう少し吹き続けたいと、この歳（七四歳）になって手習いを再開しました。そして、もう一つの手習いは、先人がどのように笛を吹いていたか知りたくなって、亡父が書き写した江戸時代から明治時代の記述を探っています。最近見つけた、龍笛の吹き方を記した小冊子を紹介しましょう。

表題は「上霧《じょうむ》・上露吹忍《じょうろすいにん》之《の》記《き》」

「明治二十四年五月　楽友会演奏会講演原稿……」とあります。

この冊子の内容は、龍笛の吹奏法に終始していますので、当時の宮内省雅楽部の笛奏者で、楽長クラスの人物が講演するために記した原稿と思われます。

笛ヲ吹カントスル時ハ夫々《それぞれ》心得ガ御座リマス。則チ浜主ノ五重記《ごじゅうき》・十操記《じっそうき》ナドニ記サレタル事。起居《たちい》モシズカニ致シ、先ヅ楽座ヲ致スニハ一端座シテ夫レヨリ左足ヨリ前へ折リ後ニ右足ヲ折リテ組ミ合ス事。ソシテ笛ヲ取リ出スニハ左手ニテ筒ヲ持チ、笛ヲシズカニ筒ヨリ取リ出ス事。ソレヨリ中心ニ己ガ胸ヲ見ルベシト云フコト大事デアリマス。是ハ胸ハ心臓ガ主《あるじ》ナルガ故ニ、先ヅ心ヲシヅメンガ為ニ斯ハ申サレテイマス。身体ノカマヘノ事。笛吹ハ座ヲ少シク斜メニ向カヒ、左ノ肘正面ニ出シ、右ノ肘ヲ後ヘ出スト御座リマスレバ、所謂《いわゆる》三角ノ形ニ成ルノデ御座リマス。顔ハ上ヲ向カズ下ヲ向カズ、向カフ所ノ三四尺余リノ所ヲ見テ居ルガ宜シト御座リマスル。マタ、目ヲ動カシタリ他所見《よそみ》ハ尚更悪シキ事ナリ。マタ目ヲ閉ズルモ悪シト云マス。只々一通リノ目ヲ致シ居ルガ宜シイヨウデ御座リマス。身ヲ動カシ或ハ膝拍子、足拍子、ウナヅクヲ拍子トシテ吹ク類モ多クアリマスガ慎ムベキ事ニ御座リマス。躰ノソナヘハ腰ノカガマヌ様、腹部ヲ出シテ座シマス。マタ肩ノ怒ル様ニ成ルハ大イニ嫌フ事ニ御座リマス。笛ハ管ノ太キ音ノ渋ゲナルヲ、息間《いきま》ナガク、心ヨリ吹ケルヨウ修業スベキ事ト體源抄《たいげんしょう》、教訓抄《きょうくんしょう》、楽家録《がっかろく》、楽道類聚《がくどうるいじゅう》等ノ書物ニアラハシテ御座リマスレバ、能々《よくよく》守ルベキ事ニ御座リマス。

[上霧・上露吹忍] コノ二様ノ吹キ方ハ「管絃教録《かんげんきょうろく》」ニ云ッテアリマス。上霧ト申ス吹キ方ハ鞨鼓ノ拍子ヲ、ソラシソラシ吹キ、鞨鼓二拍子モ三拍子モ息ヲ継ガズシテ、一息ニ吹キシムル事ニ御座イマスル。則チ教録ニ「式部卿宮貞保親王《さだやすしんのう》（清和天皇皇子）ノ御笛《みふえ》ハコノ上霧トイフ御吹方ナリ。宮薨《こう》ゼラレテソノ後、五十年余モ過ギテ堀川天皇ノ御笛、マタコノ上霧ノ御吹キ方ナリ。其ノトキ、入道・前左大臣俊房《としふさ》（箏ノ上手ナリ）云フ。式部卿ノ宮、薨ゼラレ給イシヨリ、久々ニテ上霧ヲ聴聞スト申サレケリ」ト御

座リマス。古人ノ噺ニ狛氏ノ笛ハ皆コノ上霧ヲ学ブ様ナリト申サレタリト御座イマス。

マタ「上露吹忍」トイフ吹キ方ハ、息ヲ丸ク吹込ミ、鞨鼓ノ拍子ヲタシカニ受ケテ、篳篥ノ息継ギヲ吹キ続ケテ、始終句ノ切リ所ヲ篳篥ト同ジクスルヲ上露吹忍ト申シマス。コノ吹キ方ヲ善ク致シタル古人ハ大神《おおが》ノ惟季《これすえ》及ビ基政《もとまさ》ナリト申シテ御座リマス。古人秦《はた》ノ兼《かね》頼《より》ハ天性備ハリテ、音モ丸ク美シク上露吹忍ノ上手ト記シテ御座リマス。マタ秦ノ昌倫《まさとも》ノ笛モ上手ノ聞コエアル人ニテ、幼年ノ頃ヨリ師父ニハナレ、日々母ニ聞キテ工夫シテハ吹キ試ミ、或イハ萬歳楽百返吹キナドトイウ修行ヲシテ、ツイニハ鐵頤《かねおとがい》トイフ字名《あだな》ヲ取リシ人ナリトイヒマス。

技トイフモノハ心ニ励ミガナケレバ進マヌモノデス。永齢習練スレバオノズカラ、山ヲ昇リ峯ヲ越ヘテ坂ノ下リニナリテ平地ニ出ルガ如クナリ。追々神妙ヲ極ムルコト現ハレマス。手習ヒ始メハ音ノ大ナルモノナリ。習練ヲ遂ゲテ音ノ小サクナルモノナリ。是、技ノ手《て》訓《なる》ト云フモノデス。

習練セズンバ全ク成リマセズ。マタ習練シタトテ獨吹ノミデハ巧者ニハ成リマセズ。獨吹ノ修業ヲ遂ゲテ合奏ヲ成シ他管トノ合セ具合ヲ巧者ニ成ルヤウ修行スベキ事。巧者ニナレバ合奏ニ調和ス。和スレバ所謂ル夫レ「禮楽ハ能ク人心ヲ感動セシメテ正性ヲ全フシ、敬神ヲ生ズ」ノ諺ニ叶フト思ヒマス。

仮にこの講演者が五十歳代の方としますと、二十歳代は三方楽所の何れかに所属して、徳川幕府の儀式行事の奏楽に従事していたと思われます。この時代の楽人たちは、大政奉還にともなう明治政府の雅楽管掌という大変革をまともに受けましたが、その困難を乗り切った楽人魂に心より敬服いたします。

コラム⑬

「本なんか読むな！」

（未発表原稿、二〇〇三年二月一八日記）

「親の心子知らず」

子供のころと言っても二〇歳近くまで親父（祐泰）から、「本なんか読むな！　そんな時間が有ったら笛を吹け！」といわれ続けました。親父としてみれば、どうしようもない三男（小生）を、何とか一人前の笛吹きにしたいと思ったのでしょう。たしかに太平洋戦争を逃れて、長野に集団疎開に行っていた私は、空腹にさいなまれ、四六時中食うことに追い回されて、まったく勉強と縁がなくなっていました。

戦後半年して帰宅したときには、まったくグータラな少年となっていて、親父にしてみれば「こいつはどうしようもない。なんとか楽部（宮内庁楽部）に入れてもらって、しんがりのほうでもいいから皆にくっついて行ければお手当が貰える」と考えて「本なんか読むな！　そんな時間が有ったら笛を吹け！」と叱ったわけです。

……と思い続けて四〇数年経ちました。ところが最近、六七歳になって「いや、これは私の思い過ごしで、親父の意志は別のところにあったのではないか」と感じました。勿論、親父がダメ息子をなんとかしたい気持ちも確かにあったと思いますが、古楽書や古譜を見ることによって現行の雅楽、そして演奏法に疑問を抱くことを恐れたのではないかとも思えるようになりました。

ちょっと昔を振り返ってみましょう。

宮内庁楽部の雅楽伝習は、師匠と生徒一対一の「口伝」という方法です。七年間、師匠の唱歌《しょうが》と吹奏による指導が「雅楽のすべて」で、そこに疑問の入る余地はありません。徹底的に楽部流をたたき込まれます。そして楽生を卒業し師匠や先輩とともに日課という合奏練習をし、本番を重ねて二〇数年、やっと一人前の楽師（伶人）として扱われるわけです。

四〇歳を過ぎたころに音頭《おんど》（主奏者）を任されるようになりましたが、その頃になっても何の疑問も持たず、どっぷり宮内庁楽部流の演奏にのめり込んでいました。

親父が死んで芝家の蔵書を手元に預かって二〇年、若い雅楽演奏家から質問されるたびに、古楽書や古譜のページを開いて見ていますが、その度に新しい発見？ があると同時に親父の書き込みを見つけます。そう、きっと親父も古書、古譜に目を通すたびに、現行の演奏と昔日の演奏の違いに迷ったのでしょう。そして私に宮内庁楽部の伝統を守らせるべく「本を読むな！」と叱ったのだと、やっと最近気づきました。

師匠から叩き込まれた伝統の「雅楽」は宝物です。その宝物を大切にするのが我々伶人の責任です。宝物も錆び付いたりほこりがたまったりするので磨く必要があります。その磨き方を学ぶのが古楽書です。古楽書や古譜に記された資料は、雅楽の輝かしい有り様を示し、そして雅楽伝承の軌道修正に貴重な文献となっています。

伝承雅楽をしっかりと身に付けた上で過去を振り返ってみましょう。きっと一味違う演奏法が浮かび上がってきます。それを現代に生かすのも我々の責務です。

芝祐靖略年譜

一九三五年　芝祐泰・乙女の三男として誕生（八月一三日）
一九四〇年　五歳の頃からピアノとヴァイオリンを習う
一九四四年　小学三年生の時、長野県別所温泉に学童疎開（一九四六年二月帰宅）
一九四七年　小学六年生の時、進駐軍のために童舞〈迦陵頻〉を舞う
一九四八年　宮内庁楽部予科生
一九五一年　宮内庁楽部本科生
一九五五年　宮内庁楽部楽生科卒業（一二月二〇日）、技術補佐員
一九五七年　常勤技術員
一九五八年　宮内庁楽師（総理府技官）（二月一日）伊藤祥子と結婚（一一月三日）
一九五九年　皇太子ご成婚記念祝典曲作曲（五月）宮内庁楽部アメリカ公演（五〜六月）に参加
一九六〇年　長男誕生
一九六一年　『雅楽大系』録音／六二年『雅楽大系』が「芸術祭文部大臣賞受賞」
一九六四年　次男誕生
一九六六年　国立劇場開場
一九七〇年　宮内庁楽部ヨーロッパ公演に参加
一九七三年　武満徹〈秋庭歌〉演奏
一九七六年　宮内庁楽部ヨーロッパ公演に参加
一九七八年　東京藝術大学非常勤講師（楽理科）
一九八〇年　東大寺大仏殿昭和大修理竣成落慶法要（一〇月）、伎楽復曲
一九八二年　父・芝祐泰永眠（一〇月一〇日）

一九八四年　宮内庁依願退職（四月三〇日）
一九八五年　伶楽舎創設、音楽監督就任（七月一五日）
一九八六年　国立音楽大学客員教授
一九八七年　芸術選奨文部大臣賞（古典芸術部門）受賞
一九八九年　昭和天皇崩御（一月七日）
一九九三年　母・乙女永眠（五月二九日）
　　　　　　飛驒古川音楽大賞特別功労賞　受賞
一九九七年　モービル音楽賞（邦楽部門）受賞
　　　　　　廃絶曲復曲楽譜集『遠楽の復曲』出版
一九九九年　紫綬褒章受章
　　　　　　伝統文化ポーラ賞　受賞
二〇〇一年　国立音楽大学定年退職／招聘教授（三月三一日）
二〇〇二年　中島健蔵音楽賞特別賞　受賞
二〇〇三年　日本藝術院賞（恩賜賞）受賞
　　　　　　日本藝術院会員
二〇〇六年　芝家創設八〇〇年記念奏楽会（一〇月一〇日）
二〇〇九年　旭日中綬賞受賞
　　　　　　妻・祥子永眠（一〇月二四日）
　　　　　　次兄・祐順永眠（一一月一五日）
二〇一〇年　ミュージック・フロム・ジャパン三五周年記念「芝祐靖・雅楽の宇宙」（ニューヨーク、ワシントンＤＣ）公演（二月）
二〇一一年　文化功労者
二〇一五年　伶楽舎創設三〇周年
二〇一六年　国立劇場開場五〇周年記念　第八〇回雅楽公演「創造する雅楽　これからの千年に捧ぐ」で〈招杜羅紫苑〉と〈雅門松濤楽〉演奏さる
二〇一七年　伶楽舎第一三回雅楽演奏会が第一六回佐治敬三賞受賞
　　　　　　文化勲章受章

芝祐靖　作品目録（年代順）（二〇一七年一月現在、寺内直子作成）

備考

（1）伶楽舎コンサート（2012.1.26）プログラム添付資料「芝祐靖　作品目録」、および作曲者本人作成のリストなどをもとに作成。

（2）「分類」の項の「創作曲」「復曲」「伶楽」などの分類名は作曲者本人による

（3）「復曲」＝現行雅楽形式による遠楽の復曲：唐楽、高麗楽、朗詠、催馬楽、今様、風俗歌、男踏歌、伎楽

（4）「伶楽」＝伶楽合奏曲（復元正倉院楽器のための音楽）

（5）「創作曲」＝作曲者本人による新作曲

分類	作曲年月（CD発行）	曲名	編成	特記事項
皇室関係創作曲	1959（2016）	御成婚祝典序曲（皇太子殿下・美智子妃殿下御成婚祝典序曲）	オーケストラ	今上天皇御成婚、楽部初海外公演（米国）
皇室関係創作曲	1961（2016）	更衣幻想曲（晩餐会奏楽曲）	オーケストラ	レコード「雅楽大系」録音
創作曲（大編成）	1962/11/17（2016）	其駒（バレエ組曲「飛鳥物語」の音楽、NHK委嘱、二〇一六年 高天原とよみ「天鈿女命乱舞」と「松明残燈」に改題）	オーケストラ、雅楽器	レコード「雅楽大系」芸術祭文部大臣賞受賞
創作曲（小編成）	1962/5	西寺（NHK委嘱）	4名（笙・尺八・箏・十七絃）	
創作曲（大編成）	1963/7/20	舞楽風組曲（NHK委嘱）	18名（雅楽器・箏・十七絃）	〈舞楽風組曲〉で芸術祭奨励賞受賞
創作曲（小編成）	1963/2/11	三重奏曲（NHK委嘱）	3名（篳篥・箏・十七絃）	

創作曲（小編成）	1963/4/17, 1995 改訂	二つの面（NHK委嘱）	5名（笙・篳篥・龍笛／尺八・箏・十七絃から5種）／（笙・篳篥・龍笛・琵琶・箏）	
創作曲（大編成）	1964/6	瑞霞苑（皇太子御誕生奉祝委員会委嘱）	16名（雅楽器）／舞	
創作曲（小編成）	1965/5	喜遊曲・信濃情景（NHK委嘱）	2名（龍笛・大太鼓）	
創作曲（小編成）	1966/4	ともし火によせて（NHK委嘱）	3名（横笛・太鼓・締太鼓）	この年、国立劇場開場
創作曲（小編成）	1966/10/30	寓話Ⅰ（芝侃子委嘱）	2名（尺八・ハープ）	
創作曲（小編成）	1968/7/11	寓話Ⅱ	2名（尺八・ハープ）	六七年モントリオール万博公演参加
皇室関係創作曲	1968/5（2016）	香淳皇后御歌	アルト、ピアノ	
創作曲（大編成）	1969/2/4	春日二題（NHK委嘱）	16名（雅楽器・尺八・箏・十七絃）	この年、東欧公演参加
創作曲（小編成）	1970	横笛三章（NHK大阪委嘱）	4名（横笛、能管、篠笛）	〈横笛三章〉で芸術祭優秀賞受賞、楽部欧州公演参加
創作曲（独奏曲）	1971/10	祁響第4番	龍笛独奏	
創作曲（独奏曲）	1972/2/14	祁響第11番	龍笛独奏	
復曲（唐楽）	1973	双調　鳥急　早只八拍子	管絃	武満徹〈秋庭歌〉国立劇場初演
復曲（今様）	1974/4	霊山御山	歌・笙・篳篥・笛・琵琶・箏	
復曲（今様）	1974/4（1994）	水猿曲（国立劇場委嘱）	歌	
復曲（今様）	1974/4（1994）	白薄様（国立劇場委嘱）	歌	
創作曲（大編成）	1975/7/12	古代歌謡による天地相聞（NHK委嘱）	20名（管絃・竽・排簫・神楽笛・独唱・合唱他）	〈古代歌謡による天地相聞〉で芸術祭優秀賞受賞
創作曲（大編成）	1977	招韻（小野雅楽会委嘱）	18名（管絃）	七六年楽部欧州公演参加

復曲（高麗楽）	1978/6	狛犬　乱声・破・急（国立劇場委嘱）	9名（篳篥・高麗笛・三ノ鼓・太鼓・鉦鼓）	東京藝大非常勤講師（～二〇〇〇）
創作曲（独奏曲）	1979/7（1990）	祁響第1番 一行の賦	龍笛独奏	
復曲（唐楽）	1979/2/28	盤渉参軍　序十三帖・破十帖（国立劇場委嘱）	16名（管絃）	
復曲（今様）	1979/6（1994）	鬢多々良（国立劇場委嘱）	歌・龍笛・三ノ鼓	
復曲（今様）	1979/6（1994）	伊佐立奈牟（国立劇場委嘱）	歌	
復曲（今様）	1979/6	みかさやま（国立劇場委嘱）	歌	
復曲（今様）	1979/6	ひとめみし（国立劇場委嘱）	歌	
復曲（今様）	1979/6（1994）	阿音三返（国立劇場委嘱）	歌	武満徹〈秋庭歌一具〉国立劇場初演（九月二八日）
創作曲（大編成）	1980/6/10（1995）	管絃のための即興組曲 招杜羅紫苑（十二音会委嘱）	12名（管絃・大篳篥）	
復曲（伎楽）	1980/10（1987）	行道乱声（ＮＨＫ委嘱）	横笛・細腰鼓・ドラ・銅拍子	東大寺大仏殿大修理（一〇月）、伎楽復元
復曲（伎楽）	1980/10（1987）	獅子　当曲・曲子（ＮＨＫ委嘱）	横笛・細腰鼓・ドラ・銅拍子	
復曲（伎楽）	1980/10	呉公　破・急（ＮＨＫ委嘱）	横笛・細腰鼓・ドラ・銅拍子	
復曲（唐楽）	1981	曹娘褌脱　序・颯踏・褌脱	11名（管絃）	
伶楽（長秋竹譜）	1981/1/22（1987）	曹娘褌脱　角調調子　序　破　褌脱　颯踏（国立劇場委嘱）	11名（笙[竽]・篳篥[大篳篥]・琵琶・箏・方響・磁鼓・太鼓・鉦鼓）	
創作曲（独奏曲）	1981/12/4	祁響第5番 玉飾りの帯	龍笛独奏	
創作曲（独奏曲）	1981/12/14（1992）	祁響第3番 白瑠璃の碗	龍笛独奏	

創作曲（大編成）	1982/9	雅楽・合唱曲 嘉祥万寿楽（立正佼成会委嘱）	25名（雅楽器・合唱）	
復曲（唐楽）	1982/10/30	鳥歌萬歳楽　序・破・急（国立劇場委嘱）	16名（管絃）	
伶楽（敦煌琵琶譜第2グループ）	1983/2/19（2011）	風香調々子	16名（笙・竽・篳篥・バラバーン・メイ・横笛・尺八・排簫・箜篌・阮咸・五絃・四絃・鉄絃箏・方響・編鐘・磁鼓）	
伶楽（敦煌琵琶譜第2グループ）	1983/2/19（2011）	傾盃楽	16名（風香調々子に同じ）	
伶楽（敦煌琵琶譜第2グループ）	1983/2/19（2011）	西江月	16名（風香調々子に同じ）	
伶楽（敦煌琵琶譜第2グループ）	1983/2/19（1987,2011）	急胡相問	16名（風香調々子に同じ）	
伶楽（敦煌琵琶譜第2グループ）	1983/2/19	水鼓子	15名（笙・竽・篳篥・中篳篥・大篳篥・横笛・尺八・排簫・箜篌・阮咸・鉄絃箏・琵琶・方響・律鐘・磁鼓）	
伶楽（敦煌琵琶譜第2グループ）	1983/2/19（2011）	慢曲子	16名（風香調々子に同じ）	
伶楽（敦煌琵琶譜第2グループ）	1983/2/19（2011）	心事子	15名（水鼓子に同じ）	
伶楽（敦煌琵琶譜第2グループ）	1983/2/19（2011）	長沙女引	4名（中篳篥・排簫・箜篌・阮咸）	
伶楽（敦煌琵琶譜第2グループ）	1983/2/19（2011）	伊州　急曲子	16名（風香調々子に同じ）	

復曲（唐楽）	1983/3/18	敦煌琵琶譜　傾盃楽（国立劇場委嘱）	6名（編鐘、方響、きん、佐波利、梵鐘、鉄板）	
皇室関係創作曲	1983（2016）	親愛（晩餐会入場音楽）	オーケストラ	
皇室関係創作曲	1983（2016）	早春（香淳皇后八十賀奉祝曲）	オーケストラ	
皇室関係創作曲	1983（2016）	太平楽（晩餐会用奏楽曲）	オーケストラ、龍笛、羯鼓	
皇室関係創作曲	1984（2016）	銀婚の賦（皇太子同妃両殿下御結婚満二五年奉祝曲）	オーケストラ	
皇室関係創作曲	1984（2016）	慶翔楽（昭和天皇・香淳皇后御結婚満六〇年奉祝曲）	オーケストラ	
復曲（催馬楽）	1984/4	桜人（小野雅楽会委嘱）	歌／笏拍子・笙・篳篥・龍笛・琵琶・箏	宮内庁退官（四月三〇日）
皇室関係編曲	1984/5	貴徳急（編曲）（御陪食用曲）	オーケストラ	
創作曲（大編成）	1984/11	中世の美風Ⅰ 桜人（小野雅楽会委嘱）	20名（雅楽器・合唱）／舞	
創作曲（大編成）	1985/10/12	夷曲　西綾楽（日本音楽集団委嘱）	20名（邦楽器）	この年、伶楽舎を興す（七月一五日）
皇室関係創作曲	1985（2016）	皇室讃頌の音楽	オーケストラ	毎日映画『天皇陛下　御在位六十年をことほぐ』の音楽
復曲（伎楽）	1985（1992）	迦楼羅　当曲	横笛・細腰鼓・ドラ・銅拍子	
創作曲（独奏曲）	1985/11	祁響第2番 指舞（赤尾三千子委嘱）	龍笛独奏	
創作曲（小編成）	1986/2/10	和気	5名（龍笛5）	
創作曲（大編成）	1986/6	組曲　神の楽しみ（天理教音楽研究会委嘱）	20名（雅楽器）／舞	国立音大客員教授
復曲（伎楽）	1986	太孤　破・急	横笛・細腰鼓・ドラ・銅拍子	イタリアで細川作品演奏

伶楽（天平琵琶譜）	1987/8/3（1999）	番假崇	12名（笙・篳篥・メイ・横笛・排簫・箜篌・阮咸・五絃・四絃・鉄絃箏・方響・磁鼓）	フランスでエロワ作品演奏この年、芸術選奨文部大臣賞受賞
復曲（伎楽）	1987（1992）	崑崙　当曲	横笛・細腰鼓・ドラ・銅拍子	
創作曲（今様）	1987/10	池の涼しき（小野雅楽会委嘱）	歌・笙・篳篥・龍笛・琵琶・箏	
創作曲（大編成）	1988/4/1	中世の美風Ⅱ 露台乱舞（小野雅楽会委嘱）	20名（雅楽器）	石井眞木〈輝夜姫〉オランダで演奏
創作曲（小編成）	1988/8	寓話Ⅲ（三好芫山委嘱）	2名（尺八・ハープ）	
創作曲（独奏曲）	1988/11/23	楞（中村仁美委嘱）	篳篥独奏	
復曲（伎楽）	1988	婆羅門　破・急	横笛・細腰鼓・ドラ・銅拍子	
復曲（伎楽）	1989（1992）	呉女　序・破・急	横笛・細腰鼓・ドラ・銅拍子	
創作曲（独奏曲）	1989/4	篠音	横笛独奏	
創作曲（独奏曲）	1990/6/29（1992）	祁響第6番　元歌	龍笛独奏	
創作曲（小編成）	1990/8/7	祁響第12番	2名（龍笛2）	
創作曲（小編成）	1991/7	斑鳩の風	2名（箜篌又はハープ・竽又は笙と鈴・声）	
復曲（催馬楽）	1991/7	美作	歌・笏拍子・笙・篳篥・龍笛・琵琶・箏	
創作曲（独奏曲）	1991/12（1992）	祁響第9番　ヴァーユ	クラル	
復曲（伎楽）	1991	金剛力士　道行・当曲	横笛・細腰鼓・ドラ・銅拍子	
創作曲（独奏曲）	1992/1/6	胡響	篳篥独奏	
創作曲（小編成）	1992/1/28	総角の歌	2名（鉄絃箏／歌・排簫）	
創作曲（大編成）	1992/3	道の四季　春の章（天理教音楽研究会委嘱）	20名（雅楽器）／舞	

復曲（唐楽）	1992	大菩薩序・小菩薩	16名（管絃）	
復曲（伎楽）	1992	酔胡王　道行・破・急	横笛・細腰鼓・ドラ・銅拍子	
復曲（唐楽）	1993	平調　蘇合香急〈歓秋楽〉	16名（管絃）	この年、飛騨古川音楽大賞特別功労賞受賞
復曲（催馬楽）	1993/2（1994）	青柳（国立劇場委嘱）	歌・笏拍子・笙・篳篥・龍笛・琵琶・箏	
復曲（催馬楽）	1993	極楽は	歌・笏拍子・笙・篳篥・龍笛・琵琶・箏	
創作曲（小編成）	1994/2/28	円江（高田和子委嘱）	2名（笙・三絃）	
創作曲（独奏曲）	1994/5/15	遊児女（伶楽舎委嘱）	排簫独奏	
創作曲（大編成）	1994/6	道の四季　夏の章（天理教音楽研究会委嘱）	20名（雅楽器）／舞	
創作曲（独奏曲）	1994/8/4	総角の歌	箜篌独奏	
創作曲（独奏曲）	1994/10/9	祁響第7番　月華紋	龍笛独奏	
創作曲（小編成）	1995	催馬楽　恋せよ	歌・笏拍子・笙・篳篥・龍笛・琵琶・箏	
創作曲（小編成）	1995/5/22	宇受売	5名（語り・笙・篳篥・龍笛・神楽笛・排簫・石笛・笏拍子・和琴・鉄絃箏・祭り太鼓・鈴・磬・鉄片・ドラ・男声）	
復曲（朗詠）	1995/7	傅氏厳嵐	歌・笙・篳篥・龍笛	
創作曲（小編成）	1995/9/20	寓話Ⅳ（三好芫山委嘱）	2名（尺八・ハープ）	
復曲（唐楽）	1995	青海波　詠・声歌	管絃	
復曲（唐楽）	1995	玉樹後庭楽　序・破	16名（管絃）	
復曲（唐楽）	1995	柳花苑　詠・早八拍子	16名（管絃）	

伶楽（敦煌琵琶譜第3グループ）	1996/7/5	逸題曲	4名（笙・竽・方響・律鐘）	
伶楽（敦煌琵琶譜第3グループ）	1996/7/5	撒金砂	15名（笙・竽・篳篥・中篳篥・大篳篥・横笛・尺八・排簫・箜篌・阮咸・鉄絃箏・琵琶・方響・律鐘・磁鼓）	
伶楽（敦煌琵琶譜第3グループ）	1996/7/5	営富	15名（笙・竽・篳篥3・横笛・尺八・排簫・箜篌・阮咸・鉄絃箏・琵琶・方響・律鐘・磁鼓）	
伶楽（敦煌琵琶譜第3グループ）	1996/7/5（2011）	伊州	10名（笙・篳篥・大篳篥・横笛・排簫・箜篌・鉄絃箏・琵琶・方響・磁鼓）	
伶楽（敦煌琵琶譜第3グループ）	1996/7/5（2011）	水鼓子	15名（笙・竽・篳篥・中篳篥・大篳篥・横笛・尺八・排簫・箜篌・阮咸・鉄絃箏・琵琶・方響・律鐘・磁鼓）	
創作曲（今様）	1996/8/10	池の涼しき	6名（歌・笙・篳篥・龍笛・琵琶・箏）	
創作曲（独奏曲）	1996/8/14	紅葉の錦（峰岸一水）	一絃琴独奏	
創作曲（小編成）	1997/10/20	月影志都歌（友渕のりえ委嘱）	2名（箏／歌・龍笛）	この年、エクソンモービル音楽賞（邦楽部門）受賞
復曲（唐楽）	1997	拾翠楽　序・破	16名（管絃）	
復曲（唐楽）	1997	獅子　乱声・破（国立劇場委嘱）	4名（龍笛ほか）	『遠楽の復曲』出版（私家版）
復曲（唐楽）	1997	廻忽	16名（管絃）	

復曲（唐楽）	1997	清上楽　道行・序・破・急（国立劇場委嘱）	16名（管絃）	
伶楽（懐中譜）	1997/8/15	清上楽　道行・序・破・急	9名（笙・篳篥・横笛・排簫・箜篌・阮咸・鉄絃箏・方響・律鐘）	
伶楽（敦煌琵琶譜第1グループ）	1998/3/10	品弄（林鐘均調子）	16名（笙・竽・篳篥・バラバーン・メイ・横笛・尺八・排簫・箜篌・阮咸・箏・琵琶・方響・律鐘・磁鼓／木鉦・太鼓／小鑼）	
伶楽（敦煌琵琶譜第1グループ）	1998/3/10	組曲傾盃楽第一曲〈傾盃楽〉	16名（品弄に同じ）	
伶楽（敦煌琵琶譜第1グループ）	1998/3/10	組曲傾盃楽第二曲又慢曲子〈酔泉子〉	16名（品弄に同じ）	
伶楽（敦煌琵琶譜第1グループ）	1998/3/10	組曲傾盃楽第三曲又曲子〈酔春風〉	16名（笙2・篳篥3・横笛3・箜篌・阮咸・箏・琵琶・方響・律鐘・磁鼓／木鉦・太鼓／小鑼）	
伶楽（敦煌琵琶譜第1グループ）	1998/3/10	組曲傾盃楽第四曲急曲子〈酔歌行〉	16名（品弄に同じ）	
伶楽（敦煌琵琶譜第1グループ）	1998/3/10	組曲傾盃楽第五曲又曲子〈酔芳香〉	3名（笙・琵琶・方響）	
伶楽（敦煌琵琶譜第1グループ）	1998/3/10	組曲傾盃楽第六曲又慢曲子〈酔花間〉	4名（バラバーン・排簫・箜篌・阮咸）	

伶楽（敦煌琵琶譜第1グループ）	1998/3/10	組曲傾盃楽第七曲急曲子〈酔宴舞〉	16名（笙2・篳篥2・メイ・横笛2・排簫・箜篌・阮咸・箏・琵琶・方響・律鐘・磁鼓／木鉦・太鼓／小鑼）	
伶楽（敦煌琵琶譜第1グループ）	1998/3/10	組曲傾盃楽第八曲又慢曲子〈酔秋興〉	16名（酔春風に同じ）	
復曲（唐楽）	1998	西王楽　序・急、破補曲	16名（管絃）	
復曲（唐楽）	1998	三台塩　序・破、急補曲（伶楽舎委嘱）	16名（管絃）	
復曲（催馬楽）	1998	新年	歌／笏拍子・笙・篳篥・龍笛・琵琶・箏	
創作曲（大編成）	1999/11/3（2011）	呼韓邪單于（伶楽舎委嘱）	17名（管絃・独唱）	
創作曲（小編成）	1999/7/3	由加見調子	2名（箏・龍笛）	この年、紫綬褒章受章
創作曲（小編成）	1999	酒折宮神楽歌	歌・神楽笛・篳篥・和琴	
復曲（催馬楽）	1999/6	西寺	歌／笏拍子・笙・篳篥・龍笛・琵琶・箏	この年、伝統文化ポーラ賞受賞
復曲（催馬楽）	1999/6	飛鳥井（NHK委嘱）	歌／笏拍子・笙・篳篥・龍笛・琵琶・箏	
復曲（催馬楽）	1999/6	酒を飲べ（音輪会委嘱）	歌／笏拍子・笙・篳篥・龍笛・琵琶・箏	
復曲（催馬楽）	2000/4	走井（音輪会委嘱）	歌／笏拍子・笙・篳篥・龍笛・琵琶・箏	
創作曲（大編成）	2000/11/3	巾雫輪説（伶楽舎委嘱）	16名（管絃［箏3］）	
創作曲（独奏曲）	2000/8/20	明日香閑音	排簫独奏	
復曲（唐楽）	2000	甘州　延只四拍子（国立劇場委嘱）	16名（管絃）	

復曲（唐楽）	2000	五常楽急　早只八拍子（国立劇場委嘱）	16名（管絃）	
創作曲（独奏曲）	2000/12/1	祁響第8番　阿倶爾＝火天（弘山委嘱）	龍笛独奏	
創作曲（大編成）	2002/2/20	五行長秋楽	16名（管絃）	
創作曲（小編成）	2002/5/15	瀬見の秘曲づくし（伶楽舎委嘱）	8名（管絃）	この年、中島健蔵音楽賞特別賞受賞
創作曲（小編成）	2003/4/14	草庵の諧（中村仁美委嘱）	2名（篳篥・琵琶）	この年、日本藝術院賞（恩賜賞）受賞、藝術院会員
皇室関係編曲	2003/8	ノクターン（編曲）（御陪食用曲）	オーケストラ	
皇室関係編曲	2003/8	亜麻色の髪の乙女（編曲）（御陪食用曲）	オーケストラ	
皇室関係創作曲	2003/9	煌めきの庭（御陪食用曲）	オーケストラ	
創作曲（小編成）	2004/1/18	遊びをせむとや・舞えゝゝかたつむり（子供たちへの雅楽）	7名（歌2・笙・篳篥・龍笛・琵琶・箏）	
創作曲（大編成）	2004/8/10	翠明楽　輪説	16名（管絃）	
創作曲（大編成）	2004/8/25（2016）	ポン太と神鳴りさま（子供のための雅楽）	17名（管絃・語り）	
復曲（唐楽）	2004/8	黄鐘調　安城楽	16名（管絃）	
復曲（唐楽）	2004/8	平調　越殿楽（破）（安城楽移調）	16名（管絃）	
復曲（催馬楽）	2004/9	御大路（音輪会委嘱）	歌／笏拍子・笙・篳篥・龍笛・琵琶・箏	
復曲（唐楽）	2005/5	陪臚　残楽輪説（音輪会委嘱）	16名（管絃）	
復曲（唐楽）	2006/4	陵王　荒序（国立劇場委嘱）	1名（龍笛）	

創作曲（大編成）	2006/10/15	梨園幻想（ＮＨＫ邦楽技能者育成会委嘱）	35名（邦楽器）	この年芝家創立八〇〇年
創作曲（小編成）	2006/7/31	虚音（三好芫山委嘱）	2名（笙・尺八）	
創作曲（小編成）	2006/7/15	いにしえ（安江真砂子委嘱）	4名（笙・横笛・箏・十七絃）	
創作曲（小編成）	2006/8	催馬楽　紅葉（中島宝城委嘱）	4名（詠歌・独唱と雅楽器）	
復曲（催馬楽）	2006/8	平調　安名尊	16名（管絃）	
復曲（唐楽）	2006/12	陵王　荒序	6名（笙・篳篥・龍笛・鞨鼓・太鼓・鉦鼓）	
復曲（催馬楽）	2007/3/18	青馬（音輪会委嘱）	歌／笏拍子・笙・篳篥・龍笛・琵琶・箏	
創作曲（小編成）	2007/6	歓秋楽（宮下秀冽委嘱）	4名（笙・篳篥・龍笛・三十絃）	
復曲（唐楽）	2008/1	皇帝破陣楽　遊声・序・破	16名（管絃）	
復曲（催馬楽）	2008/3	葛城（ＮＨＫ委嘱）	歌／笏拍子・笙・篳篥・龍笛・琵琶・箏	
復曲（風俗歌）	2008/3	常陸（ＮＨＫ委嘱）	歌・和琴	
復曲（男踏歌）	2008/3	萬春楽（ＮＨＫ委嘱）	歌・笙・篳篥・龍笛	
復曲（催馬楽）	2008/7	此殿者（ＮＨＫ委嘱）	歌／笏拍子・笙・篳篥・龍笛・琵琶・箏	
復曲（催馬楽）	2008/7	竹河（ＮＨＫ委嘱）	歌／笏拍子・笙・篳篥・龍笛・琵琶・箏	
復曲（催馬楽）	2008/8	我家（ＮＨＫ委嘱）	歌／笏拍子・笙・篳篥・龍笛・琵琶・箏	
創作曲（大編成）	2008/12/8	舞風神（Music From Japan 委嘱）	16名（管絃）	

復曲（唐楽）	2009/1	黄鐘調　桃李花　延只八拍子（音輪会委嘱）	16名（管絃）	この年、旭日中綬賞受賞
復曲（唐楽）	2009/3	蘭陵王　嗔序・荒序　舞立	12名（笙・篳篥・龍笛・鞨鼓・太鼓・鉦鼓）	
復曲（唐楽）	2009/12	散吟打毬楽　破・急（国立劇場委嘱）	16名（管絃）	
復曲（唐楽）	2010/3	三十二相付楽　延只拍子・急（国立劇場委嘱）	6名（笙・篳篥・龍笛・鞨鼓・太鼓・鉦鼓）	二月ＭＦＪにて伶楽舎ＮＹ、ワシントン公演
復曲（唐楽）	2010/3	朝小子　延只四拍子（音輪会委嘱）	16名（管絃）	
復曲（唐楽）	2010/5	迦陵頻急・残楽輪説（伶楽舎委嘱）	16名（管絃）	
創作曲（大編成）	2010/12/12(2016)	カラ坊風に乗る（伶楽舎委嘱）	17名（管絃・語り）	
創作曲（独奏）	2011/2/5	南都彷徨（F.Kienle 委嘱）	チェロ	
創作曲（今様）	2011/5/1	降雨（音輪会委嘱）	歌・雅楽器	
創作曲（大編成）	2011/9	道の四季　秋の章（天理教音楽研究会委嘱）	20名（雅楽器）／舞	この年、文化功労者
創作曲（今様）	2012/3	綾蘭傘（音輪会委嘱）	歌・雅楽器	
復曲（唐楽）	2012/7	皇麞一具　遊声・破　早只拍子（伶楽舎委嘱）	16名（管絃）	
創作曲（小編成）	2012/12/27	朱雀門梁震（二管の龍笛のための）盤渉調萬秋楽より	2名（龍笛2）	
復曲（唐楽）	2013/2	団乱旋一具（国立劇場委嘱）	16名（管絃）	
創作曲（大編成）	2014/1	高麗照耀（高麗神社委嘱）	13名（管絃）／舞	
創作曲（独奏）	2014/3	大原景趣（宮下秀冽委嘱）	三十絃箏	
復曲（唐楽）	2014/4	盤渉調　越天楽一具	16名（管絃）	
創作曲（小編成）	2014/5	瀬見のたわむれ（改訂初演）	管絃	

創作曲（大編成）	2016/11/12	雉門松濤楽（国立劇場委嘱）	20名（管絃）／舞	国立劇場創立五〇周年記念作品

その他製作年不詳のもの、編曲作品など

創作曲（今様）		戯れせんとや		
創作曲（今様）		垣根の音楽会		
編曲（伶楽）		赤トンボ	12名	子供のたちへの雅楽
編曲（伶楽）		平城山	12名	子供のたちへの雅楽
編曲（伶楽）		春の小川	12名	子供のたちへの雅楽
編曲（伶楽）		早春賦	12名	子供のたちへの雅楽
編曲（雅楽）		千と千尋		子供のたちへの雅楽
編曲（雅楽）	2006/7	通りゃんせ・あんたがたどこさ	8名	子供のたちへの雅楽
編曲（雅楽）	2006/7	ずいずいずっころばし・七夕	8名	子供のたちへの雅楽
編曲（雅楽）		こきりこ節		子供のたちへの雅楽
編曲（雅楽）		雪やこんこん		子供のたちへの雅楽
編曲（雅楽）		もう幾つ寝るとお正月		子供のたちへの雅楽
作詞（雅楽）		越天楽今様「お地蔵さん」		子供のたちへの雅楽

伶楽舎のおもなコンサート（二〇一七年八月現在）

日　時	タイトル1	タイトル2	内　容（＊は伶楽舎の委嘱初演）	場　所
1994/6/16	（第一回）雅楽演奏会	めずらしく今めきて	〈双調調子〉〈柳花苑〉、〈角調調子〉〈曹娘褌脱〉	東京文化会館小ホール
1995/5/31	阪神大震災復興支援チャリティコンサート	伶楽舎の雅楽	〈盤渉調音取〉〈白柱〉、〈平調調子〉〈林歌〉〈越天楽残楽三返〉〈陪臚〉、芝祐靖〈招杜羅紫苑〉	浜離宮朝日ホール
1997/1/30	第二回雅楽演奏会	あめつちの声	〈黄鐘調調子〉〈拾翠楽序、破、急〉、一柳慧〈プラーナ〉、芝祐靖〈天地相聞〉	津田ホール
1998/7/3	第三回雅楽演奏会	夏月宴	芝祐靖復曲・構成〈三台塩序・破・急〉、近藤譲〈笙二管と竽のための舞曲／Dance (s)〉、菅野由弘〈月の位相 /Phase〉＊	浜離宮朝日ホール
1999/12/10	第四回雅楽公演	伶倫楽遊	芝祐靖〈呼韓邪單于〉＊、三宅榛名〈とき見るごとに～3管の悲篥のために〉、猿谷紀郎〈凛刻〉＊	津田ホール
2001/5/8	秋庭歌一具		芝祐靖〈呼韓邪單于〉、武満徹〈秋庭歌一具〉	サントリーホール
2003/1/25	第五回雅楽演奏会	伶倫楽遊	〈蘇合香〉序一帖、急、細川俊夫〈夜明けの庭〉＊	紀尾井ホール
2004/7/24	第六回雅楽演奏会	伶倫楽遊	〈黄鐘調調子〉、〈西王楽破〉、〈拾翠楽〉、〈散手〉、西村朗〈夢幻の光〉＊	紀尾井ホール
2005/10/2	第七回雅楽演奏会	伶楽舎創立二〇周年記念／武満徹生誕七五年記念	芝祐靖〈瑞霞苑〉、武満徹〈秋庭歌一具〉	サントリーホール
2007/7/1	第八回雅楽演奏会	伶倫楽遊	〈太食調音取〉〈朝小子〉〈輪鼓褌脱〉〈還城楽（左方・舞楽）〉、吉松隆〈夢寿歌〉＊	紀尾井ホール

2009/7/5	第九回雅楽演奏会	伶倫楽遊	〈双調調子〉〈柳花苑〉〈酒胡子〉〈胡飲酒　序、破〉、池辺晋一郎〈桜樹峨峨～雅楽のために〉＊	紀尾井ホール
2011/7/22	第十回雅楽演奏会	伶倫楽遊	〈壱越調調子〉〈迦陵頻破・急〉〈蘇莫者〉、湯浅譲二〈Music for Cosmic Rite〉＊	紀尾井ホール
2013/6/2	第十一回雅楽演奏会	伶倫楽遊	〈秋燕子　皇麞一具〉〈抜頭〉、伊佐治直〈紫御殿物語〉	紀尾井ホール
2015/12/21	第十二回雅楽演奏会	伶倫楽遊	芝祐靖復曲〈団乱旋〉、舞楽〈五常楽一具〉	紀尾井ホール
2016/11/30	第十三回雅楽演奏会	秋庭歌一具／露台乱舞	芝祐靖復曲・構成〈露台乱舞〉、武満徹〈秋庭歌一具〉	東京オペラシティ
1995/2/18	ミニコンサート	はるのうぐひすさへずる	〈越殿楽〉〈壱越調音取〉〈春鶯囀遊声、急声〉敦煌琵琶譜〈急胡相門〉〈伊州〉〈急曲子〉	千日谷会堂
1996/1/20	ミニコンサートNo.2	新しき年の始めに	〈壱越調音取〉〈玉樹後庭花〉（芝祐靖復曲、古典編成）、笹本武志〈夜香〉、芝祐靖〈総角の歌〉、武満徹〈秋庭歌一具〉より〈秋庭歌〉	千日谷会堂
1996/9/8	ミニコンサートNo.3	秋の風、糸竹の調べ	〈太食調調子〉〈合歓塩〉〈美作〉〈抜頭〉、東野珠実〈möbius link1.1〉、芝祐靖〈招韻～いかるがの幻想〉	千日谷会堂
1997/8/10	ミニコンサートNo.4	陵王を聴く・観る	〈壱越調音取〉〈蘭陵王〉、〈双調音取〉〈陵王〉、舞楽〈蘭陵王〉一具（陵王乱序全段と囀）	千日谷会堂
1998/1/11	ミニコンサートNo.5	雅楽の管楽器による現代作品を集めて	吉川和夫〈槐樹の道〉、中川俊郎〈フレクサ〉、芝祐靖〈和気〉、宮田まゆみ〈滄海〉、石井眞木〈飛天生動〉	千日谷会堂
1999/3/14	ミニコンサートNo.6	渡し物　いろいろ	〈越殿楽〉（平調、黄鐘調、盤渉調）、〈賀殿急〉〈武徳楽〉（壱越調、双調）	千日谷会堂
2000/3/23	雅楽コンサートNo.7	西域の響き	敦煌琵琶譜〈傾盃楽〉	四谷区民ホール

2000/12/14	雅楽コンサートNo.8	輪説～貴族の爪弾き	〈越殿楽残楽三返〉〈陪臚残楽三返〉〈陵王残楽二返〉、芝祐靖〈巾雫輪説〉＊	四谷区民ホール
2001/12/25	雅楽コンサートNo.9	雅楽の音高（ピッチ）を探って～一八八五年の音叉を手がかりに	お話と実演　雅楽の音高〈盤渉調音取〉〈越殿楽（425Hz、430Hz、437Hz）〉、〈盤渉調調子〉芝祐靖復曲〈鳥歌萬歳楽〉序、破、急	四谷区民ホール
2002/7/27	雅楽コンサートNo.10	新作雅楽～二つのアプローチ	芝祐靖〈瀬見の秘曲づくし〉＊、猿谷紀郎〈凛刻〉	四谷区民ホール
2003/6/15	雅楽コンサートNo.11	延・早・只～雅楽　管絃の拍子～	〈太食調音取〉〈朝小子〉〈仙遊霞〉〈合歓塩〉〈抜頭〉	四谷区民ホール
2003/12/1	雅楽コンサートNo.12	現代作品を集めてⅡ	石川高〈聖なる月〉、田中聡〈声たち〉、増本伎共子〈嬉遊楽〉、東野珠実〈星筐〉、権代敦彦〈彼岸の時間〉＊	四谷区民ホール
2004/12/2	雅楽コンサートNo.13	幻の的々拍子を探せ	的々拍子を探って、芝祐靖〈ポン太と神鳴りさま〉	四谷区民ホール
2005/2/5	雅楽歴五十年・伝承と創造の成果	芝 祐靖 作品演奏会（主催：芝祐靖）	芝祐靖〈一行の賦〉、〈寓話第一番〉、〈草庵の譜〉、〈長沙女引〉、〈露台乱舞〉	四谷区民ホール
2005/7/2	雅楽コンサートNo.14	笙　たちのぼる音	〈壱越調調子〉〈迦陵頻急〉、佐藤聡明〈時の静寂〉、東野珠実〈まばゆい陽射しを仰ぎ見て〉、〈平調音取〉〈鶏徳〉〈陪臚〉〈平調調子〉	紀尾井ホール
2006/4/25	雅楽コンサートNo.15	笛は横笛	〈朝倉音取〉〈春鶯囀遊声〉、芝祐靖〈和気〉、〈高麗乱声〉、〈蘭陵王一具〉	四谷区民ホール
2006/12/21	雅楽コンサートNo.16	篳篥三昧	〈盤渉調調子〉〈越天楽〉〈意調子〉〈貴徳破・急〉、芝祐靖復曲〈傾盃楽（敦煌琵琶譜）〉、中川俊郎〈天門楽〉＊	四谷区民ホール
2007/7/24	雅楽コンサートNo.17	子供のための雅楽コンサート～ポン太と神鳴りさま	雅楽の楽器ってどんな音?日本昔ばなしと雅楽「ポン太と神鳴りさま」（芝祐靖作曲・脚色）	北とぴあつつじホール
2007/12/26	雅楽コンサートNo.18	大曲「蘇合香」を聴く	〈盤渉調調子〉〈蘇合香〉一具	四谷区民ホール

2008/5/9	雅楽コンサートNo.19	琵琶あれこれ	天平琵琶譜〈番假崇〉（芝祐靖復曲）、〈流泉〉、〈太食調音取〉〈合歓塩〉〈抜頭〉、東野珠実〈生成〉、敦煌琵琶譜〈傾盃楽〉〈長沙女引〉〈急曲子〉（芝祐靖復曲）	四谷区民ホール
2008/12/8	雅楽コンサートNo.20	御簾のうちそと	男踏歌〈万春楽〉〈此殿者〉〈胡飲酒序〉〈竹河〉〈我家〉、東野珠実〈女楽〉*、〈落蹲〉	四谷区民ホール
2009/12/21	雅楽コンサートNo.21	箏のこと	〈阿知女作法〉〈由加見調子〉〈青海波〉〈陪臚残楽三返〉〈巾雫輪説〉	四谷区民ホール
2010/5/6	雅楽コンサートNo.22	芝祐靖作品演奏会	〈一行の賦〉〈総角の歌〉〈舞風神〉〈招杜羅紫苑〉	四谷区民ホール
2010/12/22	雅楽コンサートNo.23	打ちものいろいろ	〈盤渉調調子〉〈青海波〉〈角調調子〉〈曹娘褌脱序・褌脱〉、猿谷紀郎〈綸綬〉*	四谷区民ホール
2012/1/26	雅楽コンサートNo.24	芝祐靖作品演奏会その2	伎楽より〈行道乱声〉〈呉女〉〈崑崙〉〈迦楼羅〉〈斑鳩の風〉〈二つの面〉〈呼韓邪單于〉	四谷区民ホール
2012/5/31	雅楽コンサートNo.25	散手と貴徳	〈散手〉〈貴徳〉	四谷区民ホール
2012/12/27	雅楽コンサートNo.26	天の音楽　世間の楽～源博雅をめぐって	〈太食調調子〉〈長慶子〉〈壱越調調子〉〈啄木〉、芝祐靖構成〈朱雀門梁震〉（盤渉調萬秋楽より）、〈皇麞破・急〉、増本伎共子〈博雅の生まれた日に……〉	四谷区民ホール
2013/12/25	雅楽コンサートNo.27	大名の楽しんだ雅楽	〈春鶯囀遊声、颯踏〉〈安名尊〉〈平調音取〉〈越殿楽〉〈陵王〉〈甘州〉	四谷区民ホール
2014/5/6	雅楽コンサートNo.28	極楽の調べ	〈光明伽陀〉〈五聖楽急〉〈万歳楽〉〈極楽は〉〈十天楽〉〈迦陵頻〉〈菩薩〉	四谷区民ホール
2014/12/15	雅楽コンサートNo.29	雅楽の諸相	芝祐靖〈五行長秋楽〉、吉川和夫〈木々の記憶〉、エリザベス・ブラウン〈ルビコン川〉、東野珠実〈ききみみずきん〉*	四谷区民ホール

2015/5/14	雅楽コンサートNo.30	これまでの委嘱曲より	伊左治直〈紫御殿物語・鳥瞰絵巻〉、芝祐靖〈巾雫輪説〉、〈瀬見のたわむれ〉、湯浅譲二〈ミュージック・フォア・コズミック・ライツ〉	四谷区民ホール
2016/5/12	雅楽コンサートNo.31	承和の御時～雅楽　日本化の始まり	〈壱越調音取〉〈賀殿急〉〈掻合〉〈小調子明珠〉〈双調調子〉〈柳花苑〉〈(黄鐘調) 皇帝三台〉〈海青楽〉〈(舞楽) 承和楽〉	四谷区民ホール
2017/5/25	雅楽コンサートNo.32	新しい雅楽　次の世代へ	山根亜季子〈星のテンテンテン〉、藤家渓子〈瞳の色は夜の空〉、北爪道夫〈季節の絵本〉、東野珠実〈雅楽絵巻 鳥獣戯楽〉、伊佐治直〈踊れ！つくも神〉	四谷区民ホール
2006/7/26	夏休み特別企画 子どものための雅楽コンサート	ポン太と神鳴りさま	雅楽ってなあに（平調音取、越殿楽、陪臚、通りゃんせ、あんたがたどこさ）、芝祐靖〈ポン太と神鳴りさま〉	四谷区民ホール
2015/8/20	夏休み特別企画 子どものための雅楽コンサート	雅楽ってなあに	管絃〈平調調子〉〈越殿楽〉〈陪臚〉、舞楽〈還城楽〉、わらべうた〈あんたがたどこさ〉、芝祐靖〈ポン太と神鳴りさま〉	北とぴあつつじホール
2016/8/6	子どものための雅楽コンサート2016	雅楽ってなあに	管絃 平調〈越殿楽〉〈越天楽今様〉、舞楽〈陵王〉、芝祐靖〈カラ坊風に乗る〉	第一生命ホール
2017/7/31	子どものための雅楽コンサート2017	雅楽ってなあに	管絃 平調〈越殿楽〉、舞楽〈胡飲酒〉、東野珠実〈ききみみずきん〉	四谷区民ホール
2015 /11/18-19	雅楽　日韓の響き	日韓国交正常化五〇周年記念	〈貴徳急〉〈平調音取〉〈越天楽〉〈陪臚〉〈(復元曲) 番假崇〉〈高麗壱越調音取〉〈古鳥蘇〉〈高麗平調音取〉〈林歌〉〈(舞楽) 落蹲〉	韓国国立国楽院（ソウル、プサン）

芝祐靖および伶楽舎が関わるおもな録音（CD／DVD）二〇一七年八月現在

タイトル	年	発行	内容	演奏者
敦煌から正倉院への道 復元楽器シルクロードの音楽	1987 (2017)	DENON（日本コロムビア） 30CF-2023 再販 COCJ-40016	急胡相問、番假崇、行道乱声、獅子、曹娘褌脱	芝祐靖ほか
正倉院古代楽器排簫（復元楽器）による日本の歌	1987	DENON（日本コロムビア） 30CF-2025	浜辺の歌、荒城の月、宵待草、砂山、平城山、中国地方の子守唄、さくらさくら、この道、故郷、七つの子、叱られて、五木の子守唄、赤とんぼ、夕やけ小やけ	芝祐靖
雅道　芝祐靖　笛の世界	1990	日本コロムビア COCF-7015 ～ 7016	石井眞木〈虚空〉、芝祐靖〈一行の賦〉、石井眞木〈縹渺の響きI〉、一柳慧〈光凪〉、庭火、蘇合香、陵王乱序、長保楽	芝祐靖ほか
天竺からの音楽	1992 (2012)	日本コロムビア COCF-10381 （再版 COCJ-37173）	芝祐靖〈ヴァーユ 風の神〉、伎楽：行道乱声、迦楼羅、崑崙、呉女序・破・急、長秋竹譜より元歌、安摩乱声、縒合、朝倉音取、芝祐靖〈白瑠璃の碗〉	芝祐靖ほか
平安の饗宴： そのころ都に流行る音楽	1994	日本コロムビア COCF-11836	白薄様、平調調子、越天楽残楽三返、嘉辰、青柳、阿音三返、水猿曲・水の白拍子、早鬢多々良、美作、萬歳楽と今様、伊佐立奈牟	伶楽舎 平井澄子
招杜羅紫苑	1995	日本コロムビア COCF-13075	芝祐靖〈招杜羅紫苑〉	伶楽舎

甦る古代の響き 天平琵琶譜「番假崇」	1999	ALM records ALCD2001	番假崇（琵琶独奏）、番假崇（雅楽ー唐楽スタイルの合奏）、番假崇（正倉院復元楽器のための）	芝祐靖ほか
舞楽	2000	日本コロムビア COCJ-30793 ～ 30794	迦陵頻、甘州、春庭花、打球楽、古鳥蘇、八仙、登天楽	伶楽舎
Music for 陰陽師	2000	Victor Entertainment VICP-60980-1	双調調子、品玄、春庭花、黄鐘調調子、拾翠楽、揚真操、酒飲、壹越調菅掻、陵王乱序、平調調子、陪臚破、飛鳥井、盤渉調調子、蘇合香、青海波、太食調調子、長慶子、二星、StarGods, Six Small Pictures, Connecting Heaven to Earth, Little Lights, The milky Way, Faraway Suns	伶楽舎 B・イーノ
祝賀の雅楽	2001	日本コロムビア COCJ-31691	平調調子、萬歳楽、高麗双調音取、地久破・急、太食調音取、朝小子、合歓塩、迦陵頻音取・急、太食調音取、長慶子、平調音取、越天楽	伶楽舎
reigakusha sukeyasu shiba gagaku suite	2002	celestial harmonies 13223-2	三台塩一具、春鶯囀一具	伶楽舎
陰陽之占楽　安倍晴明式占術と雅楽	2002	日本コロムビア COCQ-83617	春鶯囀遊声、一行の賦、長沙女引、神楽音取、阿知女作法、楞、胡飲酒破、小乱声、陵王乱序、陪臚、総角の歌、迦陵頻急、美作、合歓塩	伶楽舎
喜瑞	2002	ビクター伝統文化振興財団 VZCG8210 ～ 8211	庭火、綖合、朝倉音取、其駒、狛調子、篳篥六調子、篳篥唱歌による越天楽残楽、笙唱歌による陪臚、更衣、蘇合香序一帖、蘇莫者序・破、胡飲酒序・破、五常楽急、長慶子、新鳥蘇、古鳥蘇、登天楽	芝祐靖 東儀兼彦 豊英秋

武満徹　秋庭歌一具	2002	Sony Records International SICC85	武満徹〈秋庭歌一具〉	伶楽舎
雅楽大系	2002	ビクター伝統文化振興財団 VZCG8125〜8128	五常楽一具（管絃）、太平楽一具（舞楽）、貴徳破・急、白浜、蘭陵王（管絃）、越天楽残楽三返、春庭花（舞楽）、右方抜頭（舞楽）、抜頭（管絃）、延喜楽、林歌、登天楽、神楽歌、東遊一具、久米歌一具、伊勢海、安名尊、東岸	芝祐靖監修　雅楽紫絃会（一九六一年録音ＬＰの復刻）
生きた正倉院　雅楽（ＤＶＤ）	2009	OldSea	正倉院楽器、文書、楽譜等紹介、天平琵琶譜の復元解説、延喜楽、迦陵頻、太平楽	芝祐靖、宮内庁楽部、南都楽所、雅亮会ほか
芝祐靖の音楽　呼韓邪單于	2011	日本伝統文化振興財団 VZCG748	芝祐靖〈呼韓邪單于〉	伶楽舎
芝祐靖の音楽 敦煌琵琶譜による音楽	2011	日本伝統文化振興財団 VZCG749	急胡相問、傾盃楽、風香調調子、西江月、慢曲子、心事子、伊州、急曲子、長沙女引、水鼓子、傾盃楽（琵琶独奏）	伶楽舎
子どものための雅楽 ポン太と神鳴りさま	2016	伶楽舎　VZCP-1188	ポン太と神鳴りさま、カラ坊風に乗る、平調音取、陪臚、陵王、あんたがたどこさ	伶楽舎
芝祐靖の音楽 オーケストラ作品集　幻遥	2016	日本伝統文化振興財団 VZCG806	御成婚祝典序曲、親愛、皇室讃頌の音楽、早春、香淳皇后御歌、銀婚の賦、更衣幻想曲、慶翔楽、太平楽、高天原とよみ（天鈿女命乱舞、松明残燈）	アンサンブル金沢、芝祐靖ほか
こどものための雅楽 雅楽ってなあに（ＤＶＤ）	2016	伶楽舎	雅楽ってなあに、管絃平調音取・越天楽、篳篥の唱歌　越天楽、雅楽の楽器、舞楽　還城楽、ポン太と神鳴りさま、正倉院復元楽器合奏、秋庭歌一具より、クレジット（五常楽一具より）	伶楽舎

その他

龍笛の唱歌と演奏（カセットテープ）	1985頃	龍鳴舎	唐楽六調子の楽曲の唱歌と演奏（全30本、後にCD化）	芝祐靖
龍笛の唱歌と演奏　壱越調（CD）	2002	Bamboo BCD-038	春鶯囀入破、賀殿急、迦陵頻急、蘭陵王、新羅陵王急、品玄、壹越調音取、胡飲酒序、胡飲酒破、酒胡子、武徳楽、小乱声、陵王乱序、沙陀調音取、陵王（舞立）、安摩乱声	芝祐靖
龍笛の唱歌と演奏　平調（CD）	2002	Bamboo BCD-039	皇麞急、五常楽急、三台塩急、林歌、陪臚、平調音取、越殿楽、老君子、鶏徳、萬歳楽（舞立）、陪臚（舞立）、品玄	芝祐靖
龍笛の唱歌と演奏　盤渉調（CD）	2004	Bamboo BCD-051	盤渉調音取、青海波、竹林楽、白柱、蘇莫者破、越殿楽、蘇合香急、輪台、千秋楽、剣気褌脱	芝祐靖
龍笛の唱歌と演奏　太食調（CD）	2004	Bamboo BCD-052	太食調音取、朝小子、合歓塩、傾盃楽急、仙遊霞、還城楽、抜頭、輪鼓褌脱、打毬楽（舞立）、還城楽（右方舞立）	芝祐靖
龍笛の唱歌と演奏　双調・黄鐘調 Part1（CD）	2004	Bamboo BCD-053	双調音取、賀殿急、陵王、胡飲酒破、武徳楽、酒胡子／黄鐘調音取、海青楽、西王楽、拾翠楽、越天楽、千秋楽	芝祐靖
龍笛の唱歌と演奏　双調・黄鐘調 Part2（CD）	2004	Bamboo BCD-054	春庭花（舞立）、颯踏、入破、鳥急／喜春楽破、桃李花、平蛮楽、青海波	芝祐靖

参考文献

安倍季昌
一九九八『雅楽がわかる本――千年の楽家が伝える雅楽の世界』東京：たちばな出版。
二〇〇八『雅楽　篳篥　千年の秘伝』東京：たちばな出版。
岩渕令治
二〇一五「近世後期における雅楽の伝播と楽器師――「伝統」の普及と販売」『国立歴史民俗博物館研究報告』一九三集、二四九～二九二頁。
多忠龍
一九四二『雅楽』東京：六興商會出版部。
オリンピック東京大会組織委員会編
一九六六『第一八回オリンピック競技大会公式報告書』東京：オリンピック東京大会組織委員会。
笠置侃一
一九八〇『雅楽と奈良』奈良市。
笠置侃一　監修・著、嶋岡尚子、笠置慎一著
二〇一四『雅楽の奈良を歩く』包。
蒲生美津子
一九八六「明治撰定譜の成立事情」『音楽と音楽学：服部幸三先生還暦記念論文集』東京：音楽之友社、二〇五～二三八頁。
雅亮会
一九八三『雅亮会創立百年記念　百年史』大阪：雅亮会。
二〇〇八『雅亮会百年史　増補改訂版（創立百二十年を越えて）』大阪：雅亮会（天王寺楽所雅亮会）。
吉川英史
二〇〇二『三味線の美学と芸大邦楽科誕生秘話』東京：出版芸術社（初版一九九七）。
木戸敏郎
一九九〇「矛盾を内包したままに――芸能保存と劇場」『雅楽』（日本音楽叢書）東京：音楽之友社、七～八頁。
二〇〇六『若き古代――日本文化再発見試論』東京：春秋社。
皇室　Our Imperial Family 編集部編
二〇〇八『宮内庁楽部　雅楽の正統』東京：扶桑社。
国立歴史民俗博物館　編
二〇〇四『紀州徳川家伝来楽器コレクション』千葉：国立歴史民俗博物館。
近衛直麿
一九三四「蘭陵王の編曲について」『近衛直麿遺稿　雅楽篇』水谷川忠麿発行（初出一九三一年七月か。掲載誌不明）。
芝祐泰
一九五二「訓読釈解、五重記、親王記」『雅楽界』三〇～三二号。
一九五五『雅楽　第一集　管絃総譜』東京：龍吟社。

一九五六『雅楽　第二集　催馬楽総譜』東京：龍吟社。

一九六四『雅楽歌曲集――五線譜による』東京：国立音楽大学出版部。

一九六七『雅楽通解』東京：国立音楽大学出版部。

一九六八『五線譜による雅楽総譜　巻一　歌曲篇』東京：カワイ楽譜（二〇一一オンデマンド復刊）。

一九六九『五線譜による雅楽総譜　巻二　管絃曲　早楽篇』東京：カワイ楽譜（同前）。

一九七一『五線譜による雅楽総譜　巻三　管絃曲　延楽、大曲篇』東京：カワイ楽譜（同前）。

一九七二『五線譜による雅楽総譜　巻四　諸調子品、舞楽曲、高麗楽篇』東京：カワイ楽譜（同前）。

芝祐靖
一九七五a「曲目解説　蘇合香　河南浦」『舞楽　大曲と稀曲の再興』国立劇場第一九回雅楽公演パンフレット、四～五頁。

――b「蕭」『正倉院と雅楽の「管」唐の音楽の遺産』公演パンフレット、六～七頁。

――c「横笛」同前、一〇～一一頁。

――d「長秋卿譜解読採譜について」同前、一四頁。

一九七七「訳譜について」『管絃　大曲　盤渉参軍序　長秋竹譜に拠る再興初演』国立劇場第二一回雅楽公演パンフレット、四～五頁。

一九七八「龍笛」『管絃　唐楽大曲の復曲』国立劇場第二三回雅楽公演パンフレット、九～一〇頁。

――b「古譜のカナ付け　獅子と狛犬の復曲にあたって」『舞楽法会～安養楽土』国立劇場第二四回雅楽公演パンフレット、一四～一五頁。

一九七九「訳譜を終って」『管絃　長秋竹譜に拠る盤渉参軍「序」の再興につぐ「破」の初演』国立劇場第二五回雅楽公演パンフレット、三～七頁。

一九八〇a「雅楽と四季」『管絃　雅楽の四季～「管絃音義による」』国立劇場第二七回雅楽公演パンフレット、一一～一三頁。

――b「曲目解説　舞楽」『舞楽法会～曼荼羅供養』国立劇場第二八回雅楽公演パンフレット、八～一一頁。

――c「簫と雅楽器のための合奏曲〈招韻〉」『雅楽会』五五号、二〇～六九頁。

一九八一a「曲目解説　角調　曹娘褌脱　訳譜について」『伶楽　曹娘褌脱　長秋横笛譜より～竹・石・陶の楽器のさまざまな音色の表現』国立劇場第二九回雅楽公演パンフレット、四～七頁。

――b「曲目解説　上段――舞楽」『舞楽法会　如是我聞　経供養』国立劇場第三〇回雅楽公演パンフレット、七～九頁。

一九八二a「横笛唱歌考」『雅楽界』五七号、四三～九一頁。

――b「傾盃楽・慢曲子西江月・慢曲子・慢曲子心事子・慢曲子伊州・急曲子」『西域の音　ひちりき＝篳篥』国立劇場第三一回雅楽公演パンフレット、八～九頁。

――c「第一部　曲目解説」『舞楽法会　妙音儀軌』国立劇場第三二回雅楽公演パンフレット、八～九頁。

――d「第二部　唱歌　曲目解説」国立劇場「音声」（第二回

「楽」と「曲」）公演パンフレット、一一〜一二頁。

一九八三ａ「雅楽と酒」（天理大学雅楽公演パンフレット、テーマ「酒」）。

――ｂ「敦煌琵琶譜による音型素材」『伶楽　金口　金属の音』国立劇場第三三回雅楽公演パンフレット、九頁。

――ｃ「舞楽」『舞楽法会　暈繝』国立劇場第三四回雅楽公演パンフレット、七頁。

一九八四ａ「笛の息と音色」『笛・息の表情』国立劇場第三五回雅楽公演パンフレット、六〜七頁。

――ｂ「雅楽と花」（天理大学雅楽公演パンフレット、テーマ「花」）。

――ｃ「曲目解説（振鉾／蘇莫者／鳥歌萬歳楽）」『舞楽　天円地方』国立劇場第三六回雅楽公演パンフレット、六頁。

一九八五ａ「トリとめのない話」（天理大学雅楽公演パンフレット、テーマ「鳥」）。

――ｂ「盤渉調調子・陵王乱序・縒合・神楽」『唱歌』国立劇場第三回音曲公演パンフレット、一一〜一三頁。

一九八六「古楽器合奏と敦煌琵琶譜」『伶楽　復元された古代楽器の演奏　歴史のない伝統』国立劇場第四回音楽公演パンフレット、六〜七頁。

一九八七ａ「風の韻き「排簫」」ＣＤ『正倉院古代楽器　排簫（復元楽器）による日本の歌』（DENON：30CF-2025）ブックレット。

――ｂ「古譜復曲について」「楽曲解説」ＣＤ『敦煌から正倉院への道　復元楽器シルクロードの音楽』（DENON：30CF-2023）解説ブックレット。

――ｃ「舞楽解説」『舞楽』国立劇場第七回音楽公演、四〜五頁。

一九八八ａ「曲目解説　急胡相問／西江月／急曲子」「行道乱声／迦楼羅」『伶楽　復元された古代楽器の演奏〝いま〟明日を眺望して』国立劇場第八回音楽公演パンフレット。

――ｂ「盤渉参軍　序・破」『さまざまに重層する音楽シーン』国立劇場第九回音楽公演パンフレット、四〜五頁。

――ｃ「平調調子・萬歳楽・甘州・林歌・陪臚」同前、六〜七頁。

一九八九ａ「長閑に響く歌会始めのメロディー」『邦楽ジャーナル』二四号、四〜五頁。

――ｂ「曲目解説　平調調子」『伶楽　復元された古代楽器の演奏』国立劇場第一〇回音楽公演パンフレット（頁なし）。

――ｃ「「御神楽」鑑賞の手引き」国立劇場第七回音曲公演パンフレット、六頁。

一九九〇ａ「敦煌琵琶譜とその復曲」『雅楽と伶楽　代表曲をいろいろな演奏のかたちで』国立劇場第一二回音楽公演、四〜六頁。

――ｂ「催馬楽の和琴調絃と歌謡音律」『ヤマトゴトⅡ　復元・弥生のコト』国立劇場第八回音曲公演パンフレット、七〜八頁。

――ｃ「曲目解説」『二つの音楽シーン　明治撰定譜と伶楽』国立劇場第一三回音楽公演パンフレット、四〜五頁。

――ｄ「「呂・律」について」同前、六〜七頁。

――ｅ「伝承と理論のはざま〜越天楽の場合」『現代思想　もう一つの音楽史』一二月臨時増刊号（『雅楽だより』二号に

再録、二〇〇五年）。

一九九一「「管絃付所」の今昔」『伝統音楽はいま』国立劇場第一四回音楽公演パンフレット（頁なし）。

一九九二「菩薩・楽、菩薩・舞、迦陵頻」『舞楽法会　観想の山越阿弥陀』国立劇場第一六回音楽公演パンフレット、四〜五頁。

一九九三ａ「渡し物「蘇合急」と催馬楽の復曲について」『極楽声歌　順次往生講式』国立劇場第一一回音曲公演パンフレット、六〜七頁。

——ｂ「「嘯風輪舌」とは何ぞや」（天理大学雅楽公演パンフレット、テーマ「凪」）。

一九九四ａ「「水調」ってなあに」（天理大学雅楽公演パンフレット、テーマ「水」、『雅楽だより』二五号（二〇一一年）に再録）。

——ｂ「淵酔舞楽＝平安の心と音楽＝復曲について」と曲目解説、ＣＤ『そのころ都に流行る音楽　平安の饗宴』（日本コロムビア：COCF-11836）解説ブックレット。

一九九五ａ「「招杜羅紫苑」の作曲について」ＣＤ『管絃の為の即興組曲「招杜羅紫苑」』解説ブックレット（日本コロムビア：COCF-13075）。

——ｂ「「淵酔舞楽」について」『雅楽と声明による平安の宴と祈り』国立劇場第四〇回雅楽公演パンフレット、六〜八頁。

一九九六ａ「酒と雅楽」『邦楽ジャーナル』一〇八号（『雅楽だより』一九号に再録、二〇〇九年）。

——ｂ「敦煌文書　琵琶譜について」『古譜の復曲と古代楽器の演奏』国立劇場第一九回音楽公演パンフレット、四〜六頁。

一九九七ａ「当世琵琶考」『歴史手帳』一月号、四一〜四四頁。

——ｂ「「龍笛吹艶之事」抜粋」（天理大学雅楽公演パンフレット、テーマ「月」）。

——ｃ「第一部〈廃絶曲の復曲〉解説」『雅楽・古代から現代へ　古譜の復曲と創作作品』国立劇場第四三回雅楽公演パンフレット、二〜五頁。

——ｄ『遠楽の復曲』（現行雅楽譜形式による管絃総譜・郢曲譜）（私家版）

一九九八ａ「当世鳳笙考」『歴史手帳』一月号、五八〜六一頁。

——ｂ「黄鐘調音取・西王楽序・破・急」国立劇場第二〇回音楽公演パンフレット、一〇〜一一頁。

——ｃ「敦煌琵琶譜の訳譜・編曲について」『敦煌文書と雅楽・古代楽器の演奏』国立劇場第二一回音楽公演パンフレット、五〜七頁。

——ｄ「浄めよう雅楽」（天理大学雅楽公演パンフレット、テーマ「浄め」）。

一九九九ａ「当世篳篥考」『歴史手帳』一月号、五一〜五四頁。

——ｂ「「四二〇ヘルツへの回帰」君は真の楽音を聞いたか」（天理大学雅楽公演パンフレット、テーマ「老い」）。

——ｃ「雅楽解説」『日本音楽の表現　打つ』国立劇場第二三回音楽公演パンフレット、八〜九頁。

——ｄ「「管絃」の解説」『雅楽　古典と創作』国立劇場第四七回雅楽公演パンフレット、四〜六頁。

——ｅ「天平琵琶譜「番假崇」」ＣＤ『甦る古代の響き「番假崇」』（ALM Records：2001）解説ブックレット、四〜七頁。

二〇〇〇ａ「当世楽箏考」『歴史手帳』一月号、五四～五七頁。

――ｂ「ちょっと難しい「輪」」（天理大学雅楽公演パンフレット、テーマ「輪」）。

――ｃ「解説（第一部　詩歌管弦／第二部　敦煌琵琶譜の音楽）」『雅楽千年　そのころ都に流行るもの』国立劇場第四八回雅楽公演パンフレット、六～一三頁。

二〇〇一ａ「当世横笛考」『歴史手帳』一月号、三三～三六頁。

――ｂ「一冊のパンフレットから（楽部の黄金時代）」（天理大学雅楽公演パンフレット、テーマ「笑い」）。

――ｃ「管絃のための即興組曲「招杜羅紫苑」について」『雅楽　千年の音を聴く』国立劇場第五一回雅楽公演パンフレット、七～一二頁。

――ｄ「祝賀の雅楽」ＣＤ『祝賀の雅楽』（日本コロムビア：COCJ-31691）解説ブックレット。

二〇〇二ａ「平安時代の琵琶の弾き方」（天理大学雅楽公演パンフレット、テーマ「相思千年・源氏物語」）。

――ｂ「雅楽紫絃会顛末記」と楽曲解説補筆、ＣＤ『雅楽大系』（ビクター伝統文化振興財団：VZCG-8125～8128）解説ブックレット、四～九頁。

――ｃ「Sandaien ichigu」ＣＤ『reigakusha sukeyasu shiba gagaku suites』（celestial harmonies：LC　7869）解説ブックレット。

――ｄ「《秋庭歌》に魅せられて」ＣＤ『武満徹　秋庭歌一具』（Sony Records International:SICC　85）解説ブックレット、二～三頁。

二〇〇三「「巾下輪説」について」『管絃　月をかしきほどにおんあそびはじまりて』国立劇場第五五回雅楽公演パンフレット、六～七頁。

二〇〇四「子供たちへの雅楽を考える」（天理大学雅楽公演パンフレット、テーマ「相思千二年・源氏物語Ⅲ」）。

二〇〇六ａ「管絃に［安名尊］をそのⅠ」（天理大学雅楽公演パンフレット、テーマ「源氏物語Ⅴ」）。

――ｂ「荒序（陵王荒序）の復曲にあたって」『管絃　失われた伝承を求めて』国立劇場第六〇回雅楽公演パンフレット、五～六頁。

――ｃ「「鳥歌萬歳楽」のあらまし」同前、一〇～一一頁。

――ｄ「「失われた伝承」について」同前、一一頁。

――ｅ「雅楽という宝物を磨き続けたい」東儀俊美、芝祐靖監修、林陽一写真『楽家類聚』（東京書籍）一一〇～一一一頁。ＣＤ『芝祐靖の音楽　オーケストラ作品集　幻遥』（日本伝統文化振興財団、VZCG-806）解説ブックレットに「楽家に生きる」として再録（二〇一六）。

二〇〇七ａ「［爽やか雅楽］へのこだわり」『雅楽だより』（東京：雅楽協議会発行）八号。

――ｂ「「陵王荒序」楽曲の訳譜について」『雅楽　「楽家」の伝承をたずねて』国立劇場第六二回雅楽公演パンフレット、六～七頁。

――ｃ「初心者のための「鳳笙考」」『雅楽だより』九号。

――ｄ「初心者のための「篳篥考」」『雅楽だより』一〇号。

――ｅ「初心者のための「龍笛考」」『雅楽だより』一一号。

——f「管絃に「安名尊」をそのⅡ」（天理大学雅楽公演パンフレット、テーマ「源氏物語Ⅵ」）。

二〇〇八a「初心者のための「琵琶考」」『雅楽だより』一二号。

——b「初心者のための「楽箏考」」『雅楽だより』一三号。

——c「初心者のための「打もの考」①」『雅楽だより』一四号。

——d「初心者のための「打もの考」②」『雅楽だより』一五号。

——e「雅楽と酒（パート2）」（天理大学雅楽公演パンフレット、テーマ「源氏物語Ⅶ」）。

——f「「皇帝破陣楽」について」『管絃　幻の大曲「皇帝破陣楽」を聴く』国立劇場第六四回雅楽公演パンフレット、四〜一〇頁。

二〇〇九a「初心者のための「打もの考」③」『雅楽だより』一六号。

——b『大崎八幡宮と雅楽』（国宝大崎八幡宮　仙台・江戸学叢書二五）仙台：大崎八幡宮。

——c「越天楽、それとも越殿楽?」『雅楽だより』一七号。

——d「『蘭陵王』一具の楽曲」『舞楽　常の目馴れぬ舞のさま』国立劇場第六六回雅楽公演パンフレット、七〜八頁。

——e「「萬春楽」ってご存知?」（天理大学雅楽公演パンフレット、テーマ「源氏物語Ⅷ」）

二〇一〇a「また始めた「手習い」」（天理大学雅楽公演パンフレット、テーマ「源氏物語Ⅸ」）

——b「笛の息と音色」『雅楽だより』二一号。

——c「唱歌と演奏」『雅楽だより』二二号。

——d「唱歌と演奏（2）」『雅楽だより』二三号。

——e「遠楽となった散吟打毬楽」『雅楽「散吟打毬楽」』国立劇場第六八回雅楽公演パンフレット、二〜五頁。

——f「酒と雅楽」『雅楽だより』一九号。

二〇一一a「横笛唱歌考」『雅楽だより』二四号（初出、『雅楽界』小野雅楽会発行、五七号、一九八二）。

——b「ロングトーンの勧め」」『雅楽だより』二四号。

——c「横笛唱歌考2」（続き）『雅楽だより』二五号（初出、『雅楽界』、五七号）。

——d「横笛唱歌考3」（続き）『雅楽だより』二六号（初出、『雅楽界』、五七号）。

——e「横笛唱歌考4」（続き）『雅楽だより』二七号（初出、『雅楽界』、五七号）。

——f「古典雅楽様式による雅楽組曲『呼韓邪單于』―王昭君悲話」「作曲ノート」CD『芝祐靖の音楽　古典雅楽様式による雅楽組曲『呼韓邪單于』——王昭君悲話』（日本伝統文化振興財団：VZCG-748）解説ブックレット、八〜一九頁。

——g「復元正倉院楽器の合奏のための敦煌琵琶譜による音楽」CD『芝祐靖の音楽　復元正倉院楽器の合奏のための敦煌琵琶譜による音楽』（日本伝統文化振興財団：VZCG-749）解説ブックレット、八〜一九頁。

二〇一二a「横笛唱歌考5」（続き）『雅楽だより』二八号（初出、『雅楽界』、五七号）。

——b「横笛唱歌考6」（続き）『雅楽だより』二九号（初出、『雅楽界』、五七号）。

——c「雅楽あれこれQ&A（①、②）」（五音について）『雅楽だより』三〇号。

——d「雅楽いろいろQ&A③」（伶楽舎の名称の由来、三分損益）『雅楽だより』三一号。

二〇一三a「団乱旋の復曲について」『管絃～高麗楽の管絃と唐楽の大曲』国立劇場第七三回雅楽公演パンフレット（頁なし）。

——b「雅楽いろいろQ&A④」（女性の舞と装束）『雅楽だより』三二号。

——c「雅楽いろいろQ&A⑤　古代の作曲者たち」『雅楽だより』三三号。

——d「雅楽いろいろQ&A⑥　打ち物の奏法」『雅楽だより』三四号。

——e「雅楽いろいろQ&A⑦　息継ぎの箇所」『雅楽だより』三五号。

二〇一四a「雅楽いろいろQ&A⑧　管絃演奏の並び方」『雅楽だより』三六号。

——b「雅楽いろいろQ&A⑨　只拍子の吹き方」『雅楽だより』三七号。

——c「雅楽いろいろQ&A⑩　連管筒の置き方と持ち方」『雅楽だより』三八号。

——d「越殿楽の音楽、伎楽組曲、敦煌琵琶譜の音楽」『雅楽以前　国立劇場の復曲をふりかえる』国立劇場第七五回雅楽公演パンフレット、六～一一頁。

——e「雅楽いろいろQ&A⑪　復曲の方法」『雅楽だより』三九号。

二〇一五a「『雅楽だより』創刊一〇年を祝って」『雅楽だより』四〇号。

——b「雅楽いろいろQ&A⑫　龍笛、高麗笛、神楽笛の吹き方の違い」『雅楽だより』四〇号。

——c「カナ譜に浮かんだ古代の旋律」『大曲　盤渉参軍を聴く～国立劇場の復曲をふりかえる』国立劇場第七七回雅楽公演パンフレット、六～九頁（『雅楽だより』四四号に再録）。

二〇一六a「カナ譜に浮かんだ古代の旋律」『雅楽だより』四四号。

——b「曲目解説」「楽家に生きる」CD『芝祐靖の音楽　オーケストラ作品集　幻遥』（日本伝統文化振興財団、VZCG-806）解説ブックレット、八～二六頁。

——c「雅楽の千年、国立劇場の五十年、そして雅楽のこれからの千年のこと」（芝祐靖氏特別ロングインタビュー）『創造する雅楽　これからの千年に捧ぐ』（国立劇場開場五〇周年記念　第八〇回雅楽公演パンフレット）四～七頁。

——d「管絃のための即興組曲『招杜羅紫苑』について」同前、八～一〇頁。

——e「新作委嘱初演『雉門松濤楽』について」同前、一一～一四頁。

芝祐靖　監修、遠藤徹、宮丸直子、笹本武志　著
二〇〇六『図説　雅楽入門事典』東京：柏書房。

高桑いづみ、日高薫　編
二〇一一『紀州徳川家伝来楽器コレクションの研究』（国立歴史民俗博物館研究報告、一六六集）千葉：国立歴史民俗博

物館。
塚原康子
二〇〇九『明治国家と雅楽――伝統の近代化／国家の創成』東京：有志舎。
二〇一一『明治四年芝葛鎮日記　翻刻・解題』平成二〇～二二年度科学研究費補助金研究成果報告書。
寺内直子
二〇一〇a『雅楽の〈近代〉と〈現代〉――継承・普及・創造の軌跡』東京：岩波書店。
――b「江戸時代における雅楽伝承の流派（序説）――慶長八年京都楽人地図」『日本文化論年報』一三：二一～四二頁。
――c「東儀兼頼撰『龍笛吹艶之事』と江戸時代初期の龍笛の系統」『国際文化学研究』三四：一～四三頁。
二〇一一『雅楽を聴く――響きの庭へのいざない』東京：岩波書店。
二〇一四「ロベルト・ガルフィアス氏に聞く」『日本文化論年報』一七：四一～七五頁。
二〇一五「江戸時代の雅楽の伝承――楽壇と楽人のアイデンティティの観点から」『明治聖徳記念学会紀要』復刊第五二号、一六六～一八七頁。
Terauchi, Naoko
2011 Surface and Deep Structure in the Tôgaku Ensemble of Japanese Court Music (Gagaku), in M. Tenzer; J. Roeder eds, *Analytical and Cross-Cultural Studies in World Music*. Oxford University Press.
東儀信太郎　代表執筆
一九八九『雅楽事典』東京：音楽之友社。
東儀俊美
一九九九『雅楽神韻――天上の舞・宇宙の楽』埼玉：邑心文庫。
二〇一二『雅楽逍遥』秋田：書肆フローラ。
東儀俊美、芝祐靖　監修、林陽一　写真
二〇〇六『楽家類聚』東京：東京書籍。
東儀俊美　他
二〇〇二『雅楽壱具』東京：東京書籍。
中川正美
一九九一（二〇〇七）『源氏物語と雅楽』大阪：和泉書院。
西山松之助
一九五九『家元の研究』東京：校倉書房（『西山松之助著作集』第一巻、一九八二、東京：吉川弘文館）。
林謙三
一九五九「催馬楽における拍子と歌詞のリズムについて」『奈良学芸大学紀要』第八巻一号：一～二八頁（東洋音楽学会編『雅楽　古楽譜の解読』に再録、一九六九、音楽之友社）。
平出久雄
一九五七／一九八九「日本雅楽相承系譜」『音楽事典』付録（『日本音楽大事典』一九八九に再録）東京：平凡社。
福中琴子
二〇一一『音楽、未知への旅――ミュージック・フロム・ジャパン音楽祭クロニクル』川崎：洪水企画。

南谷美保
一九九六「江戸時代の三方楽所楽人と三方及第――『楽所日記』に基づく一考察」『四天王寺国際仏教大学紀要』文学部第二九号：二一八～二三九頁。
二〇〇九「明治四年から五年にかけての東儀文均の生活――『楽所日記』にみる明治初年の伶人の日々」『四天王寺国際仏教大学紀要』四七：二六三～二八三頁。
山井基清
一九六六『催馬楽訳譜』東京：岩波書店。
養道希彦
二〇〇二『薔薇色のイストワール』東京：講談社。

【古文書】


『楽家録』安倍季尚撰、一六九〇（『日本古典全集』正宗敦夫編、日本古典全集刊行会、一九三五）（復刻版、東京：現代思潮社、一九七七）。

『楽所日記』東儀文均撰、（国会図書館蔵、請求番号：214/37/101）。

『楽所録』辻家撰、国会図書館蔵（請求番号：189/101/315）。

『教訓抄』狛近真撰、一二三三（『古代中世芸術論』所収、植木行宣校注、東京：岩波書店、一九七三）。

『狛氏新録』「禁裏三方楽人之事」国会図書館蔵（二冊）（マイクロフィルム請求番号 YD -古 -5649）、活字本：『古事類苑』楽舞部十「楽人」（神宮司庁編、第四版、一九〇九、復刻版、吉川弘文館、一九八四）。

『芝家日記集』芝家撰、天理大学図書館蔵。

『地下家伝』（『日本古典全集』正宗敦夫編、日本古典全集刊行会、一九三七）（復刻版、東京：現代思潮社、一九七八）。国会図書館デジタルコレクションで公開。

『南都狛姓楽家 東友弘家文書』（CD-ROM）大阪：小林写真工業（出版年不明）。

寺内直子　てらうち・なおこ

神戸大学国際文化学研究科教授。文学博士。専門は日本音楽史、民族音楽学。日本の伝統音楽・芸能をアジア、欧米など様々な地域との関連において多角的な視点から研究。東京藝術大学在学中に芝祐靖に雅楽を師事。二〇〇六年から二〇〇七年にかけて文化庁文化交流使としてアメリカで雅楽を紹介。主な著書に『雅楽のリズム構造』（第一書房）、*Performing Japan: Contemporary Expressions of Cultural Identity*（共著、Global Oriental）、『雅楽の〈近代〉と〈現代〉』、『雅楽を聴く』（以上、岩波書店）、*Analytical and Cross-Cultural Studies in World Music*（共著、Oxford University Press）など。CD解説に *Japanese Traditional Music: Kokusai Bunka Shinkōkai 1941*（全五巻）など。

ARTES
artespublishing.com

伶《れい》倫《りん》楽《がく》遊《ゆう》
芝《しば》祐《すけ》靖《やす》と雅《が》楽《がく》の現《げん》代《だい》

二〇一七年一二月二五日　初版第一刷発行

著者　寺《てら》内《うち》直《なお》子《こ》

発行者　鈴木 茂・木村 元
発行所　株式会社アルテスパブリッシング
〒一五五‐〇〇三二
東京都世田谷区代沢五‐一六‐二三‐三〇三
電話　〇三‐六八〇五‐二八八六
ファックス　〇三‐三四一一‐七九二七
info@artespublishing.com

印刷・製本　太陽印刷工業株式会社
ブックデザイン　山田英春

ISBN978-4-86559-173-6　C1073　Printed in Japan

索引

◉事項

東遊(あずまあそび)……………5, 17, 26–27, 53, 55, 74
今様(いまよう)…………………… 95, 164–165, 181–182
石清水八幡宮(いわしみずはちまんぐう)……… 3
右舞(うまい)…………………………… 18, 45, 67, 131
遠楽(えんがく)……………………………… 86, 94
大神氏(おおがし)…………………………… 17–8
オーケストラ…… 3, 7, 31, 39, 42, 55, 66, 70–71, 98–99, 115, 138, 143–144, 164
大直日歌(おおなおひうた)……………… 29, 53–54
小野雅楽会(おのががくかい)… 6, 64, 72, 99, 102, 107–108, 165
小野照崎神社(おのてるさきじんじゃ)………9, 64
雅楽局(ががくきょく)…… 30–35, 49–50, 197, 205
雅楽稽古所(ががくけいこじょ)………… 36, 49–51
雅楽公演(ががくこうえん) 4, 61, 79–81, 84, 85–86, 89–97, 132, 135–136, 145–146, 157, 159–163, 170, 189, 212
雅楽紫絃会(ががくしげんかい)‥9, 72, 75, 88, 98, 132
楽友会(がくゆうかい)………………………… 55, 223
神楽歌(かぐらうた) 18, 29, 42, 44, 53, 65, 74, 107, 181
賢所(かしこどころ)……………… 29, 52, 55, 180, 188
賢所御神楽(かしこどころみかぐら)…… 30, 53–55
春日大社(かすがたいしゃ)……………… 3, 17, 22
春日祭(かすがまつり)………………………………… 20
春日若宮おん祭(かすがわかみやおんまつり)・20, 26–27, 157
賀茂神社(かもじんじゃ)………………………… 3, 20
雅亮会(がりょうかい)……………… 81, 101, 157, 167
伎楽(ぎがく)…… 6, 25, 27–28, 89, 92, 100, 102, 115, 123, 145–148, 166, 192, 196
祁響(ききょう)……………………… 99–100, 127, 155
木津天神社(きづてんじんじゃ)……………………26
宮中三殿(きゅうちゅうさんでん)……………… 52–53
宮内省式部職楽部(くないしょうしきぶがくぶ) 30
宮内庁楽部(くないちょうがくぶ) 2, 4, 7–9, 17, 30, 35, 43–44, 49, 54–56, 61, 64, 71–72, 81, 84, 86, 96–97, 114–115, 131–132, 137–138, 157, 160, 173, 187–188, 198, 215, 227–228
国立音楽大学(くにたちおんがくだいがく) 36, 114, 132
国風歌舞(くにぶりのうたまい)… 29–30, 53–54, 74
献饌(けんせん)……………………………………………26
興福寺(こうふくじ)……………… 17, 22, 26, 28, 39
皇霊殿(こうれいでん)…………………………… 52–53
皇霊殿御神楽(こうれいでんみかぐら)…………53
国立劇場(こくりつげきじょう)…… 4–8, 56, 61, 71, 78–80, 84–85, 88–89, 93, 95–97, 99, 102, 109, 115–116, 132, 135, 137, 139, 145–146, 157–158, 160–163, 169, 175, 189, 193, 212
高麗楽(こまがく)…… 5, 26, 45, 83, 90, 96, 135, 172, 184
狛氏(こまし)…………………………… 17–18, 31, 225
催馬楽(さいばら)・5, 38, 52, 74, 95, 107, 147, 165, 179–180, 217–218, 220, 222
佐治敬三賞(さじけいぞうしょう)……… 132, 170
左舞(さまい)…… 17, 18, 31, 43–44, 64, 67, 107, 131, 211

三方楽所（さんぽうがくそ）……19, 197, 226
式部寮雅楽課（しきぶりょうががくか）……30
四天王寺（してんのうじ）…… 3, 19, 40, 81, 101
四天王寺聖霊会（してんのうじしょうりょうえ）18, 81–82, 157
秋季皇霊祭（しゅうきこうれいさい）……53
十二音会（じゅうにおんかい）…… 6, 9, 97, 116, 132, 145, 160–161
春季皇霊祭（しゅんきこうれいさい）……53
唱歌（しょうが） 44–47, 108–109, 161, 205–206, 228
正倉院楽器（しょうそういんがっき）… 5, 61, 71, 87, 91–93, 102, 129, 141, 143, 154–155
常徳寺（じょうとくじ）……26
昭和天皇祭（しょうわてんのうさい）……53
白拍子（しらびょうし）…… 181
神嘉殿（しんかでん）…… 52–53
神殿（しんでん）…… 52–53
駿河舞（するがまい）……53
只拍子（ただびょうし）……74
玉手氏（たまでし）…… 17–18
手向山八幡（たむけやまはちまん）……25
タングルウッド音楽祭（たんぐるうっどおんがくさい）…… 117
鎮魂祭（ちんこんさい）…… 29–30, 53–54
的々拍子（てきてきびょうし）…… 123, 215–216
殿上淵酔（てんじょうのえんずい）95, 164–165, 170, 182
天理教（てんりきょう）……63, 108
天理大学雅楽部（てんりだいがくががくぶ）58, 89, 166, 172, 183, 186, 192, 197, 200, 207
唐楽（とうがく） 5, 25–26, 30, 52, 54, 83, 90, 93, 96, 107–108, 135, 143, 151, 172, 181, 184, 206, 218
東京楽所（とうきょうがくそ）…… 9, 75, 116, 158
東京藝術大学（とうきょうげいじゅつだいがく） 63, 76, 105–8, 110, 113–114, 131, 173
東上（とうじょう）……15, 29–30, 32–35, 49, 101
東大寺（とうだいじ）…… 17, 25, 27–28, 89, 146
東大寺大仏殿昭和大修理落慶法要（とうだいじだいぶつでんしょうわだいしゅうりらっけいほうよう）……6, 28, 192
東邦音楽大学（とうほうおんがくだいだく）……36
南都右方人（なんとうほうにん）…… 18, 31
南都楽所（なんとがくそ）…… 26, 157, 167
新嘗祭（にいなめさい）…… 53–54, 180
日本藝術院（にほんげいじゅついん）……2, 35
延只拍子（のべただびょうし）…… 82–83
延拍子（のべびょうし）…… 215
走馬（はしりうま）…… 26–27
早只拍子（はやただびょうし）…… 153
早拍子（はやびょうし）…… 215
氷室神社（ひむろじんじゃ）…… 17, 25–26, 54
氷室祭（ひむろまつり）…… 20, 26–7
奉幣（ほうへい）……26–7
法隆寺（ほうりゅうじ）……17, 26–27
曲淵乙次郎邸（まがりぶちおつじろうてい）……50
御嶽丸（みたけまる）…… 123, 200–203
都節音階（みやこぶしおんかい）…… 38, 102, 127
夜多羅拍子（やたらびょうし）……74
林鐘均羽調（りんしょうきんうちょう）……90
伶楽舎（れいがくしゃ）2, 7, 8, 42, 97, 101, 104, 110, 112, 114–118, 121, 124–125, 130, 132, 135, 138, 139, 146, 149, 150–151, 155–159, 160, 163, 165–166, 169–171, 174–175
伶人（れいじん）…… 31, 34, 228
蓮長寺（れんちょうじ）……26
朗詠（ろうえい）……5, 52, 74, 107, 165, 182
Music From Japan… 125–126, 128, 149, 171
NHK…… 6, 70, 72, 76, 98–99, 102, 117, 145, 192

◉人名

青木鈴慕(あおき・れいぼ)……87, 207
赤尾三千子(あかお・みちこ)……7
安倍季員(あべ・すえかず)……29
安倍季昌(あべ・すえまさ)……212
安倍季厳(あべ・すえよし)……43, 48, 58–59, 67, 96, 188–189, 210, 212
綾小路俊量(あやのこうじ・としかず)……181
安斎省吾(あんざい・しょうご)……212
井伊直弼(いい・なおすけ)……201
井伊直愛(いい・なおよし)……200
池辺五郎(いけべ・ごろう)……212
池辺晋一郎(いけべ・しんいちろう)……119
伊左治直(いさじ・すなお)……119, 166
石井眞木(いしい・まき)……2, 95, 119, 121, 155
石川高(いしかわ・たかし)……116, 121, 193
一柳慧(いちやなぎ・とし)……2, 94–95, 119
井上是朝(いのうえ・これとも)……31
上明彦(うえ・あきひこ)……48, 87, 108, 132, 212
上近直(うえ・ちかなお)……19
上近正(うえ・ちかまさ)……43, 48–49, 57, 64, 67, 72, 86, 132, 210
大窪永夫(おおくぼ・ながお)……161, 212
多忠功(おおの・ただいさ)……34
多忠廉(おおの・ただきよ)……33
多忠重(おおの・ただしげ)……16, 33
多忠寿(おおの・ただのぶ)……29
多忠麿(おおの・ただまろ)……57, 59, 68, 72, 87, 132, 209, 211
多忠守(おおの・ただもり)……34
多久顕(おおの・ひさあき)……29
多久尚(おおの・ひさなお)……57–58, 72, 188
多久幸(おおの・ひさゆき)……29
奥好寛(おく・よしひろ)……48, 75
小野亮道(おの・りょうどう)……64
堅田喜左久(かただ・きさく)……207
ガルフィアス，ロベルト Garfias, Robert……62–65, 67–69, 75, 105, 171
菅野由弘(かんの・よしひろ)……94, 119
喜多是滋(きた・これしげ)……31
喜多是羚(きた・これよし)……31
北爪道夫(きたづめ・みちお)……166
木戸敏郎(きど・としろう)75, 80, 85, 88, 91, 94–95, 193
キルスタイン，リンカーン Kirstein, Lincoln……69
窪近繁(くぼ・ちかかず)……22, 31
窪近定(くぼ・ちかさだ)……19
窪近政(くぼ・ちかまさ)……31, 33
久保光亨(くぼ・みつとき)……22, 31
久保光利(くぼ・みつとし)……31
小泉文夫(こいずみ・ふみお)……63–64, 76, 105
近衛直麿(このえ・なおまろ)……65–66
近衛秀麿(このえ・ひでまろ)……65–66
近藤譲(こんどう・じょう)……119
笹本武志(ささもと・たけし)……110, 112, 116
佐藤聡明(さとう・そうめい)……122
猿谷紀郎(さるや・としろう)……119
芝乙女(しば・おとめ)……36
芝葛起(しば・かずおき)……16, 33
芝葛高(しば・かずたか)……16, 21–24, 31–2, 34
芝葛忠(しば・かずただ)……16, 21, 31–33
芝葛永(しば・かずとう)……16, 33
芝葛房(しば・かずふさ)……16, 21–25, 28, 31–32
芝葛雅(しば・かずまさ)……16, 21–2, 24, 32
芝葛元(しば・かずもと)……16, 23–25, 33, 40
芝葛盛(しば・かずもり)……16, 32, 93
芝葛泰(しば・かずやす)……16, 21
芝健四郎(しば・けんしろう)……16, 33

芝祐夏(しば・すけなつ) ………… 15–16, 22, 33–35
芝祐久(しば・すけひさ) …………… 15–16, 36, 39
芝祐泰(しば・すけひろ) · 14–16, 35–39, 43, 48, 102, 114–115, 188–189, 200, 204, 218, 227
芝祐孟(しば・すけもと) …………………… 16, 35
芝祐順(しば・すけより) …………………… 16, 36
芝孝祐(しば・たかすけ) ··16, 35, 43, 57, 68, 72, 210
芝直温(しば・なおあつ) ………………… 16, 31–33
芝直葛(しば・なおかず) ………………… 15–16, 21
芝葛紘(しば・ふじお)……………………… 16,32
芝葛鎮(しば・ふじつね) … 21, 32–33, 93, 109, 204–205, 216
仙波清彦(せんば・きよひこ) ………………… 193
薗隆博(その・たかひろ) ……………… 57, 68, 209
薗廣茂(その・ひろしげ) …· 43, 57, 67, 86, 188–189, 208, 210, 212
薗廣晴(その・ひろはる) ……………… 57, 68, 209
薗廣元(その・ひろもと) ………………………34
薗廣育(その・ひろやす) …………………57, 209
薗廣進(その・ひろゆき) · 43, 58, 188–189, 210, 217-218
高田和子(たかだ・かずこ)………………… 193
高橋悠治(たかはし・ゆうじ) ……………94, 193
武満徹(たけみつ・とおる) 2, 7, 83–84, 97, 117, 119, 145, 189
田中聡(たなか・さとし)…………………… 121
田渕勝彦(たぶち・かつひこ) ……………110, 116
辻近陳(つじ・ちかつら) ………………………29
辻近弘(つじ・ちかひろ) ………………………19
辻寿男(つじ・としお)………… 57, 67, 75, 188, 209
鶴川滋(つるかわ・しげる)……………………58, 210
東儀兼彦(とうぎ・かねひこ) ………… 57, 135, 209
東儀兼泰(とうぎ・かねやす) ··43, 58, 188–189, 210
東儀信太郎(とうぎ・しんたろう) …·39, 44, 57, 60, 108, 131, 209, 211
東儀季貞(とうぎ・すえさだ) ……………………34
東儀季信(とうぎ・すえのぶ) ……………………68
東儀俊龍(とうぎ・としたつ) ……………………34
東儀俊美(とうぎ・としはる)…………44, 68, 72
東儀俊義(とうぎ・としまさ)……………………34
東儀俊慰(とうぎ・としやす) ……………………34
東儀博(とうぎ・ひろし)…… 43, 57, 68, 72, 86, 209
東儀文隆(とうぎ・ふみたか) ……… 57, 68, 75, 210
東儀文言(とうぎ・ふみとき) ……………… 16, 33
東儀文均(とうぎ・ふみなり) …… 16, 24–5, 33, 167
東儀和太郎(とうぎ・まさたろう)…·57, 64, 68, 86, 106–107, 131, 188, 209
東儀勝(とうぎ・まさる)……………………57, 210
東儀良夫(とうぎ・よしお) …… 57, 68, 72, 87, 209
東野珠実(とうの・たまみ)……·114, 121–122, 166
中川俊郎(なかがわ・としろう) …………… 121-122
中村かほる(なかむら・かほる)…………114, 116
中村華子(なかむら・はなこ) …………………… 114
中村仁美(なかむら・ひとみ) …· 110, 112, 116–117
中章憲(なか・ふみのり) ……………………………31
西京是陽(にしのきょう・これてる) ………………31
西村朗(にしむら・あきら) …………………… 119
野田美香(のだ・みか)………………………… 116
博雅三位(はくがのさんみ) …………………… 175
林多美夫(はやし・たみお)…………… 57, 72, 188
林廣一(はやし・ひろかず)…………… 57, 68, 209
東真茂(ひがし・さねしげ)…………………………34
平井裕子(ひらい・ゆうこ)……………………110,
藤井国謀(ふじい・くにさだ) ……………………31
藤家渓子(ふじい・けいこ)…………………… 166
フッド，マントル Hood, Mantle…………63
豊雄秋(ぶんの・かつあき)……43, 48, 57, 68, 72, 86, 188, 209
豊昇三(ぶんの・しょうぞう)……………………65
豊英秋(ぶんの・ひでぁき)……………… 161, 212

細川俊夫(ほそかわ・としお)……… 2, 94, 118–119
増本伎共子(ますもと・きくこ)………………… 121
松井久子(まつい・ひさこ)…………………… 193
松平頼則(まつだいら・よりつね)………………… 7
黛敏郎(まゆずみ・としろう)……… 7, 82, 84, 96, 189
三宅榛名(みやけ・はるな)…………… 94, 119, 193
宮田まゆみ(みやた・まゆみ) 7, 110, 112, 115–117, 121, 125, 132
宮丸直子(みやまる・なおこ)………………110, 114
八百谷啓(やおたに・さとる)…………115–116, 193
八木千暁(やぎ・ちあき)…………………… 116, 175
山田清彦(やまだ・きよひこ)……. 57, 72, 209–210
山根明季子(やまね・あきこ)………………… 165
山井景順(やまのい・かげあや)…………………29
山井基清(やまのい・もときよ)…………………38
吉松隆(よしまつ・たかし)…………………… 119

◉曲名

〈阿音三返〉(あおんさんべん)……………………95
〈暁陵王〉(あかつきりょうおう)…………………82
〈総角の歌〉(あげまきのうた)………………… 123
〈朝倉〉(あさくら)……………………………………74
〈朝倉音取〉(あさくらねとり)……………… 74, 121
〈飛鳥物語〉(あすかものがたり)………… 6, 71, 98
〈阿知女作法〉(あじめさほう)………………… 122
〈安名尊〉(あなとう)…………… 74, 182, 217–222
〈安摩〉(あま)………… 57–59, 67, 83–84, 208–213
〈綾切〉(あやぎり)……………………………………83
〈斑鳩の風〉(いかるがのかぜ)………………… 123
〈夷曲西綾楽〉(いきょくさいりょうらく)………99
〈伊佐立奈牟〉(いざたちなむ)…………………95
〈伊州〉(いしゅう)…………………………… 141
〈伊勢海〉(いせのうみ)…………74, 81, 180, 182
〈一行の賦〉(いちぎょうのふ)‥ 100, 123, 126–128, 149
〈壱越調音取〉(いちこつちょうねとり)…‥73, 120
〈飲酒楽〉(いんじゅらく)…………………… 181
〈ヴァーユ〉…………………………………… 100
〈滄海〉(うみ)…………………………………… 121
〈越殿楽(越天楽)〉(えてんらく)……61, 66–67, 73, 81–83, 90, 120–122, 136, 151, 214–216
〈延喜楽〉(えんぎらく)…………………………73
〈振鉾〉(えんぶ)……………… 26, 57, 81–82, 208
〈老鼠〉(おいねずみ)…………………………83
〈王昭君〉(おうしょうくん)……………… 150–1
〈皇帝破陣楽〉(おうだいはじんらく)…………95
〈皇仁庭〉(おうにんてい)……………………81, 212
〈お介阿知女・お介〉(おけあじめ・おけ)………74
〈槐樹の道〉(かいじゅのみち)………………… 121
〈海青楽〉(かいせいらく)…………………… 81, 83
〈神楽音取〉(かぐらねとり)……………………74
〈春日二題〉(かすがにだい)……………………6, 98
〈合歓塩〉(がっかえん) 59, 67, 82–3, 120, 122, 211
〈河南浦〉(かなんふ)………………………84, 86, 89
〈カラ坊風に乗る〉(からぼうかぜにのる)100, 156
〈迦陵頻〉(かりょうびん) …42, 56, 81–82, 122, 184
〈迦楼羅〉(かるら) …… 27, 123, 147–148, 166, 192
〈甘州〉(かんしゅう)…………………………………81
〈喜春楽〉(きしゅんらく)…………………………81
〈貴徳〉(きとく)…………………… 61, 73, 83, 122
〈急曲子〉(きゅうきょくし)…………………… 141
〈急胡相問〉(きゅうこそうもん)………… 139, 141
〈嬉遊楽〉(きゆうらく)…………………………… 121
〈行道乱声〉(ぎょうどうらんじょう)‥ 89, 123, 139, 166, 192
〈巾雫輪説〉(きんかりんぜつ)………… 99, 121–122
〈寓話第一番〉(ぐうわだいいちばん)123, 126–127,
〈久米歌〉(くめうた)……………………………74
〈慶翔楽〉(けいしょうらく)…………………71, 115

〈雞徳〉(けいとく)…………………81, 122, 180, 184
〈傾盃楽〉(けいばいらく)…82–3, 92, 122, 141, 181
〈鶏鳴楽〉(けいめいらく)…………………………184
〈元歌〉(げんか)……………………………87–8, 100
〈剣気褌脱〉(けんきこだつ)……………………82
〈還城楽〉(げんじょうらく)…………61, 67, 82–83
〈皇太子殿下美智子妃ご結婚満二五年奉祝曲〉(こうたいしでんかみちこひごけっこんまんにじゅうごねんほうしゅくきょく)…………………………71
〈紅葉〉(こうよう)……………………………………81
〈声たち〉(こえたち)……………………………121
〈古楽乱声〉(こがくらんじょう)…………………73
〈呼韓邪單于〉(こかんやぜんう)……99, 119, 123, 149–154, 167
〈玉樹後庭花〉(ごくじゅこうていか)……………94
〈呉公〉(ごこう)………………………27, 89, 166, 192
〈小前張音取〉(こさいばりねとり)………………74
〈呉女〉(ごじょ)…………………27, 123, 166, 192
〈五常楽〉(ごしょうらく)‥73–74, 81, 84, 108, 113, 118, 180, 182
〈古代歌謡による「天地相聞」〉(こだいかようによるてんちそうもん)……………………………98
〈胡蝶〉(こちょう)……………………………………82
〈胡徳楽〉(ことくらく)………………………81, 212
〈古鳥蘇〉(ことりそ)………………………………184
〈高麗壱越調意調子〉(こまいちこつちょういちょうし)……………………………………………73
〈高麗壱越調小音取〉(こまいちこつちょうこねとり)……………………………………………73
〈高麗双調音取〉(こまそうぢょうねとり)………73
〈高麗平調音取〉(こまひょうぢょうねとり)……73
〈狛桙〉(こまぼこ)……………………………………67
〈小乱声〉(こらんじょう)…………………………111
〈金剛・力士〉(こんごう・りきし)………27, 166, 192
〈胡飲酒〉(こんじゅ)………………81–83, 108, 181
〈崑崙〉(こんろん)…………………27, 123, 166, 192
〈西王楽〉(さいおうらく)…………………………81
〈西江月〉(さいこうげつ)…………………………141
〈採桑老〉(さいそうろう)…………………………82, 204
〈散手〉(さんじゅ)……………………………………83
〈獅子〉(しし)……………27, 89, 92, 139, 166, 192
〈閑韓神〉(しずからかみ)…………………………74
〈十天楽〉(じってんらく)…………………………82
〈秋庭歌〉(しゅうていが)… 7, 83–84, 97, 112, 117, 119, 145–146, 160, 170, 189
〈祝典序曲〉(しゅくてんじょきょく)…. 70–71, 143
〈酒胡子〉(しゅこうし)…………………81–82, 181
〈酒清司〉(しゅせいし)……………………………181
〈拾翠楽〉(じゅっすいらく)………………………83
〈春庭花〉(しゅんでいか)………………67, 73, 108
〈春鶯囀〉(しゅんのうでん)…. 43, 81, 84, 122, 161, 184, 189, 212
〈招韻〉(しょういん)………………………………6, 99
〈承燕楽〉(しょうえんらく)………………………184
〈招杜羅紫苑〉(しょうとらしおん)6, 7, 97–98, 123, 126, 129, 135, 144–147, 149, 153–154, 160, 170
〈嘯風輪舌〉(しょうふうりんぜつ)94, 193–194, 196
〈昭和天平楽〉(しょうわてんぴょうらく)‥7–8, 82, 84, 96, 189
〈承和楽〉(しょうわらく)…………………………83
〈白薄様〉(しろうすよう)…………………………95
〈親愛〉(しんあい)……………………………………71
〈心事子〉(しんじし)………………………………141
〈新鳥蘇〉(しんとりそ)………………84, 184, 189
〈新豊〉(しんぽう)…………………………………182
〈瑞霞苑〉(ずいかえん)……………………98–9, 119
〈酔胡〉(すいこ)…………………27, 166, 192
〈水鼓子〉(すいこし)………………………………141
〈朱雀門梁震〉(すざくもんりょうしん)………175
〈青海波〉(せいがいは)….43, 61, 82–84, 122, 172,

183–184
〈生成〉(せいせい) ………………………………… 122
〈聖なる月〉(せいなるつき)…………………… 121
〈千歳〉(せんざい)……………………………………74
〈千秋楽〉(せんしゅうらく)………………… 81–84
〈仙遊霞〉(せんゆうが)…………………… 82, 120
〈草庵の諧〉(そうあんのかい) ………………… 123
〈曹娘褌脱〉(そうこごだつ) ……… 88, 91–2, 139
〈早春〉(そうしゅん) ……………………………71
〈双調調子〉(そうぢょうちょうし)………………73
〈蘇合香〉(そこう) … 82, 84, 86, 89, 118, 120, 121, 189, 201, 212
〈蘇志摩利〉(そしまり) ………………… 82, 212
〈其駒〉(そのこま)………………… 61, 67, 74, 108
〈其駒揚拍子〉(そのこまあげびょうし) …………74
〈其駒三度拍子〉(そのこまさんどびょうし) ……74
〈蘇莫者〉(そまくしゃ)……………… 67, 81–2, 87,
〈蘇利古〉(そりこ)………………………… 67, 82
〈太食調調子〉(たいしきちょうちょうし)………73
〈太平楽〉(たいへいらく) ……43, 57–59, 61, 73–74, 81–83, 209–212
〈打毬楽〉(たぎゅうらく) ……………… 43, 56, 67
〈地久〉(ちきゅう)……………………………………83
〈雉門松濤楽〉(ちもんしょうとうらく)……160–162, 170, 175
〈鳥歌万歳楽〉(ちょうかまんざいらく) ……… 184
〈長慶子〉(ちょうげいし) …57–58, 81, 83, 209–210
〈鳥向楽〉(ちょうこうらく) …………………… 184
〈朝小子〉(ちょうこし)……………59, 82, 120, 211
〈長保楽〉(ちょうぼらく) ……………………………81
〈鶴之群居〉(つるのむれい) …………………… 182
〈天門楽〉(てんもんらく) ……………………… 122
〈東岸〉(とうがん)……………………………… 74, 81
〈登天楽〉(とうてんらく) …………………………73
〈桃李花〉(とうりか) ……………………………………83
〈時の静寂〉(ときのせいじゃく)……………… 122
〈とき見るごとに〜三管の悲篥のために〉(ときみるごとに　さんかんのひちりきのために) …. 119
〈徳是〉(とくはこれ) ………………………………… 182
〈団乱旋〉(とらでん) ………………… 89, 95, 118
〈鳥〉(とり) ………………………………… 81, 83, 182
〈納曽利〉(なそり)…………… 57–58, 83, 209–210
〈二の舞〉(にのまい) … 57–59, 67, 83–84, 209–213
〈陪臚〉(ばいろ) ………………… 67, 83, 121–122
〈白瑠璃の碗〉(はくるりのわん)……… 100, 155
〈走井〉(はしりい)…………………………………………95
〈八仙〉(はっせん)………………………… 67, 83, 184
〈抜頭〉(ばとう) ……………73–74, 81, 83, 120, 122
〈早歌〉(はやうた)…………………………………………74
〈早歌揚拍子〉(はやうたあげびょうし) …………74
〈早韓神〉(はやからかみ) ……………………………74
〈婆羅門〉(ばらもん) ………………………… 166, 192
〈番假崇〉(ばんかそう) ………… 93, 122, 139, 143
〈盤渉参軍〉(ばんしきさんぐん)‥ 88–9, 93–94, 145
〈盤渉調越天楽の主題によるピアノと管弦楽のための主題と変奏〉(ばんしきちょうえてんらくのしゅだいによるぴあのとかんげんがくのためのしゅだいとへんそう)………………………………… 7
〈盤渉調音取〉(ばんしきちょうねとり) …………74
〈彼岸の時間〉(ひがんのじかん) ……………… 121
〈飛天生動〉(ひてんせいどう)………………… 121
〈平調音取〉(ひょうぢょうねとり) 73, 74, 122, 180
〈縹渺の響き〉(ひょうびょうのひびき) ……… 155
〈鬢多々良〉(びんたたら)……………………………95
〈舞楽〉(ぶがく) ……………………………………… 7
〈舞楽風組曲〉(ぶがくふうくみきょく) ……98, 108
〈武昌楽〉(ぶしょうらく) …………………… 59.211
〈二つの面〉(ふたつのめん) …………………… 123
〈武徳楽〉(ぶとくらく)……………………… 81–82, 120
〈フレクサ〉…………………………………… 121

〈白浜〉(ほうひん)……………………………73
〈放鷹楽〉(ほうようらく) ………………………184
〈蓬莱山〉(ほうらいさん) ………………………182
〈星筐〉(ほしかご)………………………………121
〈ポン太と神鳴りさま〉(ぽんたとかみなりさま)
100, 155, 164
〈舞風神〉(まいふうじん) ……… 99, 123, 126, 128
〈まばゆい陽射しを仰ぎ見て〉(まばゆいひざしをあおぎみて) ………………………………122
〈慢曲子〉(まんきょくし) ………………………141
〈萬歳楽〉(まんざいらく) ………… 60, 83, 182, 225
〈萬秋楽〉(まんじゅうらく) ….43, 81, 175, 189, 212
〈蓑山〉(みのやま)…………………………81, 182
〈悠久〉(ゆうきゅう) ……………………………32
〈由加見調子〉(ゆがみちょうし)………………122
〈夜明けの庭〉(よあけのにわ) …………………118
〈縒合〉(よりあい)………………………………135
〈蘭陵王〉(らんりょうおう)・57–58, 66, 73, 83, 120, 122, 209–210
〈梨園幻想〉(りえんげんそう) …………………99
〈流泉〉(りゅうせん) ……………………………122
〈霊山御山〉(りょうぜんみやま)……………95, 182
〈林歌〉(りんが) ……………………… 73, 83, 144
〈凛刻〉(りんこく)………………………………119
〈輪鼓褌脱〉(りんここだつ) ……………67, 82–83
〈輪台〉(りんだい)…………………………43, 82–84
〈令月〉(れいげつ)………………………………182
〈露台乱舞〉(ろだいらんぶ) 99, 102, 119, 123, 165, 170
〈和気〉(わき)……………………………………121

◉書名

『懐中譜』(かいちゅうふ) ………………………89
『雅楽事典』(ががくじてん) ……… 39, 44, 64, 132
『雅楽大系』(ががくたいけい)…………72–73, 218,
『雅楽通解』(ががくつうかい)………………36, 39
『雅楽略解』(ががくりゃっかい)………………216
『楽家録』(がっかろく)……………… 123, 215, 224
『楽家類聚』(がっけるいじゅ)… 36, 39, 43–44, 70, 157,
『管絃音義』(かんげんおんぎ)…………… 194, 204
『教訓抄』(きょうくんしょう)….14, 27–28, 46, 204, 224
『五重記』(ごじゅうき)………………… 181, 223
『五線譜による雅楽総譜』(ごせんふによるががくそうふ)……………………………………36, 38
『催馬楽訳譜』(さいばらやくふ) ………………38
『三五要略』(さんごようりゃく)………………204
『地下家傳』(じげかでん)……………………22, 39
『周伶金玉抄』(しゅうれいきんじょくしょう)‥204
『掌中要録』(しょうちゅうようろく) ………60, 204
『信西古楽図』(しんぜいこがくず)……………204
『新撰楽譜(長秋卿笛譜、博雅笛譜とも)』(しんせんがくふ)……………………………87–89, 91, 115
『仁智要録』(じんちようろく) ……… 4, 38, 89, 204
『體源抄』(たいげんしょう)……………………204
『敦煌琵琶譜』(とんこうびわふ)・92, 94, 115, 122, 126, 128–129, 141–2,
『鳳管抄』(ほうかんしょう)……………………204
『明治三年御撰定 雅楽全譜』(めいじさんねんごせんていががくぜんぷ)…………………………47
『明治撰定譜』(めいじせんていふ) 4, 30, 46–7, 60, 81, 85–86, 96, 109, 197–198, 217–218, 220, 222
『龍吟抄』(りゅうぎんしょう)…………………204
『龍笛枢要譜』(りゅうてきすうようふ) ………215
『梁塵秘抄』(りょうじんひしょう) …………163–4,
『呂氏春秋』(りょししゅんじゅう)………………2
『和州奈良之絵図』(わしゅうならのえず) ……22

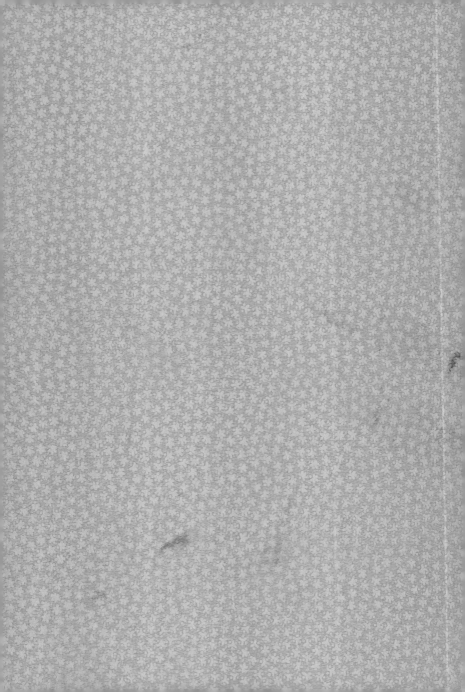